Ingrid Laurien
Kenia

Ingrid Laurien

Kenia

Ein Länderporträt

Ch. Links Verlag, Berlin

Die Deutsche Nationalbibliothek verzeichnet diese
Publikation in der Deutschen Nationalbibliografie;
detaillierte bibliografische Daten sind im Internet
über www.dnb.de abrufbar.

2., aktualisierte Auflage, Juni 2015
© Christoph Links Verlag GmbH, 2010
Schönhauser Allee 36, 10435 Berlin, Tel.: (030) 44 02 32-0
www.christoph-links-verlag.de; mail@christoph-links-verlag.de
Umschlagentwurf: Stephanie Raubach, Berlin
Karte: Christopher Volle, Freiburg
Lektorat: Günther Wessel, Berlin
Satz: Ch. Links Verlag, Berlin
Druck und Bindung: Druckerei F. Pustet, Regensburg

ISBN 978-3-86153-836-3

Inhalt

»*Die Menschen Kenias [...] mögen einfach und ungebildet erscheinen, sie können sich vielleicht nicht gut artikulieren, aber sie sind Menschen und nicht Steine. Sie haben einen natürlichen Stolz und eine Sehnsucht nach einem besseren Leben und nach der Erfüllung ihrer Träume. Das ist eine ungeheure Macht, die man nur um den Preis von Frustration und Explosionen ignoriert. Wir haben das in Kenia bereits erfahren. Aber es gibt eine positive Seite der Macht. Das ist die Annahme der Herausforderung, die darin liegt, zu einer Nation zusammenzuwachsen.*«

Tom Mboya, The Challenge of Nationhood, 1962

Vorwort

Zum ersten Mal kam ich in den 1980er Jahren nach Kenia. Ich hatte damals einen Vertrag abgeschlossen, um an der Universität von Nairobi Deutsch zu unterrichten. Als ich nach der Ankunft in Nairobi einen ersten kleinen Spaziergang machte, war ich enttäuscht. Ich war schon in Afrika gewesen, hatte eine lange Reise durch Westafrika gemacht. Mein Kopf war voller Bilder, aber auch voller Klischees. Afrika, das waren für mich gut gelaunte Menschen in bunten Gewändern, kleine Marktstände an roten staubigen Straßen, nachts von Kerosinlampen beleuchtet wie von kleinen gelben Leuchtkäfern. Interessant aussehende Speisen, die Luft roch nach Holzkohle und Röstfleisch, und überall dröhnte Youssou N'dour oder der »Zaire-Beat« von Franco aus den Transistorradios.

Das war »Afrika« für mich, aber dies hier …? Nairobi schien eine ganz normale westliche Stadt zu sein, mit einer Hochhaus-Skyline. Wo ich Marktstände erwartet hätte, sah ich nur die leicht verschmierte Schaufensterscheibe eines Fish-and-Chips-Imbisses, hinter der ein paar offensichtlich schon etwas ältere Brathähnchen im Elektrogrill rotierten. Später luden mich einige höfliche Inder in Turbanen zu einer Autotour durch die Stadt ein. Sie endete damit, dass wir ein Eis in einem Drive-In-Restaurant aßen. Der nette junge Mann, der seine Lieblingskassette mitbrachte, um sie in meiner Stereoanlage für mich zu spielen, brachte keine *Benga*-Beats, sondern – Nana Mouskouri. An der Universität trugen die männlichen Kollegen dunkle Anzüge mit Schlips und die weiblichen modische Kleider, vorzugsweise aus glänzender Imitat-Seide.

Die meisten Deutschen, die ich kennenlernte, wohnten ganz neokolonial in Villen, die sich in großen Gärten hinter hohen Gittern versteckten, mit einem von rot blühenden Bougainvilleas umrankten Tor, das von einem Wachmann auf Zuruf geöffnet wurde. Sie kauften in ganz normalen Supermärkten statt auf einem bunten wuseligen Markt und hatten außer dem Wachmann auch noch einen Gärtner und ein Hausmädchen in weißer Schürze und mit Häubchen. Kenianische Freunde hatten sie nicht. Am Wochenende fuhr man mit dem Allradauto auf Safari in die Nationalparks und beobachtete Löwen aus der Distanz.

Erst etwas später ging ich in Nairobi die River Road hinunter bis zum Tal des Nairobi-Flusses, vom dem damals nur noch eine Kloake übrig war, und sah mir auch die Stadt östlich der Tom-Mboya-Straße an, und da war es dann auch, das »Afrika«, das ich suchte: ein buntes Gewühl, kleine Marktstände und laute Musik aus Transistorradios. Da waren die Kinder, die mir »How are you, *Muzungu* (Weiße)?« zuriefen. Aber da gab es auch Raubüberfälle und Messerstechereien, da waren Armut und Elend der Slums, die sich nicht versteckten. Jeden Tag wanderte ich damals in der reichlich bemessenen Mittagspause, in der an der Universität nichts zu tun war, durch die Straßen von Nairobi, auf und ab, bis ich jeden Winkel zu kennen glaubte. Die Stadt hatte angefangen, mich zu faszinieren. Nairobi ist so etwas wie Kenia in einem Brennglas: die ganze Gesellschaft mit allen ihren Widersprüchen zusammengezogen in einer Stadt.

Das war dann schon die Zeit, als mich in Kenia und seine Menschen in ihren Bann gezogen hatten. Was ich erlebte, war ein afrikanisches Land in einem widersprüchlichen Modernisierungsprozess, halb westlich, halb von Traditionen geprägt, die gar keine Traditionen mehr waren. Irgendwie, so empfand ich es, hing Kenia in einem Dazwischen, in einem Niemandsland, in dem sich ungehindert von jeder westlichen oder »afrikanischen« Werteordnung purer Machthunger, Gier und Rücksichtslosigkeit breitmachen konnten. Aber gleichzeitig war diese Gesellschaft auch viel mehr. Kenia war ein Land, das sich nicht damit abfand, als ein marginales Land auf einem Kontinent zu gelten, der damals, in den späten 1980er Jahren, vom Rest der Welt allmählich abgeschrieben wurde. Die Kenianer wollten und wollen mehr. Sie wollen ihr Land modernisieren, sie wollen mitreden im internationalen Dialog. *Development* (Entwicklung) und *Education* (Bildung) sind die Schlüsselwerte, an die Kenianer nicht aufgeben zu glauben, so schwer es ihnen oft auch gemacht wird – und so schwer sie es sich auch oft selbst machen.

1986, als ich nach Kenia kam, war der Diktator Daniel arap Moi auf dem Höhepunkt seiner Machtfülle. Für mich war es eine völlig neue Erfahrung, in einer Diktatur zu leben. Ich spürte, dass auf den Meetings in der Universität doppelzüngig kommuniziert wurde, und ich entwickelte ein Gespür für die Zwischentöne. Ich fühlte mich miserabel, als ich eines Tages morgens alle Ausgaben der Zeitschrift *Beyond* in der Badewanne verbrannte, weil in den Nachrichten um sieben Uhr verkündet worden war, dass sämtliche Nummern des Blattes verboten worden seien und ihr Besitz ab sofort strafbar sei. Unter dem Balkon unserer Wohnung auf dem Campus wurden protestierende Studenten von der General Service Unit, einer Spezialeinheit der Polizei, die direkt dem Präsidenten untersteht, zusammengeschlagen. Und die bedrückende Atmosphäre in der Stadt nach der Ermordung des Außenministers Robert Ouko durch das Regime Anfang 1990 werde ich nie vergessen.

Aber es gab nicht nur bedrückende Erfahrungen, es gab auch andere, und die beeindruckten mich letztlich stärker. Mit der Zeit lernte ich immer mehr Kenianer näher kennen und bekam Zugang zu einem Kreis junger Journalisten. Wir saßen abends in der lauen Luft bei Bier und geröstetem Ziegenfleisch, dem berühmten *Nyama Choma*, und diskutierten. Hier verstellte sich keiner, hier wurde kein Blatt vor den Mund genommen. Bald war ich infiziert von der allgemeinen Begeisterung für die Demokratisierungsbewegung und verschlang die neuesten Ausgaben der politischen Magazine, die frei an den Straßenecken verkauft werden konnten. Man musste allerdings schnell lesen, da sie meist sofort verboten wurden. Als ich nach Ablauf meines Vertrages Ende 1991 Kenia verließ, war ich eine glühende Anhängerin der Opposition. Ich war damals überzeugt, dass sie sich in naher Zukunft durchsetzen würde.

Auch in Europa gab es damals ja einen Stimmungsumschwung, was Afrika betraf. Der Zusammenbruch des Sowjetkommunismus hatte überall auf dem Kontinent zu einem Aufleben von Demokratisierungsbewegungen geführt. Diktatoren, die sich bequem damit etabliert hatten, dass sie West und Ost gegeneinander ausspielten, konnten sich nun nicht mehr halten. »Mehrparteienstaaten müssen her!«, war die Forderung der Stunde. Allerdings schwand das Interesse der nun übrig gebliebenen westlichen Welt für Afrika schnell und wandte sich Osteuropa zu. Auch in Kenia kam nach der Euphorie bald die Ernüchterung. Es war zwar gelungen, unter ungeheurem Einsatz und mit vielen Opfern, ein Mehrparteiensystem durchzusetzen, aber es gelang trotzdem zunächst nicht, den Diktator Moi loszuwerden. Der alte Fuchs fand immer neue Finten, um an der Macht zu bleiben, und auch die Opposition bestand nicht aus politischen Engeln, sondern war von den kenianischen Grundübeln schwer infiziert: von Korruption und Gewalt als Mittel der Politik. In Europa wandte man sich wieder von Afrika ab. Eine Parteiendemokratie, so war oft zu hören, sei eben doch nicht das Richtige für diesen Kontinent.

Ich fuhr jedes Jahr zurück nach Kenia und versuchte, solidarisch zu bleiben. Inzwischen hatte ich feste Bindungen an das Land, ich hatte einen Kenianer aus Kisumu geheiratet. Jetzt war nicht mehr Nairobi mein Bezugspunkt, sondern die Provinzhauptstadt am Viktoriasee mit ihrer ländlichen Umgebung. In den 1990er Jahren war das keine sehr erfreuliche Region, fand ich. Kisumu versank in gelbem Lehm, wenn es regnete, und in der übrigen Zeit im Staub. Es gab kaum noch mehrstöckige Gebäude, und die wenigen, die es gab, sahen irgendwie vernachlässigt und verfallen aus. Ausgemergelte Menschen strampelten auf ihren überladenen Fahrrädern hin und her und versuchten, alle möglichen Dinge von zweifelhaftem Wert zu verkaufen. Der See selbst hatte keine glitzernde Wasseroberfläche mehr, sondern war von den giftgrünen Blättern der Wasserhyazinthe völlig überwuchert. Die Fischer konnten nicht mehr zum Fang hinausfahren. Überall Aids, Straßenkinder, unvorstellbare Verarmung – Kenia schien am Ende.

Als dann Ende 2002 die Diktatur endlich fiel, war ich längst mit anderen Dingen beschäftigt und blickte sozusagen nur kurz auf. Kenianische Freunde brachten Videos von der Vereidigung des neuen Präsidenten, der frei gewählt worden war. Es kamen nun auch wieder positive Nachrichten aus Kenia. Das Bruttosozialprodukt stieg rasant. Die Mittelschicht erholte sich rapide. In Kenia gab es eine ungeheure Aufbruchsstimmung, die allerdings dann auch bald wieder verebbte, als sich zeigte, dass Gewalt und Korruption noch immer nicht besiegt waren. Die Lebensverhältnisse der Mehrheit der Kenianer verbesserten sich nicht. Eine tiefe Desillusionierung machte sich breit. Nach den nächsten Präsidentschaftswahlen 2007 explodierte das Land. Offensichtliche Wahlfälschung hatte die Opposition um ihren Sieg gebracht. Die Welle von Gewalt, die das Land überschwemmte und über 1000 Tote und Hunderttausende von ihrem Land Vertriebene zurückließ, hatte ihren Grund allerdings nicht nur in der Enttäuschung. Sie war von oben gesteuert. Lange hing Kenias Schicksal am seidenen Faden. Nur durch die entschiedene diplomatische Intervention der Internationalen Gemeinschaft wurde das Land vor dem Bürgerkrieg gerettet. Danach war es wie immer in Kenia: Es geht weiter, irgendwie.

Heute ist Kenia ein tief gespaltenes Land. Wer arm ist, droht immer mehr in der Verelendung zu versinken. Eine unmoralisch reiche, mit der globalisierten Schattenwirtschaft verquickte, immer noch auf ihre eigene Bereicherung bedachte politische Klasse will sich nicht von den Fleischtöpfen der Macht vertreiben lassen. Gleichzeitig gibt es aber auch immer wieder Hoffnung. Das moderne Kenia, das Kenia einer wachen, kritischen Zivilgesellschaft, kreist die korrupten Machthaber immer wieder ein und drängt sie in die Defensive. Seit mehreren Jahrzehnten findet in diesem Land eine dramatische Auseinandersetzung um die Modernisierung der Gesellschaft statt, und um ein menschenwürdiges Leben für die Kenianer. Kommt Kenia aber überhaupt dem Ziel näher, nicht mehr ein vergessenes Land auf dem Paria-Kontinent Afrika zu sein, sondern ein vollwertiger, ernst genommener Staat, der vielleicht irgendwann den Schritt vom Entwicklungs- zum Schwellenland schafft? Oder wird das Land in einem bodenlosen Sumpf aus Korruption, Gewalt, Stammeshass und Verelendung versinken? Zur Zeit sieht es mal wieder nicht sehr hoffnungsvoll aus. Die Wahlen 2013 sind zwar gewaltfrei – wenn auch nicht ohne Manipulationsverdacht – über die Bühne gegangen; eine neue Verfassung sieht eine stärkere Dezentralisierung und wirkungsvollere Machtkontrollen vor. Aber trotzdem ist es der alten korrupten Elite wieder einmal gelungen, ihre Macht zu festigen. Versuche des Internationalen Strafgerichtshof in Den Haag, die mächtigen

Drahtzieher der Menschenrechtsverletzungen von 2007/2008 zur Rechenschaft zu ziehen, sind zumindest partiell gescheitert und drohen den Internationalen Gerichtshof selbst in Legitimationsprobleme zu bringen. Und vom Nachbarland Somalia aus, einem gescheiterten Staat, versuchen die islamistischen Milizen der Al-Shabaab mit furchtbaren Anschlägen, das Land zu destabilisieren. Kenias korrupter Machtelite kommt das durchaus gelegen: Ende 2014 wurde eine Reihe von drakonischen Sicherheitsgesetzen durch das Parlament gepeitscht, die den Kampf um Demokratisierung um 20 Jahre zurückzuwerfen könnten. So jedenfalls sieht es George Murara von der kenianischen Menschenrechtskommission.

Ich bin nun seit fast 30 Jahren eng mit Kenia verbunden, sechs Jahre habe ich in Kenia gelebt und gearbeitet. Ich kenne viele Kenianer, habe ihre Lebenswege verfolgt und begleitet und mag nicht von der Hoffnung ablassen, das es ihnen eines Tages doch gelingen wird, ihren Träumen von einem besseren Leben näher zu kommen. Ein Land in Afrika vom sicheren Europa aus aufzugeben ist leicht. Das Auf und Ab einer mal hoffnungsvollen, mal verzweifelten Entwicklung zu einem Staat zu verfolgen, in dem das Leben für seine Bürger lebenswert ist und der sich in der globalisierten Welt behaupten kann, ist schon viel schwieriger. Das Kenia, das ich in diesem Buch beschreibe, ist die Summe meiner Erfahrungen mit diesem Land. Erfahrungen sind etwas Subjektives, und es ist mir bewusst, dass andere vielleicht ein ganz anderes Bild dieses Landes gewonnen haben. Das ist normal, und es ist umso stärker, als dieses Land wohl niemanden, der es besucht hat, so ganz ohne Emotionen zurückkehren lässt. Kenia ist ein unglaublich schönes Land, mit einer großartigen Natur und einer einzigartigen Fauna und Flora. Es ist auch ein Land der Mythen und Geschichten, sei es als Inbegriff des »alten« kolonialen Afrika mit weißen Farmen und Wildtieren, sei es als Inbegriff des »alten« ursprünglichen und geheimnisvollen Afrika. All das gibt es in Kenia, und es gibt auch ein modernes, dynamisches Land Kenia.

Die Bilder, die von Kenia existieren, sind unterschiedlich, und die Themen, die wichtig genug sind, um über sie zu schreiben, unerschöpflich. Viele Leserinnen und Leser werden möglicherweise »ihre« Themen vermissen. Sie würden sich vielleicht wünschen, mehr über Naturschutz zu lesen oder über Entwicklungshilfe oder mehr über den Kampf gegen Aids und andere Krankheiten, mehr über schwierige Probleme wie die Mädchenbeschneidung oder über die Traditionen der unterschiedlichen Ethnien. Ich habe nicht den Anspruch, über alles schreiben zu können. Es gibt viele Gebiete, auf denen andere mehr Erfahrung und mehr Wissen haben. Meine Intention war, über den Alltag in Kenia und dessen allmähliche Veränderung zu berichten. Schon allein das ist, finde ich, spannend genug.

Ingrid Laurien, Frühjahr 2015

Auf dem Weg zu einer modernen Gesellschaft in Afrika

Ein Traum von Afrika

Für viele Besucher bildet Kenia den Inbegriff unberührter, ursprünglicher afrikanischer Landschaft: weite Steppen mit einzeln stehenden Schirmakazien, wogende Gräser, Flüsse und Wasserstellen und ein Reichtum an wilden, aber nicht scheuen Tieren wie Löwen, Büffel, Leoparden, Nashörner, Giraffen und Zebras. Im Hintergrund erhebt sich majestätisch der schneebedeckte Gipfel des Kilimandscharo oder der des Mount Kenya. Tausende rosafarbener Flamingos waten im seichten Wasser des Nakurusees. Am Rand des gewaltigen ostafrikanischen Grabenbruchs, wo die Siedlungen unten im Rift Valley spielzeugklein scheinen, sind die Spuren von Kräften, die einst die Erdoberfläche aufwarfen und formten, heute noch offen und deutlich sichtbar. Es gibt Geysire und heiße Quellen, schlafende Vulkane und Natronseen. Im Westen grenzt das Land an die riesige Wasserfläche des Viktoriasees, des zweitgrößten Binnensees der Welt, und im Norden geht fruchtbares Ackerland allmählich in eine Trockensteppe mit bizarren vulkanischen Steinformationen über, bis an der äthiopischen Grenze mitten in der Wüste der jadegrüne Turkanasee auftaucht. An der tropischen Küste erstrecken sich kilometerweit große weiße Sandstrände vor kristallklaren, sanften, smaragdblauen Lagunen, die durch Korallenriffe vom offenen Meer getrennt sind.

Es ist wohl nicht übertrieben zu sagen, dass die Natur dieses Land mit einer großartigen und vielgestaltigen landschaftlichen Schönheit verwöhnt hat. Mich holen solche Erinnerungsbilder immer irgendwann ein, wenn ich im regengrauen Deutschland am Schreibtisch sitze. Dann sehe ich mich im Geländewagen über die hitzeflirrenden *mud roads* fahren, mit offenen Fenstern, durch die der Geruch der Steppe ins Auto weht, sitze in Gedanken abends am Feuer unter einem Himmel, dessen Sterne plastisch und mehrfarbig ganz nah zu sein scheinen, und fühle mich wie am Anfang der Welt.

Aber natürlich gibt es nirgendwo unberührte Ursprünglichkeit. Die Steppe unter den Sternen gehört nicht zum Anfang der Welt, sondern bildet wie die Tiere, die Natronseen mit den Flamingos und das blaue Meer mit den Traumstränden einen Teil der Heimat von etwa 40 Millionen Menschen. Kenia ist heute einer der wichtigsten Staaten Afrikas südlich der Sahara, und das Land befindet sich auf einem schwierigen und widersprüchlichen Weg in die Moderne. Dabei ist die großartige ostafrikanische Landschaft, die die Natur dem Land mitgegeben hat, sowohl eine Ressource als auch eine Bürde. Hunderttausende von Touristen besuchen jedes Jahr das Land. Sie bringen Devisen, aber die meisten wollen die afrikanische Landschaft als eine unzerstörte Naturlandschaft bewundern, unberührt von dem ländlichen oder städtischen Leben ihrer Bewohner. Armut und Unterentwicklung oder gar Konflikte passen da ebensowenig ins Bild wie eine moderne Landwirtschaft mit Traktoren und Treibhäusern vor der Kulisse des Mount Kenya oder Hochhäuser in Nairobi. Die Landrover und Kleinbusse der Safari-Unternehmer brausen meist gleichgültig an Landstädtchen und Marktflecken vorbei und laden ihre Insassen an den teuren und luxuriösen Lodges in den Naturparks ab, die ihnen alle westlichen Annehmlichkeiten bieten, vielleicht mit einem künstlich erhaltenen Massai-Dorf nebenan. Tourismus in Kenia hat die Tendenz, die Besucher von dem abzuschirmen, was tatsächlich im Lande vor sich geht. Wer sich von der großartigen Landschaft Kenias bezaubern lässt, dem mögen die Alltagsorgen der Menschen, die hier leben, vielleicht tatsächlich banal erscheinen. Aber was in den Städtchen und Marktflecken geschieht, ob es den Kenianern gut oder schlecht geht, ob sie eine Vision oder vielleicht auch nur eine Hoffnung für die Zukunft ihres Landes entwickeln können, entscheidet auch über ihren Umgang mit den natürlichen Ressourcen, über die Erhaltung von deren Schönheit oder deren Nützlichkeit für ein besseres Leben.

Kolonie wider Willen

Vor 150 Jahren hätte noch niemand von »Kenia« als einer einheitlichen Region gesprochen. Der breite Küstenstreifen am Indischen Ozean war schon seit Jahrhunderten Teil der alten Suaheli-Hochkultur und gehörte im 19. Jahrhundert, als die Engländer diesen Teil der Welt für sich beanspruchten, zum Herrschaftsgebiet des Sultans von Oman. Der hatte seine Residenz von der arabischen Halbinsel auf die Insel Sansibar verlegt, die damals, als Zentrum des alten Handelsraums um den Indischen Ozean, einen weltpolitischen Knotenpunkt darstellte. Von hier aus brachen die Karawanen ins Innere des Festlandes auf und kehrten mit Elfenbein und Sklaven zurück, hier gaben sich aber auch die Diplomaten westlicher Länder die Klinke in die Hand, um ihren Einfluss beim Sultan für ihre Zwecke nutzbar machen zu können. Die Engländer interessierten sich schon für die Erschließung des Festlandes, aber nur, um zu den großen, reichen und fruchtbaren Ländern, die sie im Inneren des Kontinents vermuteten, zu gelangen. Nicht wenige britische »Explorer« träumten davon, das Reich des *Kabaka, Buganda,* die »Perle Afrikas«, zu einem afrikanischen Indien zu machen. Das trockene Steppenland zwischen der Suaheli-Küste und den großen Seen interessierte sie dagegen kaum. Mit dem Bau der Uganda-Bahn, damals in London als *Lunatic Train* höchst umstritten, ließen sich die britischen Investoren auf ein gewagtes Unternehmen ein, denn weder war klar, ob es technisch gelingen würde, durch die unwegsame Steppe eine Eisenbahnlinie zu legen, noch war deutlich, was oder wen diese Eisenbahn eigentlich transportieren sollte. Tausende indischer Arbeiter und Techniker wurden aus der Kronkolonie rekrutiert, von denen viele im Land blieben und kleine Läden oder Werkstätten eröffneten. Das Unternehmen erreichte 1901 den Viktoriasee, an dessen Ufer ein Eisenbahndepot und eine Hafenstadt entstand: Port Florence, das heutige Kisumu. Hier stieß man auf selbstbewusste Ackerbauern und Fischer, die man damals *Kavirondo* nannte, aber das eigentliche Ziel, die Ausbeutung der angeblichen Reichtümer Ugandas, wurde nie erreicht.

Auch wenn mit dem Zug bereits erste weiße Verwaltungsbeamte, Militärs, Kaufleute und auch einige Siedler ins Land kamen, bestand die Steppe in den Augen der englischen Kolonialadministration aus größtenteils unbrauchbarem, herrenlosen Land, durch das nomadische Stämme streiften, für deren Lebensweise sich die Kolonisatoren nicht wirklich interessierten und die ihnen in der Regel auch nicht viel Widerstand entgegensetzen konnten. Die Massai, einst die stolzen Herren des Rift Valleys, waren bereits im späten 19. Jahrhundert durch Tsetsefliegen und Grippe geschwächt worden, und nur die Nandi, eine Kalenjin sprechende Gruppe im westlichen Rift Valley, brachten einen gewissen militärischen Widerstand auf. So blieben die Steppengebiete lange Zeit wenig beachtete Regionen des britischen Kolonialreichs.

Am Großen Grabenbruch, auf halber Strecke, stockte der Eisenbahnbau wegen des sumpfigen Geländes, und es wurde ein Versorgungslager gegründet: das heutige Nairobi. Hier war das Klima angenehm und der Boden fruchtbar, und in nicht allzu weiter Ferne lag der schneebedeckte Gipfel des Kirinyaga, dessen Name in der britisch verballhornten Form als »Kenya« später zum Namen für das gesamte Gebiet werden sollte. Noch während des Ersten Weltkrieges, als die Engländer mit indischen Truppen und »Eingeborenen« vornehmlich in den Carrier Corps gegen die Truppen General Lettow-Vorbecks kämpften, gab es hier noch relativ wenige weiße Siedler. Erst in der Zwischenkriegszeit wurden dann das Rift Valley und vor allem das fruchtbare Hochland um Nairobi für Kolonisten wirklich interessant. 1930 lebten dann bereits etwa 30 000 Europäer in Kenia (im benachbarten ehemaligen Deutsch-Ostafrika waren es nie mehr als 5000), die meisten von ihnen im Hochland um den Mount Kenya und in den fruchtbaren Ebenen des Rift Valley. Deren ursprüngliche Bewohner, Kikuyu sprechende Bauern, wurden in Reservate abgedrängt. Damals war Kenia die Kolonie, die man aus Büchern und Filmen kennt. Von einem materiellen Gewinn für das britische Empire, wie das etwa für Indien zutraf, konnte allerdings auch jetzt nicht die Rede sein.

Viele Völker – eine Nation?

Die Grenzen des kolonialen Territoriums zogen sich weit in den Norden, bis zum Sudan und nach Äthiopien, im Osten bis nach Somalia, und schlossen im Westen die bevölkerungsreichen Gebiete am Viktoriasee ein. Wirklich Interesse hatte die Kolonialmacht allerdings auch in den besten Zeiten immer nur am Hochland, White Highland genannt, und am Rift Valley, den fruchtbaren Steppen unterhalb des Grabenbruchs. Der unwegsame und gefährliche Norden war als Sperrgebiet (Northern Frontier District) allen Reisenden außer Verwaltungsbeamten und Militärs verschlossen, ebenso wie der Nordosten, in denen somalische Viehräuber ihr Unwesen trieben, und die Bevölkerung im Westen ließ man weitgehend in Ruhe, da das tropische Klima das Land nahezu uninteressant für weiße Siedler machte. So zeichnete sich schon in der Kolonialzeit eine Konzentration auf ein Kern-Kenia ab, die bis heute den modernen Staat auf eine ungute Weise prägt.

Nach dem Zweiten Weltkrieg war das zentrale Hochland der Schauplatz der Mau-Mau-Kriege, des Befreiungskampfes der Kikuyu. Deren charismatischer Führer Jomo Kenyatta wurde von den Engländern schließlich als der erste Präsident eines unabhängigen Nationalstaats Kenia akzeptiert. Die Bewohner der anderen Gebiete der Kolonie erscheinen in historischen Darstellungen des Befreiungskampfes allenfalls als Bundesgenossen der Kikuyu, deren Führungsanspruch von Anfang an unbestritten war. Nicht einmal die Herrschaft der Kolonialmacht und der Widerstand gegen sie sind auf eine gemeinsame Weise in die kollektive Erinnerung der Menschen in Kenia eingegangen.

Von dem neuen Nationalstaat Kenia wurde von nun an und wird bis heute erwartet, dass er völlig heterogene Regionen zusammenbindet, während andererseits die Staatsgrenzen gewachsene ethnische, kulturelle und wirtschaftliche Bindungen durchtrennen. Im Nordosten sind die kenianischen Somalis vom Land ihrer Verwandten in Somalia abgeschnitten; die Weidegebiete der Massai sind aufgeteilt auf tansanisches und kenianisches Staatsgebiet, und die Luos am Viktoriasee – die füheren Kavirondo – und verwandte Ethnien leben heute in Kenia, dem Südsudan, in Uganda und in Tansania. Das alte Suaheli-Reich

an der Küste zieht sich heute über vier verschiedene National-
staaten hin, es reicht von Somalia über Kenia und Tansania bis
nach Mosambik. Kein Wunder, dass die Bewohner eines so
künstlichen, heterogenen und widersprüchlichen Gebildes wie
dem Staat Kenia es schwer haben, eine gemeinsame Identität
auszubilden.

Eine afrikanische Erfolgsgeschichte?

Dennoch waren die Anfänge der jungen unabhängigen Nation
Kenia vielversprechend. Zunächst deutete alles auf eine Erfolgsgeschichte hin. Bis in die späten 1970er Jahre blühten Wirtschaft und Gesellschaft auf, und Kenia wurde sogar mit Süd-
korea und anderen aufstrebenden asiatischen Staaten verglichen.
In den Zeiten des Kalten Krieges galt Kenia als verlässlicher
Partner des Westens und war aufgrund seiner geopolitischen
Lage unentbehrlich als Militärbasis gegen die Sowjets. Wirtschaftlich und politisch entwickelte sich das Land bald zur regionalen Führungsmacht im ostafrikanischen Raum, auch wenn
die 1967 gegründete Ostafrikanische Wirtschaftsgemeinschaft
unter dem Druck des Kalten Krieges (Tansania war am Ost-
block orientiert) und des Bürgerkrieges in Uganda zusammen-
brach. In den 1970er und 1980er Jahren wurde Nairobi zu einem
internationalen Zentrum, in dem sich westliche Diplomaten,
Journalisten und Entwicklungspolitiker die Tür in die Hand gaben. Die guten Restaurants und Hotels der Stadt konnten mit
den besten Restaurants Europas mithalten. Zahllose internationale Konferenzen fanden in dem markanten Gebäude des International Conference Center statt. Die Vereinten Nationen
erwählten die Stadt zum Standort ihrer Umweltorganisation
UNEP; bis heute noch entscheiden sich zahlreiche internationale Nichtregierungsorganisationen (NGOs) für Kenias Hauptstadt als ihren Standort. Während alle anderen Länder am Horn
von Afrika und in Ostafrika (Tansania ausgenommen) zumindest zeitweise in Bürgerkriegen, Grenzkonflikten und blutigen
Diktaturen versanken, blieb Kenia immer stabil. Es gab nie
einen Bürgerkrieg, nie eine Militärdiktatur. Vielmehr wurde in
Nairobi über die Konflikte der Nachbarstaaten verhandelt, es
wurde vermittelt und stabilisiert. Das ist noch heute so. Bis heute

hat Kenia regional- und weltpolitische Bedeutung, es ist alles andere als ein vergessenes afrikanisches Land.

Dennoch ist Kenia auch eine Nation, die mit einem Geburtsfehler auf die Welt kam. Und dieser fraß sich im Laufe der Zeit immer stärker in das politische System ein und veränderte es gefährlich. Schon bald nach der Erlangung der Unabhängigkeit zeigten sich Risse in dem scheinbar so festen Gefüge. Von Anfang an begannen korrupte Politiker, das Land auszuplündern, von Anfang an waren die Ressourcen extrem ungleich verteilt. 23 Jahre Diktatur, von den späten 1970er Jahren bis zur Jahrtausendwende, führten zu einer politischen Kultur der Gewalt. Die zwar schmale, aber starke und gut ausgebildete Mittelschicht, die die Gesellschaft seit der Unabhängigkeit getragen hatte, erodierte. Die ländliche Bevölkerung verarmte immer mehr und begann in die Städte auszuwandern, wo sie die wachsenden Slums bevölkerte. Die ökonomische Produktion sank, die Währung verfiel. Die Touristen, die seit den 1980er Jahren zu Hunderttausenden an die tropischen Strände Kenias geströmt waren, wurden in den 1990er Jahren immer weniger. Um die Jahrtausendwende schien das Land am Ende.

Aber gleichzeitig war mit dem Ende des Kalten Krieges die Hoffnung auf eine politische Neuordnung auch in afrikanischen Ländern gestiegen. Wie anderswo auch konnte sich der kenianische Diktator Daniel arap Moi durch eine streng westliche Orientierung nicht mehr die Unterstützung der Westmächte erkaufen. Im Land formierte sich eine machtvolle politische Oppositionsbewegung, getragen vor allem von Akademikern, Juristen und Kirchenleuten, und nicht nur in der Hauptstadt entstand eine kritische Öffentlichkeit. Die neuen Medien, private Radio- und Fernsehsender ließen sich von der Regierung nicht mehr bevormunden, und bald besaß fast jeder Kenianer auch Zugang zu einem Handy. Die Einschüchterungspolitik Mois war gescheitert.

Wieder wurde Kenia vorbildlich für den gesamten Kontinent. Seit den 1990er Jahren galt es weltweit als Beispiel für die Kraft der Zivilgesellschaft in einem afrikanischen Land. 2002 wurde dann der Diktator einfach – abgewählt, und das Unglaubliche trat ein: Er fügte sich und ging. Aber ein Systemwechsel gelang nicht. Die alten korrupten Mächte blieben ungebrochen, und der Aufbau eines transparenten demokratischen Systems scheiterte weitgehend.

Auch hat es Kenia noch immer nicht geschafft, sich als die regionale Macht, die es tatsächlich darstellt, auf der internationalen Bühne zu platzieren. Die führenden Politiker, so sagt man in Kenia, entstammen noch immer der *colonial cradle* und sind immer noch durch den Kolonialismus geprägt: Selbstbezogen, autoritär fixiert und unfähig zu eigenständigem politischen Denken, sind sie nicht in der Lage, sich auf internationaler Bühne zu bewegen.

Die kritischen Stimmen, die einen Wechsel der politischen Klasse forderten, wurden aber immer lauter. Bei den Wahlen 2007 sah es für einen kurzen Moment so aus, als ob tatsächlich ein Systemwechsel gelingen könnte. Doch dann, als schon so viel gewonnen schien, explodierte das Land. Die Sprengkraft der inneren Widersprüche war zu groß geworden, und die Gier einer korrupten politischen Klasse schürte das Feuer. Recht und Ordnung brachen zusammen. Über 1000 Menschen starben in ethnisch motivierten Gewaltexzessen, Zehntausende verloren Wohnung und Besitz. Kenia blickte in einen furchtbaren Abgrund.

Dass es dann doch nicht zum Schlimmsten kam, ist vor allem einem starken Engagement von außen zu verdanken. In der Krise wurde Kenias Bedeutung für die internationale Politik offensichtlich. Die relativ starke, relativ geordnete Regionalmacht in einem vom Chaos bedrohten Ostafrika durfte nicht fallen. Wer Namen und Einfluss hatte, reiste an, um eine weitere Eskalation von Gewalt zu verhindern, von Bischof Tutu bis zu Kofi Annan und der damaligen US-Außenministerin Condoleeza Rice. Schließlich wurde ein Kompromiss ausgehandelt, und die Lage beruhigte sich bis auf weiteres.

Eine Weile lang sah es so aus, als ob der Schock eines Beinahe-Bürgerkriegs das Land verändert hätte. 2010 wurde, nach jahrzehntelangen Auseinandersetzungen, endlich eine neue Verfassung verabschiedet, die stärkere demokratische Kontrollen und eine Dezentralisierung der Macht vorsieht. Die Wahlen von 2013 verliefen friedlich. Aber die alten korrupten Machteliten formierten sich neu. Heute scheinen sie fester im Sattel zu sitzen als je. Ohne dass der korrupten politischen Klasse, den

Vertretern des alten Systems, die Macht entzogen wird und effektive Kontrollen aufgebaut werden, wird Kenia, wie das im Politologen-Jargon heißt, noch lange eine »blockierte Demokratie« bleiben. Dennoch sind Beobachter wie Stefan Mair von der Stiftung Wissenschaft und Politik in Berlin vorsichtig zuversichtlich, was die langfristige Entwicklung des Landes angeht. Er schrieb 2009 in den *Informationen zur politischen Bildung*: »Trotz oder vielleicht auch wegen der Erfahrung, in den politischen Abgrund geschaut zu haben, dürfte Kenia auch in den nächsten Jahren relativ stabil bleiben. Es gehört zu jenen afrikanischen Staaten, in denen das Potential und die Erfolgsaussichten für nachhaltige politische und wirtschaftliche Reformen vergleichsweise gut erscheinen. Deshalb wird Kenia auch ein bedeutsamer regionaler Akteur und ein attraktiver afrikanischer Partner für die internationale Politik bleiben bzw. werden.«

So wird sich zeigen, ob Kenia letztlich, alles in allem, doch noch als eine afrikanische Erfolgsgeschichte gesehen werden kann. Wenn es tatsächlich gelingt, die korrupte politische Klasse zu entmachten, steht dem Land eine große Zukunft bevor. Zahlreiche Probleme, mit denen andere afrikanische Staaten noch kämpfen, hat das Land längst hinter sich gelassen. In vieler Hinsicht ist Kenia ein moderner Staat, in dem eine selbstbewusste und wache Zivilgesellschaft agiert. Das ökonomische Potential ist hoch. Von einem Chaos, wie es in *failed states* wie Somalia oder dem Kongo herrscht, scheint Kenia weit entfernt zu sein, aber dieser Eindruck kann täuschen. Die Strukturen sind noch fragil. Die nächsten Jahre werden zeigen, ob es gelingt, sie so weit zu stärken, dass Kenia seine großen Potentiale auch nutzen kann.

Letztlich haben die Menschen in Kenia keine andere Alternative, als den Staat in den Grenzen, die das Kolonialregime ihnen beschert hat, als den ihren zu akzeptieren und sich selbst zu einer gemeinsamen Identität als »Kenianer« zusammenzufinden. Das wird aber nur funktionieren, wenn sie lernen, die Diversität, ja Disparität des Landes, seiner Bewohner und ihrer Geschichte anzuerkennen und sich als eine moderne Nation mit einer multikulturellen Gesellschaft zu begreifen – das ist leicht gesagt, aber schwer zu tun. Und vor allem wird es nur funktionieren, wenn das Grundproblem, das allen ethnischen Unruhen und Gewaltexzessen zugrunde liegt, endlich angegangen wird: die ungerechte Verteilung der Ressourcen, die zu der extremen Armut führt, in der mehr als die Hälfte der Kenianer leben müssen.

Erste Begegnungen mit Kenianern

Auf der Straße

Meine Freundin hatte nur mal schnell nach den schönen Körben sehen wollen, die so verlockend am Dach des Straßenstandes hingen. Jetzt konnte ich sie kaum noch sehen: Nur ein Zipfel ihres Kleides war noch zu erkennen, so sehr war sie von gestikulierenden Menschen umringt. Alle wollten ihr offenbar etwas verkaufen, und das dringend. Längst ging es nicht mehr nur um Körbe: kleine und große Skulpturen aus Speckstein und schwarzem Holz waren im Spiel, Perlenketten, Batiken, Löffel und Armbänder aus Kuhhorn – das gesamte Arsenal afrikanischer Straßenkunst. Kenia ist führend in der Herstellung dieser etwas fragwürdigen Art von »authentischer« Folklore. Auf dem gesamten Kontinent südlich der Sahara bis hinunter nach Johannesburg füllen gleichartige kenianische Produkte die Souvenirmärkte. Einiges davon ist ganz hübsch und würde sich gut im heimischen Bücherregal machen, dachte meine Freundin, und die kenianischen Körbe, die buntgestreiften, flexiblen *Kiondos,* können inzwischen nicht nur in Europa auf eine modische Erfolgsgeschichte zurückblicken.

In der Innenstadt von Nairobi, Kenias Hauptstadt, ist das Angebot eindeutig größer als die Nachfrage. Was für Touristen ein entspanntes, gemütliches Schlendern entlang der Stände bedeutet, mit der gelassenen Überlegung, ob man sich für dieses entscheiden sollte oder für jenes, oder ob man doch lieber gar nichts kauft, ist für die Hersteller und Verkäufer der *Curios,* wie das Kunsthandwerk in Kenia heißt, eine Frage der Existenz. Manchmal gibt es an einem Tag nur einen einzigen Touristen, der sich für die ausgestellte Ware interessiert, und wenn der nicht kauft – was bleibt dann noch für ein Einkommen für einen ganzen Tag in Sonne und Staub am Stand? Das erklärt, warum sofort ein ganzer Bienenschwarm aufgeregter *Curio*-Verkäufer auf einen losschießt, wenn man sich ganz unschuldig einem Verkaufsstand nähert. Gegenstände werden einem unter die Nase gehalten, »Sonderangebote« und »gute Preise« schwirren einem um die Ohren, bis man ermattet die Flucht ergreift oder nach dem erstbesten Objekt greift, in der Hoffnung, dass der versprochene »special price, only for you« tatsächlich so »special« ist. Das ist er dann sicher, aber garantiert nie im Sinne von »billig«. Eher ist wahrscheinlich, dass man einen saftigen *Musungu-*(»Weißen«-)Zuschlag gezahlt hat, möglicherweise sogar einen Phantasiepreis, der gegenüber dem gängigen Marktpreis absurde Höhen erreicht.

Meiner Freundin gelang es, die Flucht zu ergreifen, fast. Noch bis zum Eingang des Hotels folgte ihr ein Händlertross nach. Mich hatten die Händler interessanterweise völlig in Ruhe gelassen. Im Gegenteil, einer von ihnen zwinkerte mir geradezu kumpelhaft zu: »Sie ist neu in Kenia, nicht?«

Weiß der Teufel, woran die *Curio*-Händler so etwas merken. Als ich in den 1980er Jahren gerade zwei Monate im Land war passierte etwas Erstaunliches: Bei einer ähnlichen Belagerung durch *Curio*-Händler schaute einer von ihnen mir plötzlich voll ins Gesicht und murmelte: »Sie sind keine Touristin«. Von da an hatte ich Ruhe. Wahrscheinlich bekommt man mit der Zeit einen anderen Blick. Scheinbar uninteressiert. Stoisch. Irgend so etwas muss das sein.

Wichtigste Regel also beim ersten Schlendern durch eine kenianische Stadt: Erstmal nur gucken, nichts kaufen. Nach Preisen fragen, aber nicht die Hoffnung erwecken, man würde vielleicht doch ... Die Händler sind geschickt, sie verstricken einen in lange Verkaufsgespräche, aus denen man am Schluss sich kaum noch herausziehen kann und dann doch kauft. Wenn man das nicht tut, aber am nächsten Tag wieder kommt, sieht die Sache schon anders aus. Man wird ernster genommen, und das Verkaufsgespräch bekommt einen ganz anderen Charakter. Trotz aller Zurückhaltung und trotz aller Vorsichtsmaßnahmen sollte man nicht versuchen, das Preisniveau bis zu einem Hungerbetrag zu drücken, von dem der Verkäufer nicht mehr existieren kann. Fairness und Respekt müssen erhalten bleiben. Man darf nicht vergessen, dass diese Menschen, die versuchen, einen mit allen Mitteln übers Ohr zu hauen, hart um ihre materielle

Existenz kämpfen. Es braucht ein bisschen Zeit, bis man das gültige Preisniveau einschätzen kann. Diese Zeit sollte man sich nehmen, vergleichen oder sich erkundigen. Das verschafft beiden Seiten Respekt. Übrigens: Gehandelt wird in Kenia nur an Straßenständen und nur mit Touristen. Überall sonst, auch auf den Märkten, gibt es feste Preise, auch wenn die nirgendwo aufgeschrieben sind, und man kann höchstens mal nach einem kleinen Nachlass, einem *discount* fragen, wenn man zum Beispiel eine größere Menge kauft.

Der Kauf von Kunsthandwerk ist eine Sache, die Konfrontation mit Armut und Elend eine andere. Was macht man denn, wenn plötzlich ein zerlumptes Kind vor einem steht, vielleicht zwölf oder dreizehn Jahre alt, und einem ein Heft mit Stempeln und Unterschriften unter die Nase hält? Man erfährt, dass dieses Kind aus der Schule geflogen sei, weil die Eltern die Schulgebühren nicht mehr bezahlen konnten, und dass man nun helfen könne, damit das Kind wieder lernen kann. Andere hätten das auch schon getan, wie man an den Unterschriften und Stempeln leicht sehen kann. Wer will eine solche Bitte kaltherzig ignorieren?

Man sollte das aber. Denn dies ist ein alter Trick. Der dazugehörige Erwachsene sitzt wahrscheinlich um die Ecke, und das Kind bekommt nichts von dem gespendeten Geld. Wer den zerlumpten Kindern, die nicht nur die Straßen Nairobis, auch die anderer Städte, bevölkern, wirklich helfen will, darf ihnen kein Geld in die Hand drücken. Ein bisschen Obst oder eine große Tüte Pommes Frites sind sinnvoller, und wer wirklich etwas tun will, sollte sich nach guten und verlässlichen Hilfsprojekten erkundigen, die sich um Straßenkinder kümmern, und an diese Projekte spenden.

Überhaupt wird man, wenn man durch die Straßen schlendert, häufig angesprochen. Man kann sicher sein: In der Regel geht es darum, dass da ein wohlhabender *Musungu* als Geldquelle ausgemacht wurde. Dazu werden die abenteuerlichsten Lebensgeschichten erfunden – oder es werden auch wahre abenteuerliche Lebensgeschichten erzählt, wer will das wissen? Am Ende, da kann man sicher sein, steht immer die mehr oder weniger bestimmt vorgetragene Aufforderung zur materiellen Hilfe.

Mancher wird das jetzt als sehr enttäuschend empfinden.

Man möchte doch gern in Kontakt kommen, auf Augenhöhe am liebsten. Aber man darf sich da nichts vormachen: Das ist nicht so leicht. Vor allem, wenn man mit ärmeren Menschen spricht, steht immer unausgesprochen dabei, dass hier Erste Welt und Dritte Welt, Arm und Reich, Schwarz und Weiß, aufeinandertreffen – auch, wenn wir das nicht mehr so gern hören. Es zu ignorieren, wäre naiv. Noch einmal: Die meisten Menschen in Kenia kämpfen hart um ihr materielles Überleben, und sie empfinden Europäer allesamt als reich. Wer will ihnen verdenken, dass sie versuchen, diesen einen reichen Europäer anzuzapfen, den sie da gerade vor sich haben? Das Verkaufen von *Curios*, das Betteln und das Erzählen von traurigen Lebensgeschichten – das alles ist immer noch besser als Diebstahl. Den gibt es natürlich auch, und es sollte selbstverständlich sein, dass man dicke Portemonnaies, Kameras, Handys oder wertvollen Schmuck nicht für alle sichtbar mit sich herumträgt und damit das verbreitete Klischee vom reichen Europäer noch bestätigt. Wenn man die bekannten Vorsichtsmaßnahmen einhält, wird einem aller Wahrscheinlichkeit nach wenig passieren. Vollkommen geschützt ist man in Kenia allerdings so wenig wie in anderen Ländern mit einer großen Kluft zwischen Reich und Arm. Und noch etwas: Von der Polizei sollte man nicht allzu viel erwarten. Die hat einen schlechten Ruf in Kenia.

Dabei ist es einfach, mit Kenianern in Kontakt zu kommen. Die Menschen sind in der Regel freundlich und hilfsbereit, sie bemühen sich, einem den Weg zu zeigen oder einem etwas zu erklären, was man als Ausländer nicht versteht. Es gibt viele Situationen, in denen man durchaus von Gleich zu Gleich miteinander ins Gespräch kommt. Ich hatte damals das Glück, als einzige Europäerin weit und breit in einer kenianischen Institution, der Universität von Nairobi, arbeiten zu können. Ich wohnte in einer Bediensteten-Wohnung und hatte nur kenianische Kollegen und Nachbarn. Da war es natürlich, dass ich auch bald kenianische Freunde hatte. Aber auch, wenn man in Kenia zu Besuch ist, ergeben sich Situationen, in denen man gut ins Gespräch kommt, wenn man in einem Restaurant sitzt oder in einer Bar, wenn man gemeinsam in einem Projekt arbeitet, in einem Bus gemeinsam durchgeschüttelt wird oder sich in einem

Kleinbus drängt. Auch bei eher flüchtigen Begegnungen gibt es entschiedene Lieblingsthemen, die garantiert zu einem lebhaften Gespräch führen. Eines davon ist der Zustand der Straßen. Kaum ein Kenianer, der nicht darüber zu klagen hat. Ein anderes Thema ist der Regen. Regnet es, bleibt der Regen aus, ist er schon im letzten Jahr ausgeblieben? Wie wird die Ernte? Das interessiert auch Großstädter, denn fast alle Kenianer haben noch bäuerliche Wurzeln oder zumindest Verwandte auf dem Land. Auch wenn sich das etwas gelockert hat, ist es dagegen immer noch ein Fauxpas, geradeheraus nach der Stammeszugehörigkeit des Gesprächspartners zu fragen, »Sind Sie ein Kikuyu?« etwa. Das führt geradewegs zur schmerzhaften Frage des Tribalismus. Auf der anderen Seite ist jeder Kenianer trotzdem mächtig daran interessiert, herauszufinden, mit wem er es zu tun hat, denn davon hängt ab, wie offen er im Gespräch sein kann. Wer etwas Erfahrung hat, hört die Stammeszugehörigkeit meist schon am Namen, aber erlaubt, ja erwünscht, ist auch die vorsichtige Frage, aus welcher Region Kenias man denn ursprünglich komme? Auch da weiß der erfahrene Keniareisende sofort, welche Ethnien in welchen Regionen leben, aber er hat auch die wichtige Frage nach dem Zuhause, dem *home* angeschnitten, und wird wahrscheinlich viel darüber zu hören bekommen, wie schön es in der betreffenden Region Kenias sei, vielleicht wird er sogar eingeladen, das entsprechende *home* zu besuchen, wenn es ihn in diese Gegend verschlägt.

Ein absolutes Lieblingsthema aller Kenianer ist die Politik. Darüber können sie stunden- und nächtelang debattieren, aber für ausländische Besucher ist das doch ein recht vermintes Gelände. Natürlich kann man fragen, wie der Gesprächspartner denn wohl den Ausgang der nächsten Wahlen einschätze, und man wird in der Regel eine sehr ausführliche Antwort erhalten. Aber stammtischmäßiges Politisieren, gar eine Parteinahme für einen bestimmten Politiker oder eine Partei gegen eine andere, sollten doch vielleicht nur erfahrene Kenia-Besucher wagen. Man kennt ja die Fettnäpfe nicht, in die man da treten kann. Im Zweifel gilt: Besser Fragen stellen als Antworten geben.

Einladung zum Essen

Wird man in eine kenianische Familie eingeladen, spricht nichts dagegen, dass ein entspannter, angenehmer und offener Abend mit lebhaften Gesprächen vor einem liegt. Wichtig ist: Man sollte sich Zeit nehmen. Es ist längst nicht gesagt, dass mit einer Einladung für 20 Uhr auch tatsächlich 20 Uhr gemeint ist. Es kann passieren, dass der Gastgeber noch im Hausanzug dasteht oder noch gar nicht nach Hause gekommen ist, wenn man um Punkt 20 Uhr in der Tür steht. Eine halbe Stunde später zu kommen, schadet nicht.

Zweitens ist wichtig zu wissen: Zu einer Einladung gehört immer ein warmes Essen, gleichgültig zu welcher Tageszeit. Oft muss das Essen erst bereitet werden, was eine Weile dauert. Dann ist die Hausfrau möglicherweise für eine lange Zeit in der Küche verschwunden, während man mit dem Hausherrn im Wohnzimmer sitzt und an der angebotenen Fanta oder dem süßen Tee nippt. Man kann sich die Zeit vertreiben, indem man sich mit den Kindern beschäftigt oder sich auf den Fernseher konzentriert, der in vielen Wohnungen unausgesetzt (und oft mit schlechtem Empfang) läuft. Auf jeden Fall wäre es äußerst unhöflich, ein warmes Essen abzulehnen, etwa mit dem Argument, man habe bereits gegessen, oder – ganz unverständlich – man esse nur vegetarisch. Die Gastgeber werden sich alle Mühe geben, zumindest etwas Hühnerfleisch, am besten aber Rindfleisch, auf den Tisch zu bringen, um den Gast damit zu ehren, auch wenn sie normalerweise nur *ugali* (Maisbrei) mit *sukuma* (grünem Gemüse) essen. Im Übrigen sind Kenianer, was Kochrezepte angeht, nicht besonders experimentierfreudig, und so ist oft recht vorhersagbar, was auf dem Tisch stehen wird – was nicht heißen soll, dass es nicht schmeckt!

Wahrscheinlich wird es neben dem *ugali*, dem steifen Maisbrei, auch Reis geben, denn Reis gilt als teurer und besser – außer bei Familien aus den Reisanbaugebieten der Kano Plains in Nyanza, denn dort isst man immer Reis. Vielleicht serviert die Hausfrau auch *biryani*, würzigen Reis mit Hühnerfleisch, ein Rezept von der Küste. Als besondere Delikatesse gelten *chapatis*, indische Fladenbrote, die in Kenia jede Hausfrau herstellen kann. Beliebte Snacks sind die ebenfalls indischen *samozas*, dreieckige würzig gefüllte Teigtaschen, und *mandazis*, süße in Fett gebackene Hefeteigkuchen. Seltener wird man Ihnen Hirse, Kochbananen *(matoke)*, *cassava* oder Pfeilwurz auf den Tisch stellen – es sei denn, Sie sind in einem ländlichen Gebiet. In der Stadt werden nur Kenianer, die an einer Renaissance heimischer Pflanzen interessiert sind oder Ihnen etwas Landestypisches zeigen wollen, diese Stärkelieferanten servieren. In der Zentralprovinz bekommen Sie vielleicht *irio* oder *githeri*, steifen Eintopf aus Mais, Erbsen und Bohnen. Zu all dem wird es Fleisch oder Hühnchen in einer würzigen Sauce geben, vielleicht auch gebratenes Fleisch, Rind, Schaf oder Ziege, in Westkenia und Nyanza auch Fisch. Als Beilage ist Weißkohlsalat populär, oft untermischt mit Möhren. Grüner Salat gilt als traditionell »unafrikanisch«, rohes Gemüse isst man eigentlich nicht. Traditionell gibt es eine Unmenge unterschiedlicher Arten von grünen Blattgemüsen, aber die meisten dieser Pflanzen werden nicht angebaut, sondern nur wild gesammelt und gelten als Nahrung armer Leute. Schade eigentlich! Sie werden also nur *sukuma*, das Standard-Gemüse, und vielleicht Spinat auf dem Tisch finden. Sind Sie an der Küste, sieht die Sache anders aus, hier gibt es eine große Vielfalt unterschiedlicher Suaheli-Rezepte, meist auf der Basis von Kokosmilch und Fisch. In anderen Regionen Kenias ist man etwas vorsichtig, Ausländern traditionelle Delikatessen anzubieten: *matumbo* etwa, das sind Gedärme und andere Eingeweide von Ziegen und Schafen, oder geröstete fliegende Ameisen, *mutura*, eine Art Blutwurst, die in der Zentralprovinz gegessen wird, oder *muteta soup*, Knochenbrühe mit Kräutern. Zu allem gibt es natürlich immer wunderbar frische Früchte, wie Mangos, Ananas, Passionsfrüchte oder kleine süße Bananen.

Gegessen wird häufig, auch in städtischen Mittelschicht-Haushalten, mit den Fingern. Die Hausfrau oder ein junges Mädchen, manchmal auch ein junger Mann, wird vor dem Essen mit einer Schüssel und einem Krug mit heißem Wasser zu jedem Gast gehen, damit der sich die Hände waschen kann. Passiert das nicht, muss man unbedingt nach einer Möglichkeit fragen, sich die Hände zu waschen, und nicht mit den Fingern einfach ins Essen langen. Europäer haben den schlechten Ruf, schmutzig zu sein und ohne vorheriges Händewaschen zu essen.

In kenianischen Restaurants findet man in der Regel im Gastraum ein Waschbecken. Wenn das Essen serviert wird, steht man auf und wäscht sich dort die Hände.

Häufig wird auch vor dem Essen gebetet, wobei sich alle an den Händen fassen. Manchmal wird der Gast aufgefordert, einen kurzen Segen zu sprechen. Das ist als eine Ehre gemeint, und man sollte sich nicht lange damit aufhalten, diskutieren zu wollen, ob man selbst christlich ist oder nicht oder was man vom Beten hält, sondern einfach einen kurzen Segenssspruch bereit haben, den man in solchen Fällen dann sagen kann.

Wenn es sich um eine größere Gesellschaft handelt, wird sich der Hausherr nach dem Essen oder zum Abschied vielleicht zu einer kleinen Rede erheben wollen. Solche Reden sind sehr populär und werden mit großer Liebe zu Formalitäten zelebriert. Schön ist es dann natürlich, wenn man sich mit einer entsprechenden, nicht zu langen Ansprache revanchieren kann, die das gute Verhältnis zu den Gastgebern lobt und die Freude über die Einladung zum Ausdruck bringt – da wird einem schon etwas einfallen. Und überhaupt: Am besten funktioniert es, wenn man einfach man selbst ist und Gastgeber und Gesprächspartner respektiert. Monologe darüber, wie gut alles in Deutschland funktioniert und was in Kenia etwa alles nicht in Ordnung ist, kommen nicht gut an. Auch das wäre andersherum bei uns genauso.

»Ich hatte eine Farm in Afrika ...«
Die Kolonialzeit

Ein Stück vom Paradies – das koloniale Kenia

Verlässt man Nairobi in Richtung Rift Valley, steigt die Straße zwischen Felswänden zunächst an, und dann öffnet sich zur linken Seite der Blick weit ins Tal: der Große Grabenbruch, der große geologische Bruch, der den afrikanischen Kontinent von Mosambik im Süden bis zum Horn von Afrika im Norden durchteilt. Unaufhaltsam driftet die Landmasse östlich des Bruches vom Rest des Kontinents weg. An vielen Orten führt das zu dramatischen landschaftlichen Szenerien – Bergkulissen, tiefen Tälern und Seen in der Bruchspalte – an wenigen Stellen aber ist die Szenerie so atemberaubend wie hier in Kenia.

Bei der kleinen Stadt Naivasha glitzert unten im Tal der gleichnamige See in der Sonne, umgeben von Farmland und lichten Wäldern. In der flirrenden Hitze kann man einige Farmen erkennen, deren Wohnhäuser unter dichtem Baumbestand versteckt sind. Im Hintergrund der bläuliche Schimmer ferner Berge, an deren Hängen die sattgrünen Kaffeepflanzen wachsen.

Am Straßenrand verkaufen einige Jungen Farmprodukte. Je nach Jahreszeit gibt es an den kleinen, behelfsmäßig zusammengebauten Ständen Kartoffeln, Möhren, grüne Bohnen, Rhabarber, Erdbeeren und Äpfel zu kaufen – wenig typisch »afrikanische« Produkte. Auch Käse wird hier hergestellt, und eine Zeitlang produzierte ein Winzer mit deutschen Riesling-Trauben einen durchaus trinkbaren Weißwein. Das Klima um Naivasha ist mild, aber nicht heiß, und somit gut geeignet für europäische Obst- und Gemüsesorten. So ist es kein Wunder, dass wir uns hier nicht nur im Kernland von Kenias moderner exportorientierter Gemüse-, Obst- und Blumenanbauregion befinden, sondern auch in der Region, in der noch heute vereinzelt die Nachkommen der letzten europäischen Siedler leben.

Als Anfang des 20. Jahrhunderts beim Bau der Eisenbahnlinie das *Escarpment*, der steil ansteigende Rand des Grabenbruchs, erreicht war und oben auf der Hochebene die Station gegründet wurde, aus der später die Hauptstadt, Nairobi (*Enkare nairobi*, das Massai-Wort für »Ort des kalten Wassers«) entstehen würde, zogen die landschaftliche Schönheit, das angenehme Klima und die fruchtbaren Böden die europäischen Siedler wie ein Magnet an. Farmland wurde abgesteckt, und bald entstand jene Siedlergesellschaft, der Karen Blixen in ihrem Buch *Jenseits von Afrika* ein literarisches Denkmal gesetzt hat.

Die Siedler, die mit der regelmäßig von der Küste verkehrenden Eisenbahn kamen, waren nicht irgendwer. Wer in der späteren britischen Kolonie, die bis 1920 zusammen mit Uganda und dem ehemals deutschen Territorium Tanganjika noch das Protektorat British East Africa bildete, Land erwerben wollte, musste über ein beträchtliches Vermögen verfügen. Die Kolonialverwaltung verlangte eine hohe Rücklage. Die gewollte Folge: Anders als das weiter südlich gelegene Rhodesien war Kenia kein Land, in dem sich die Auswandererträume der unteren Schichten erfüllen konnten. Von Anfang an wurde Kenia zum Treffpunkt der Reichen und Schönen. Und mehr noch: Wer in der Society der schnell wachsenden Metropole Nairobi mithalten wollte, sollte möglichst über einen Adelstitel verfügen. Die Kolonialgesellschaft Kenias war aristokratisch, und die Namen der frühen Farmbesitzer lesen sich fast wie ein Auszug aus dem Register des britischen Hochadels. Es war in diesen Kreisen üblich, jüngere Söhne, die versorgt werden mussten, und adlige Töchter, die sich danebenbenommen hatten, mit einem großzügigen Stück Land in Kenia zu versorgen. Eine dezente und typisch britische Lösung: Die streng traditionsorientierte britische Adelsgesellschaft war ihre überflüssigen oder missratenen Söhne und Töchter los, und für diese erwies sich das Exil in der Kolonie als durchaus erträglich. Bald zogen Partys im Norfolk-Hotel oder im Nairobi Club den damaligen weltweiten Jet-Set an, einschließlich Winston Churchill, Ernest Hemingway und der Queen – auch ohne Jets: Aber immerhin diente seit dem Zweiten Weltkrieg der Naivashasee als Flughafen für Wasserflugzeuge, mit denen die Gäste aus aller Welt eingeflogen wurden. Das *Happy Valley* bei Nairobi wurde legendär wegen der

Leichtlebigkeit und der lockeren Sitten seiner aristokratischen Bewohner.

Kein Wunder, dass zwischen Champagner-Partys und Groß-wild-Safaris kaum Zeit für die Arbeit auf den Farmen blieb. Die wurde ohnehin meist nicht so ernst genommen. Man setzte einen Verwalter ein und vergaß im Übrigen die Landwirtschaft. Dass Karen Blixen versuchte, ihre Kaffeefarm bei den Ngong Hills selbst zu bewirtschaften, war durchaus untypisch, aber dass die Farm dann ein ökonomischer Fehlschlag wurde, lag im Zug der Zeit. Nicht ökonomisch, aber in anderer Hinsicht wurde die aristokratische Kolonialgesellschaft in Kenia jedoch ein weltweiter Erfolg: Sie produzierte einen »Traum von Afrika«, der noch heute die Unterhaltungsmedien beherrscht. Die Farmhäuser »in Afrika«, Schauplatz unzähliger sentimentaler Liebes- und Schicksalsgeschichten in Fernsehfilmen und Romanen, spiegeln immer wieder neu das Leben in der kolonialen Gesellschaft Kenias wider.

Auch die Pflege kranker oder bedrohter Tiere der Steppe gehörte zum Leben der weißen Farmer. *Orphanages,* Waisen-farmen, in denen verwaiste oder kranke Elefanten, Giraffen oder Löwen aufgepäppelt werden, gehörten damals und gehören heute noch zu den beliebtesten Ausflugszielen vor allem der europäischen und amerikanischen Bewohner Nairobis. Darüber sollte aber nicht vergessen werden, dass in der Kolonialzeit der massenhafte Abschuss der gleichen Tierarten ebenso als sinn-volle Freizeitbeschäftigung galt. Nicht wenige der aristokrati-schen Kolonialisten – allen voran Karin Blixens romantischer Liebhaber Dennis Finch-Hatton – verdienten ihren Lebensunter-halt als weiße Jäger, als Führer von Jagdsafaris. Die Tiere wur-den teilweise von fahrenden Eisenbahnwaggons aus geschossen und einfach in der Steppe liegen gelassen. Seit der Zwischen-kriegszeit gab es auch Jagdscouts, die die reichen Touristen mit dem Kleinflugzeug in die Jagdgründe brachten, darunter einige bemerkenswerte Frauen, wie Beryl Markham, die als Pilotin reüssierte und 1986 in Kenia starb.

Für die Einheimischen bedeutete das Farmleben der Europäer allerdings eine Bedrohung ihrer bisherigen Lebensweise. Der kenianische Schriftsteller Ngugi wa Thiong'o hat deshalb für die mitfühlenden Regungen Karen Blixens, die durchsetzte, dass

»ihre« Arbeiter auch nach der Aufgabe des Landguts auf dem ehemaligen Farmland siedeln duften, nur Sarkasmus übrig. Das weite Land, das die britische Kolonialverwaltung so großzügig an betuchte Siedler verkaufte, war ja nicht herrenlos. Kleine und größere Gruppen von Hirten und Feldbauern hatten dort bereits seit Jahrhunderten gelebt. Wo sie früher ihre Hirse angebaut und ihr Vieh geweidet hatten, galten sie jetzt als *squatter,* als unrechtmäßige Landbesetzer, oder sie wurden in Reservate abgedrängt. Das süße Leben der Europäer in Afrika hatte seinen Preis, und den zahlten die Afrikaner.

»Land and Freedom!« Kampf um die Unabhängigkeit

Es war nicht so, dass die Kolonialverwaltung das Problem der Landverteilung nicht sah, aber sie sah sich nicht im Unrecht. Sie glaubte den Fortschritt auf ihrer Seite. Aus rückständigen Viehhirten und kleinen Subsistenzbauern sollten Farmarbeiter werden, die an christlicher Religion und westlicher Bildung teilhaben konnten, und die so allmählich dem westlichen Fortschritt zugänglich würden. Später würden sie, mit der westlichen Produktionsweise vertraut, als Kleinbauern, die für den Export produzierten, in die wirtschaftliche Struktur der Kolonie eingegliedert werden können. Die britische Herrschaft in Ostafrika baute – wie im südlichen Afrika – auf einer rassisch gegliederten Dreiteilung der Kolonialgesellschaft auf: Ganz unten die afrikanischen Farmarbeiter und Kleinbauern, ganz oben die landbesitzenden weißen Herren, die die Kolonie verwalteten und regierten, und dazwischen eine mittlere Schicht von Kaufleuten, kleinen Fabrikanten und Handwerkern, die größtenteils aus Indien rekrutiert wurde. Indische Arbeiter hatte man in großer Zahl bereits für den Eisenbahnbau ins Land gebracht; es gab aber auch eine eigenständige Auswanderung aus einigen Teilen Indiens in die Kolonie, die von der Kolonialverwaltung gefördert wurde. Man hoffte, dass der Gewerbefleiß der Inder auch Kenia wirtschaftlich fördern und dort einen lokalen Markt entstehen lassen würde, von dem alle profitieren könnten.

Man kann solche Modernisierungspläne auch als gelenkte Entwicklung bezeichnen oder, wie das einige Politikwissenschaftler getan haben, als Entwicklungsdiktatur. Tatsache ist, dass es so nicht funktionierte. Die verschiedenen Gruppen und Clans der Afrikaner fühlten sich keineswegs beglückt von den kolonialen Plänen, denn in der Regel bedeuteten sie ganz konkret nicht nur den Verlust ihres Landes, sondern auch den Zwang zur Aufgabe ihrer hergebrachten Kultur, ihres Selbstverständnisses und ihrer Würde. Sie waren bereit, sich zu wehren, auf unterschiedliche Art. Die einstmals wilden und kriegerischen Massai, die noch der englische Forschungsreisende Joseph Thomson 1885 als ein stolzes Volk beschrieben hatte, das Furcht und Schrecken verbreitete, waren allerdings schon damals, Ende des 19. Jahrhunderts, durch eingeschleppte Krankheiten wie Pocken und Grippe, gegen die sie über keine Abwehrkräfte verfügten, und die Rinderpest, die mit ihrem Vieh auch ihre Lebensgrundlage hinwegraffte, massiv geschwächt. Sie konnten keinen Widerstand mehr leisten und wurden bereits zu Kolonialzeiten zu einer bloßen Legende. Ende des 19. Jahrhunderts machte das Hirtenvolk der Nandi, das im Rift Valley lebte und zu den Kalenjin sprechenden Gruppen gehörte, den Briten durch wiederholte kriegerische Angriffe zu schaffen, wurde aber schließlich unterworfen. Am schwierigsten zu fassen für die Kolonialmacht war der Widerstand der Gruppen, die im zentralen Hochland siedelten, unmittelbar in dem damaligen weißen Hochland, und die bald unter dem Namen Kikuyu bekannt wurden. Die einzelnen Clans hatten keine übergreifende zentrale Struktur, nur ihre gemeinsame Sprache, die in einzelne Dialekte zerfiel, und ähnliche Legenden und Glaubensinhalte. Sie waren Ackerbauern, die das Land um die schneebedeckten Kuppen ihres heiligen Bergs, des Kirinyaga (Mount Kenya), bewirtschafteten. Einer der Clanführer, Kinjanjui, war ein Verbündeter der Briten und wurde von ihnen zum *Paramount Chief*, also zum Oberhäuptling der Kikuyu, ernannt. Viele Kikuyu erkannten schnell, dass westliche Bildung etwas Nützliches und Sinnvolles war, aber auch, dass die christliche Missionierung langfristig nicht nur ihre hergebrachte Kultur, sondern auch ihre Sozial- und Wirtschaftsstruktur, die auf polygamen Familieneinheiten beruhte, zerstören würde. So entstanden in der Zeit zwischen den Weltkriegen zahlreiche unabhängige afrikanische Schulen im zentralen Hochland, die die Christianisierung ablehnten oder sie mit traditionellen Glaubensinhalten zu versöhnen versuchten, aber im Übrigen westliche Bildung vermittelten. Auch eine Interessenvertretung der Kikuyu entstand in dieser Zeit, die Kikuyu Central Association (KCA). Diese Organisation schickte einen jungen Mann, einen gewissen Johnstone Kamau, wegen seiner guten Englischkenntnisse nach England, um dort vor dem Colonial Office gegen die koloniale Land- und Steuerpolitik zu protestieren.

Die Proteste hatten keinen Erfolg, aber es gelang dem jungen Mann, als Bearbeiter eines Wörterbuchs der Kikuyu-Sprache bei Bronislaw Malinowski, dem berühmten Ethnologen, an der London School of Economics eine Anstellung zu bekommen und später dort auch zu studieren. Seine Magisterarbeit, *Facing Mount Kenya,* beschreibt »die« Kultur der Kikuyu als eine einheitliche Tradition und wurde ein Klassiker der Ethnologie. Heute betont man eher die literarische Qualität des Buches, das verschiedene Traditionen zu einer einzigen mythischenGeschichte der Kikuyu zusammenschweißt. Hier fanden die Kikuyu eine Basis für ihre Identität und Kultur als »Stamm«.

Als Kamau nach Kenia zurückkehrte, begann er den Namen zu führen, unter dem er später als der Begründer des unabhängigen Staates Kenia berühmt werden sollte: Jomo Kenyatta. Zu dieser Zeit hatte der Zweite Weltkrieg die Stimmung unter den Afrikanern in der Kolonie verändert. Afrikanische Truppen waren an asiatische Kriegsschauplätze geschickt worden, vor allem nach Burma, dem heutigen Myanmar, weil man hoffte, dass Afrikaner das Klima dort besser als die Europäer ertragen würden. Die gemeinsame Kriegserfahrung mit den Weißen stärkte das Selbstbewusstsein, und es waren vor allem rückkehrende Kämpfer, die auf Gleichberechtigung der Afrikaner bestanden. Während der Krieges waren Interessenorganisationen der Einheimischen nur auf »Stammes«-Ebene erlaubt, aber 1946 entstand die überregionale Kenya African Union (KAU). Kenyatta wurde einer ihrer Führer.

Im Westen Kenias, unter den Luos am Viktoriasee, regte sich ebenfalls Widerstand. Einer ihrer hoffnungsvollen jungen Männer, Obadiah Adonijah, Führer der Kavirondo Taxpayer und Welfare Organization, trat 1948 in die Kenya African Union ein. Unter dem Namen Oginga Odinga sollte er später als *Jaramogi*, als charismatischer Führer der Luo, der große politische Gegenspieler Jomo Kenyattas werden.

Inzwischen machte das weiße Hochland weltweit Schlagzeilen. Eine archaisch wirkende Terrorbewegung im Gebiet der Kikuyu, die sich Mau Mau oder Kenya Land Freedom Army (KLFA) nannte, griff weiße Farmen an und verbreitete Angst und Schrecken unter den weißen Siedlern. Ihr erklärtes Ziel war die Rückgewinnung des von den Weißen gestohlenen Landes. Die Mau-Mau-Kämpfer ließen sich Dreadlocks wachsen und legten einen archaischen Eid ab, der angeblich auf alten Kikuyu-Traditionen basierte und sie ein Leben lang band. In den Wäldern um den Mount Kenya hatten sie ihre Schlupfwinkel.

Die britische Kolonialmacht schlug hart zurück. 1952 wurde der Ausnahmezustand erklärt, politische Organisationen wurden wieder verboten. Etwa 50 000 britische Soldaten waren im Einsatz und siedelten die Kikuyu in Wehrdörfer, genannt »Concentration Camps«, um. Etwa 100 000 Afrikaner wurden verhaftet, unter ihnen auch Jomo Kenyatta, dem direkte Verbindungen zur Mau Mau nachgesagt wurden, aber auch andere politische Führer, die gar keine Kikuyu waren. Insgesamt starben etwa 12 000 Afrikaner und etwa 30 Europäer, die Zahlen schwanken. Als der Mau-Mau-»General« Dedan Kimathi 1956 verhaftet und ein Jahr später hingerichtet wurde, war die Bewegung führerlos geworden, aber sie hatte nun ihren Märtyrer und ihren Volkshelden. Zahlreiche Theaterstücke, Lieder, Wandmalereien, Straßennamen sowie seit 2007 ein Denkmal in Nairobi erinnern bis heute an Dedan Kimathi. Viele ehemalige Mau-Mau-Kämpfer leben allerdings bis heute in Armut, sie wurden bisher weder entschädigt oder geehrt. Vielleicht befürchtet man, mit einer zu starken Betonung der Erinnerung an Mau Mau tribalistischen Emotionen Auftrieb zu geben. Inwieweit der bewaffnete Kampf tatsächlich zur Unabhängigkeit Kenias beigetragen hat, ist nämlich nicht unumstritten. Bis heute sind sie für die einen Freiheitskämpfer, für die anderen atavistische Terroristen.

In der kollektiven Erinnerung der Kenianer ist Mau Mau trotz zahlreicher Versuche, die Bewegung zum nationalen Freiheitskampf zu stilisieren, immer weitgehend eine Kikuyu-Angelegenheit geblieben. Andere Gruppen in Kenia identifizierten sich nur wenig mit dem, was damals im zentralen Hochland passierte, obwohl der Kikuyu Jomo Kenyatta während seiner Zeit in britischer Gefangenschaft zu einer charismatischen Führungsfigur für alle Kenianer wurde. Einige Kikuyu leiten aber bis heute aus dem Mau-Mau-Kampf einen Führungsanspruch ab.

Uhuru – Freiheit!

Das englische Kolonialreich löste sich Ende der 1950er Jahre auf. *Uhuru* – Freiheit, das war der Slogan der Unabhängigkeitsbewegung. Ab 1960 wurde auch in Kenia die Unabhängigkeit vorbereitet. Etwa 60 000 Weiße lebten zu dieser Zeit noch im Land. Als Jomo Kenyatta 1961 aus der Haft entlassen wurde, stieß er zur Führungsgruppe einer neuen Partei, der Kenya African National Union (KANU). In dieser Partei hatten sich vor allem Vertreter der beiden großen ethnischen Gruppen, der Luo und der Kikuyu, zusammengeschlossen, um ihren Führungsanspruch zu manifestieren. Oginga Odinga und der Gewerkschafter Tom Mboya, ebenfalls ein Luo, bestimmten hier den Ton, zusammen mit anderen Politikern der ersten Stunde, alles Kikuyu oder Luos. Die Führer anderer Stämme fühlten sich ausgeschlossen und formten eine zweite Partei, die Kenya National Democratic Union (KADU). Zu dieser Gruppe gehörten unter anderem Masinde Muliro, der verschiedene Luhya-Gruppen in Westkenia vertrat, Führer der Massai und Turkana sowie ein junger Dorfschullehrer aus einer kleinen Kalenjin sprechenden Gruppe des Rift Valleys mit Namen Daniel arap Moi, den damals noch niemand so recht ernst nahm.

Die Grundlage für die politische Struktur Kenias war damit angelegt. Sie basierte auf Allianzen der »Stämme«. Die britische Kolonialadministration sah allerdings eher ein Zweiparteiensystem, das die Grundlage der Verhandlungen um eine demokratische Verfassung des zukünftigen unabhängigen Staates Kenia bilden konnte. Während sich KANU-Politiker für einen starken, zentralistisch geführten Staat einsetzten (in dem sich die beiden großen Gruppen die Macht teilen konnten), vertraten die kleineren Gruppen ein System, das sie *Majimbo* nannten und das den kleineren »Stämmen« auf regionaler Ebene Autonomie gewähren sollte. KANU setzte sich durch, aber die Konflikte, die hier schon unter der Oberfläche schwelten, sind bis heute nicht gelöst.

Nach langen Verhandlungen wurde mit großem Pomp am 12. Dezember 1963 die britische Fahne eingeholt und die kenianische Fahne gehisst: Schwarz wie die Haut der Menschen, rot wie die Erde und grün wie die Felder, mit einem Massaischild im Zentrum. Ein Jahr später wurde nach einer Übergangsphase die unabhängige Republik Kenia ausgerufen. Der Präsident der neuen Republik hieß Jomo Kenyatta, der Vizepräsident Oginga Odinga. Diese Kikuyu-Luo-Allianz schien für Stabilität zu bürgen. Der Staat verfügte über eine makellose demokratische Verfassung nach dem Westminster-Modell, aber von Anfang an gab es keine Opposition, denn die Partei der kleinen Stämme, KADU, hatte sich inzwischen aufgelöst und war in der allumfassenden Regierungspartei aufgegangen. Die Nähe zur Macht war den Vertretern der kleineren Ethnien wichtiger als Machtkontrolle durch Opposition.

Bei der Unabhängigkeitsfeier tanzten die Menschen auf den Straßen. Für sie wurde ein Traum wahr. Die koloniale Herrschaft war vorbei.

Das Erbe der Kolonialzeit

Oberflächlich gesehen, kommt einem noch heute einiges *very british* in Kenia vor. Jedes Jahr im Februar wird das Parlament nach der Weihnachtspause mit großem Pomp eröffnet. In den Schulen beginnt jeder Tag mit einem feierlichen Fahnenappell, zu dem die Kinder klassenweise in ihren Schuluniformen antreten. Überhaupt sind die Erziehungsgrundsätze an den Schulen von den britischen Boarding Schools übernommen, ebenso wie die obligatorische Teepause in den Büros, in der unvermeidlich süßer Tee mit Milch serviert wird. Zu offiziellen Anlässen regiert eine strenge Kleiderordnung: Gebügelte Kostüme mit weißen Blusen und Handtaschen bei den Damen – heute öfter ersetzt durch dezente Hosenanzüge –, dunkle Anzüge mit Bügelfalte, gern dreiteilig, bei den Herren. Die größte christliche Religionsgemeinschaft ist selbstverständlich die anglikanische Kirche, mit einer wahrhaftigen Kathedrale, der All Saints Cathedral, in Nairobi.

Die Nachrichten im Fernsehen enden mit den Spielständen der englischen Premier League, wenn sich das auch bald ändern könnte. Denn seit es das kenianische Nationalteam nicht einmal geschafft hat, sich für die Vorauswahl zur Fußball-WM 2010 in Südafrika zu qualifizieren, ist eine heftige Diskussion um eine Verbesserung der Qualität des kenianischen Fußballs entbrannt. Vielleicht wird es ja bald auch eine kenianische Fußballliga geben, deren Spiele die Massen begeistern. In den 1980er Jahren, als der deutsche Fußball noch für spielerische Höchstleistung stand, gab es samstagabends im Fernsehen die Serie »Football Made in Germany« mit jeweils einem Bundesligaspiel – damals ein Straßenfeger.

Viele urbritische Country Clubs in Nairobi und Umgebung darf man ohne Einführung durch ein Mitglied nicht betreten; der altehrwürdige Nairobi Club ließ noch bis vor wenigen Jahren keine Damen an der normalen Bar zu und verbannte sie in die harmlosere Ladies' Bar. Alte Landhäuser aus grauem Sandstein verstecken sich in weitläufigen Parks mit tropischen Bäumen und britischen *lawns*. Für viele wohlhabende Nairobier ist ein Besuch der Pferderennbahn, des Nairobi Race Course, noch immer ein Sonntagsvergnügen, und natürlich gehören Cricket und Rugby zu den beliebtesten Sportarten. Im Hotel ist das Frühstück selbstverständlich englisch, mit Spiegelei, gebratenen Tomaten, Würstchen und Toast mit Orangenmarmelade. Auch die anderen Mahlzeiten sind britisch: Steak mit English Potatoes, Weißkohl, Möhren, englischem Weißbrot und Pies. Das gilt nicht nur für die Hotels und Restaurants, sondern auch für die privaten Küchen: Als gut gilt, was aus England kommt.

Anders als etwa in den ehemaligen Kolonien Ghana oder Nigeria, wo sich längst *Pidgins* durchgesetzt haben, wird an kenianischen Schulen ein sehr britisches Englisch gelehrt, auch wenn inzwischen in der Presse diskutiert wird, ob es nicht doch auch ein »kenianisches Englisch« gebe. Ältere gebildete Kenianer zieren sich noch immer gern mit einem Shakespeare-Zitat, um ihre »Kultiviertheit« zu beweisen. »Mind your Language: The Art of Spoken English« ist noch heute eine populäre Fernsehkolumne, in der »Word Master« Willis Ochieng' freitagabends die Kenianer über die korrekte Aussprache englischer Wörter belehrt. Kenia war eben eine Siedlerkolonie, in der sich die Kolonialmacht nicht damit begnügte, eine Verwaltung aufzubauen, sondern auch die afrikanische Bevölkerung einer gründlichen Umerziehung unterzog.

Man sollte sich jedoch nicht täuschen lassen: Letztlich sind dies Oberflächlichkeiten, und sie werden weniger. Für junge Kenianer ist längst nicht mehr, wie noch für ihre Großeltern und vielleicht ihre Eltern, London das Zentrum der Welt. Sie sind selbstbewusst afrikanisch, allenfalls amerikanisch, und die britische Kolonialzeit liegt für sie in weiter Ferne, lange vor ihrer Geburt. Ihre Kleidung ist eher an den internationalen Brands ausgerichtet, und eine Bügelfalte müssen die Hosen längst nicht mehr haben. Statt Fish and Chips essen sie Hamburger und Pizza, wie überall in der Welt. Cool ist ein amerikanischer Akzent, aber beliebter noch ist *Sheng,* eine neue Mischsprache, die einst als Jugendsprache aus den Slums kam, sich heute aber über das ganze Land ausbreitet und salonfähig geworden ist. Dass Kenia noch immer ein Mitglied im Commonwealth ist, ist den jüngeren Leuten wahrscheinlich ziemlich egal.

Die wirklich bestimmenden Einflüsse aus der Kolonialzeit liegen aber tiefer. Noch immer ist England Kenias wichtigster Handels- und Entwicklungspartner, ist britisches Militär in Kenia stationiert, hat der britische High Commissioner in Kenia eine Stimme, auf die man hört. England ist das wichtigste Exilland für kenianische Oppositionelle, hier finden sie Verlage für ihre Bücher und ein Publikum, das sich für die Entwicklung des Landes wirklich interessiert. Als ehemalige Kolonie ist Kenia ja gewissermaßen auch ein Stück britischer Geschichte, und die koloniale Prägung Kenias ein Teil der damaligen Innenpolitik.

Die britische Kolonialherrschaft hat ein tief verwurzeltes Erbe hinterlassen, das nicht offensichtlich ist, sich aber – anders als die Attribute der Alltagskultur – nicht so einfach überwinden lässt: Sie schuf ein disparates territoriales Gebilde ohne kulturelle, ökonomische oder geographische Kohärenz und nannte es einen Nationalstaat. Sie legte die Grundlage für eine ungerechte und unsoziale Verteilung des fruchtbaren Landes, von dessen Ertrag noch heute die meisten Kenianer leben müssen. Sie teilte die Bevölkerung in unterschiedliche »Stämme« ein, spielte diese gegeneinander aus und schuf eine autoritäre und zentralistische Gesellschaft nach ethnischen Kategorien. Dann versah sie das Ganze mit einer vorbildlichen demokratischen Verfassung nach dem Westminster-Modell und zog sich zurück. Dass das nicht funktionieren konnte, liegt auf der Hand.

Aber die Kolonialherrschaft hinterließ auch positive Ansätze: ein zwar rigides, aber alles in allem funktionierendes Schulsystem etwa, auch nach den Reformen der 1980er Jahre. Einen festverwurzelten Glauben an ein parlamentarisches System, an Wahlen, an Recht und Gesetz – auch wenn das alles nicht so gut funktioniert im gegenwärtigen Kenia – und an die befreiende Macht von Bildung. Nach britischem Vorbild gibt es in Kenia zivilgesellschaftliche Organisationsmodelle, die Ansätze zu Kritik an der zentralistischen Macht erlaubten: Interessenorganisationen, Gewerkschaften, Verbände, Kooperativen – auch dies ein Erbe der Kolonialzeit.

Heute noch sind in Gesellschaft und Politik viele Menschen bestimmend, die durch die Kolonialzeit geprägt sind. Wie viele ältere Kenianer haben sie eine autoritäre Impfung bekommen. Viele führende Politiker orientieren sich vor allem an ihrem »Stamm« und an der zentralistischen Macht. Demokratie und das Gemeinwohl haben für sie keine wichtige Bedeutung. Sie denken nicht gesamtgesellschaftlich, sondern sind in erster Linie an ihrer Selbstbereicherung und der ihrer Familien orientiert. Die erste Politikergeneration des unabhängigen Kenia hat dieses Denken zu einem ausgefeilten politischen System entwickelt, das gegenwärtig droht, eine destruktive Sprengkraft zu entwickeln. Deshalb scheint die Hoffnung vielleicht nicht ungerechtfertigt, dass die jüngere Generation sich an anderen Werten orientieren und ein Abrutschen in einen autoritären Staat oder gar ins Chaos verhindern werde. Viele Kenianer betrachten die gegenwärtigen politischen Probleme Kenias auch als Generationenkonflikt.

Der lange Weg zur Demokratisierung. Kenias Geschichte seit der Unabhängigkeit

Der *Big Man* und seine Klientel – Präsident Jomo Kenyatta

Die Statue Jomo Kenyattas neben seinem Mausoleum in Nairobi ist überlebensgroß. Breitbeinig sitzt er da, selbstgewiss, die Leopardenmütze auf dem Kopf, die Arme gestützt auf seinen Häuptlingsstock; der berühmte Fliegenwedel hängt lässig am Arm herab. So sitzt ein Herrscher, ein König, einer, der weiß, was seine Landeskinder ihm schuldig sind. Kenyatta, der »Brennende Speer«, der Gründungsvater der Nation, das Urbild eines afrikanischen *Big Man*. Nicht alle Kenianer bringen ihm heute allerdings die Verehrung entgegen, die das Protokoll vorsieht, wenn man dem Monument gegenübersteht. Bei vielen ruft er noch immer bittere Gefühle hervor, mehr als 30 Jahre nach seinem Tod. Hat er die Nation gegründet, hat er sie geeint, oder hat er im Gegenteil die Grundlagen zu ihrer Spaltung gelegt? Die Erinnerungen sind zwiespältig.

Zunächst lief alles wunderbar. Das Land verzeichnete hohe ökonomische Wachstumsraten. Weizen, Kaffee, Tee und Tabak wurden für den Export produziert und erzielten damals noch ordentliche Preise, und das Investitionsklima für große internationale Konzerne war gut; Del Monte besaß riesige Ananasplantagen bei Thika, der Zigarettenkonzern BAT produzierte Tabak im Rift Valley. Bei Nairobi entstand ein Industriegebiet, von dem aus die großen britischen, Schweizer und deutschen Pharmazeutik- und Kosmetik-Konzerne bald den gesamten ostafrikanischen Markt beherrschten. Auch eine bescheidene lokale Industrie gab es schon, die Dinge des täglichen Bedarfs wie Nahrungsmittel und Baumwollstoffe, Möbel und Haushaltswaren herstellte. Die Ausgaben des Staates für Bildung und für das Gesundheitswesen waren so hoch wie in kaum einem anderen afrikanischen Land, entsprechend war die Analphabetenrate extrem niedrig, die Lebenserwartung relativ hoch. Das Verkehrsnetz war vorbildlich. Kenia galt in den 1960er und 1970er Jahren als das Musterland Afrikas, und seine Bewohner, diszipliniert und fleißig, nannte man auch die »Preußen Afrikas«. Die Verwaltung arbeitete noch ziemlich reibungslos. Auch entwicklungspolitisch wurde Kenia zu einem Musterland. Bis heute gibt es in kaum einem afrikanischen Land so viele staatliche, kirchliche und private Projekte mit so erfolgversprechenden Aussichten wie in Kenia – wo alles andere funktionierte, da funktionierte auch die Entwicklungspolitik!

Die weißen Farmer hatten bis auf wenige Ausnahmen das Land verlassen, obwohl Kenyatta betont hatte, dass er keine Vergeltung wolle. *Suffering without Bitterness* (Leiden ohne Bitterkeit) war sein Wahlspruch. Viele Weiße gingen nach Rhodesien, wo die koloniale Welt noch in Ordnung schien, oder nach Südafrika. Das Land war nun im Besitz von einheimischen Kenianern oder des Staates, und das Landproblem schien gelöst. Aber das war eine Täuschung. Die Großfarmen wurden nicht aufgeteilt, wie das ursprünglich im Abkommen mit den Briten vorgesehen war, sondern gingen in den Besitz mächtiger Individuen oder der Kenyatta-Familie selbst über. Es gab zahlreiche landlose Kenianer, die nun in die Städte strömten, weil sie sich nicht mehr ernähren konnten. In Nairobi entstanden die ersten Slums. Die Regierung versuchte diesem Problem mit Siedlungsprogrammen zu begegnen. Hunderttausende von Kikuyu-Kleinbauern aus dem zentralen, ehemals »weißen« Hochland wurden auf Land an der Küste und im Rift Valley angesiedelt. Wenigen war klar, was für ein Sprengstoff für die Zukunft hier gelegt wurde, denn es waren praktisch nur Kikuyu, die Siedlungsland bekamen.

Nicht wenige Beobachter waren befremdet von dem Prunk und der Machtsymbolik, die Kenyatta bald entfaltete. Wenn sein Autokonvoi durch die Straßen Nairobis raste, mussten alle anderen Verkehrsteilnehmer ihren Wagen am Straßenrand anhalten, aussteigen und den Wagen des Präsidenten ergeben grüßen. In seinen Residenzen in Nairobi und in Nakuru hielt Kenyatta Hof wie ein König. Das war nicht nur persönliche Eitelkeit. Die Demonstrationen seiner Machtfülle hatten eine Funktion in Kenyattas Herrschaftssystem. Die Westminster-Verfassung war bald nur noch Fassade, unter der sich ein sogenanntes patrimoniales System entwickelte – ein System, in dem Macht und

Reichtum von einem Zentrum her, nämlich dem Präsidenten, auf einzelne Patrone verteilt werden, die diesen wiederum von oben nach unten an eine von ihnen abhängige Klientelperson oder Gruppe weitergeben, bis schließlich – theoretisch jedenfalls – auch ganz unten noch etwas von den Ressourcen der Gesellschaft ankommt.

Das Machtzentrum bildete Kenyatta selbst mit dem Staatsapparat, die Patrone waren seine Minister und die Mitglieder des Parlaments aus den unterschiedlichen Regionen, und diese wiederum waren der Klientel aus ihrer Region verpflichtet, den Menschen, die sie gewählt hatten, um möglichst viele der im Staat aufgehäuften und vom Präsidenten zu verteilenden Ressourcen für die eigene Region zu erlangen. Solche Systeme sind keine rein afrikanische Spezialität, sondern können überall dort entstehen, wo Ressourcen knapp und auf den Staat konzentriert sind und dem Staat keine lebendige und aufmerksame Gesellschaft gegenübersteht, die ihn kontrolliert.

Weil es in diesem System zunächst durchaus Möglichkeiten demokratischer Mitsprache gab, kam auch einiges von den Geldern, die die Patrone für sich sichern konnten, bei den einfachen Bürgern an. Zusammen mit dem solidarischen Geist des *Harambee*, den Kenyatta propagierte, entstanden Entwicklungsprojekte, die viele Kenianer positiv über ihre Regierung denken ließen. Doch bald spielten inhaltliche Fragen in der Politik kaum noch eine Rolle, sondern es ging nur noch um Personen und ihre Durchsetzungsfähigkeit im Machtkarussell. Um ihre Nähe zur Macht vor den Wählern zu demonstrieren, mussten die Kandidaten gewissermaßen mit ihrem Reichtum protzen, so wie der Präsident selbst seine Machtfülle durch Prunk repräsentierte. So war es kein Wunder, dass bald zahlreiche *Wa-Benzi* in ihren Edelschlitten aus Stuttgarter Produktion durch Nairobi fuhren. Wie der Reichtum, der zur Schau gestellt werden musste, erworben worden war, wurde nicht gefragt. Auch der Präsident selbst musste immer wieder neue finanzielle Quellen erschließen, um seinen Klientelverpflichtungen nachkommen zu können. Korruption gehörte daher bald zum System. In der Ausplünderung des Landes ging die Kenyatta-Familie voran. Mama Ngina, Kenyattas Witwe, gehört noch heute zu den reichsten Frauen der Welt, und es wird gemunkelt, dass ein großer Teil ihres Reichtums aus der Elfenbeinwilderei stammt. Und noch eine andere gefährliche Dynamik entwickelte das System: Da es Politiker hervorbrachte, die sich, auch wenn sie gutwillig und idealistisch waren, nur der Klientel in ihrer eigenen Region und nicht dem Gemeinwohl des ganzen Landes verpflichtet fühlten, entwickelte sich das explosive Potential des Tribalismus. Werden die Ressourcen knapper, werden auch die Verteilungskämpfe härter, und am Ende ist jedes Mittel recht, um an Macht und Reichtum zu kommen – auch Gewalt. Korruption, Tribalismus und Gewalt wurden so zu legitimen Mitteln der Politik – als bitteres Erbe der Kenyatta-Ära.

Rivalen

Schon ab den späten 1960er Jahren war der einzige verbliebene Garant für den Zusammenhalt der Nation der Präsident selbst, der deshalb auch unantastbar über den Dingen stehen musste. Seine nationale Politik war nicht kontrollierbar, und in den letzten Jahren seines Lebens wurde Kenyatta selbst immer unberechenbarer. Eine Ablösung des Präsidenten passte jedoch nicht ins starre politische System, das komplett auf seine Person zugeschnitten war.

Deshalb musste Kenyatta von Anfang an potentielle Rivalen ausschalten. Der erste war sein Gegenspieler und Vizepräsident Oginga Odinga, der charismatische Führer der Luo, der 1969 aus der Staatspartei Kenya African National Union (KANU) ausgeschlossen wurde und eine Oppositionspartei, die Kenya People's Union (PNU) gründete. Gut für die Demokratie, sollte man meinen, aber nicht unter den Bedingungen des patrimonialen Systems. Kenyatta verbot die Partei sofort und erklärte Kenia offiziell zum Einparteienstaat. Odinga wanderte ohne Prozess für Jahre als politischer Gefangener hinter Gitter.

Im gleichen Jahr schaltete Kenyatta noch einen zweiten Rivalen aus, ebenfalls einen Luo. Am 5. Juli 1969 wurde Tom Mboya in Nairobi erschossen – von einem Kikuyu. Bis heute zweifelt in Kenia kaum jemand daran, dass das Kenyatta-Regime dahinter stand. Mboya kam aus der kenianischen Gewerkschaftsbewegung, die bis in die 1970er Jahre hinein durchaus über Einfluss verfügte. Mboya selbst hat sich nie als Vertreter seiner Region stilisiert, sondern sah sich immer als Repräsentant einer neuen Arbeiterklasse und einer neuen Mittelschicht in einem künftigen industrialisierten Kenia, und er wurde für viele, ganz unabhängig von Stammeszugehörigkeit und regionaler Herkunft, zu einer Identifikationsfigur. Auch im westlichen Ausland hatte er gute Kontakte, vor allem zur Sozialistischen Internationale. Es gelang ihm, über die amerikanischen Gewerkschaften Stipendienprogramme für Kenianer zu organisieren. Tom Mboyas *Airlift* ist noch heute legendär. In einem der ersten dieser Flüge in die USA saß auch ein junger Luo, ein gewisser Barack Hussein Obama, der Vater des heutigen US-Präsidenten, mit einem Stipendium für ein Studium an der Universität von Hawaii.

Noch heute kann man von vielen Kenianern – nicht nur Luos – hören, dass alles anders gekommen wäre, wäre Mboya nicht ermordet worden, sondern hätte als Kenyattas Nachfolger sein Programm verwirklichen können. Vielen gilt er, vor allem auch wegen seines tragischen Todes, als eine Art kenianischer Kennedy.

Der dritte Rivale, den Kenyatta ausschaltete, war selbst ein Kikuyu. Josiah Mwangi Kariuki hatte als Kind die Vertreibung seiner Eltern von weißem Farmland erlebt und sich später der Mau-Mau-Bewegung angeschlossen. Obwohl er zeitweise als Kenyattas Privatsekretär arbeitete und bis zum Stellvertretenden Minister aufstieg, kritisierte er zunehmend dessen Regime. Neben der verbreiteten Korruption bemängelte er vor allem, dass es nie eine umfassende Landreform gegeben hätte, sondern die ehemals weißen Großfarmen sich noch immer in den Händen weniger reicher Kenianer und der Kenyatta-Famile befänden, während immer mehr landlose Kenianer verelendeten. »Kenia ist heute ein Land mit zehn Millionären und zehn Millionen Bettlern« soll er gesagt haben, bevor man seine verstümmelte Leiche in den Ngong-Bergen fand. Das war 1975, da hatte sich die Schere zwischen Arm und Reich in Kenia tatsächlich bereits erheblich geweitet. Kariukis Vermögen wurde nach seinem Tod vom Staat beschlagnahmt, im Untersuchungsbericht der Regierung zu seinem Tod gab es jede Menge ungeklärter Fragen, und nach seiner Beerdingung kam es zu großen Studentenprotesten.

Auch wenn die Rivalen nun ausgeschaltet waren, auch wenn das Amt des Vizepräsidenten und verfassungsmäßigen Stellvertreters vorsichtshalber mit einem politischen Niemand, dem Dorfschullehrer Daniel arap Moi aus dem Rift Valley, besetzt war – gegen die Natur konnte auch Kenyatta nichts ausrichten. 1978 starb er. Sofort versuchte eine einflussreiche Clique von Kikuyu aus Kiambu, die Nachfolge an sich zu reißen, wurde aber von anderen Kikuyu-Schwergewichten daran gehindert, die Daniel arap Moi unterstützten. So konnte sich dieser zum Nachfolger ausrufen, bevor ihm irgendjemand anderes den Anspruch streitig machen konnte. Bis heute ist unklar, wer damals wirklich in welche Intrige verwickelt war, und in einigen Berichten war auch von privaten bewaffneten Milizen die Rede, die einige Politiker heimlich trainierten, um ihren Machtanspruch zu unterstützen. Hier lag schon der Beginn für eine gefährliche Entwicklung, aber sie fand wenig Beachtung. Nach außen sah alles verfassungsmäßig aus. Tatsächlich hatten wohl alle den Dorfschullehrer unterschätzt: Moi hatte sich durchgesetzt. Er wurde der neue Präsident Kenias, und eine neue Ära begann.

Ein Diktator in Kenyattas Fußspuren – Daniel arap Moi

Auch Daniel arap Moi hat sich ein Denkmal in Nairobi gesetzt, aber gegen das eindrucksvolle und achtungsgebietende Kenyatta-Monument nimmt es sich ziemlich kläglich aus. In Nairobis Uhuru-Park erhebt sich ein stilisierter schneebedeckter Mount Kenya, aus dessen Krater sich eine Hand reckt, die einen elfenbeinernen Stab hält: das Herrschaftssymbol Mois. Über missglückte Symbolik und schlechten Geschmack lässt sich ja bekanntlich streiten, aber auf eine ungewollte Art ist dieses Denkmal auch symbolisch. Es verweist auf den Stil, der die Herrschaft Mois kennzeichnet: dilettantisch, oft hilflos bis zur Paranoia, aber mit ungebremstem Machtanspruch und gerade deshalb so gefährlich.

Zunächst sah alles gut aus. Moi versicherte, er werde alles beim Alten lassen. Den Wahlspruch Kenyattas, *Harambee*, ersetzte er durch *Nyayo* – »in den Fußspuren« (Kenyattas); und auch gegen den Slogan »Love, Peace and Unity«, mit dem er Kenia regieren wollte, konnte niemand ernsthaft etwas einwenden. Die Tatsache, dass er weder ein Kikuyu noch ein Luo, sondern als Angehöriger einer unbedeutenden ethnischen Gruppe aus dem Rift Valley, den Tugen, neutral war, galt für viele ausländische Beobachter als eine Chance. Er könnte, so glaubte man, die beiden zerstrittenen großen Volksgruppen versöhnen und so etwas wie eine nationale Einheit erreichen. Angehörige kleinerer ethnischer Gruppen erhofften sich nun einen größeren Anteil bei der Verteilung der Ressourcen.

Durch eine Amnestie politischer Gefangener, die in den letzten Jahren Kenyattas zahlreich geworden waren, erwarb sich Moi weitere Sympathien im In- und Ausland. Er bestimmte den Kikuyu Mwai Kibaki zum Vizepräsidenten, gewann damit die Unterstützung der Kikuyu und band auch Luos als Minister in sein Herrschaftssystem ein. Die Balance funktionierte einige Jahre, bis 1982 die Luftwaffe putschte. Sechs Stunden lang spielte das staatliche Radio Reggae-Musik, und niemand wusste, wer die Macht wirklich in der Hand hatte, bevor eine paramilitärische Spezialeinheit die jungen Offiziere überwältigte und den Putsch niederschlug. Es gab zahlreiche Opfer, auch in der Zivilbevölkerung. Die Putschisten waren überwiegend Luos, und bis heute ist nicht geklärt, inwieweit auch Oginga Odinga und sein Sohn Raila in den geplanten Umsturz verwickelt waren. Anders als vielen anderen afrikanischen Ländern blieb Kenia schließlich ein Militärregime erspart. Aber es ist die Frage, ob das, was nun kam, nicht schlimmer war.

Moi, dessen Macht ja von Anfang an auf einem labilen Gleichgewicht zwischen den ethnischen Gruppen basiert hatte, reagierte nun mit größtem Misstrauen gegen alle und jeden. Er verließ sich nur noch auf die direkten Vertrauten. Über die Strukturen der Staatspartei KANU übte er bis in die kleinsten Dörfer Kontrolle aus. Dabei zerstörte er das ausbalancierte Klientelsystem des Kenyatta-Regimes. Nur noch handverlesene KANU-Mitglieder konnten sich nun um ein Mandat bewerben. Auch ohne das öffentliche Akklamationssystem, das in der zweiten Hälfte der 1980er Jahre eingeführt wurde, waren Parlamentswahlen nun zur Farce geworden. Wahlfälschungen waren an der Tagesordnung. Politische Ämter wurden unsicher, da sie vollkommen von der Laune Mois abhängig waren, was ihre Inhaber motivierte, so viel wie möglich an Ressourcen zusammenzuraffen, solange sich die Gelegenheit bot. Die Korruption stieg ins Unermessliche. An die Klientel im heimatlichen Wahlbezirk wurde aber kaum noch etwas weitergegeben, denn die Politiker waren ja nicht mehr von ihrer Klientel, sondern nur noch vom Präsidenten abhängig. Was an moralischen Werten und rechtsstaatlichen Verbindlichkeiten in Kenia Gesellschaft noch vorhanden gewesen sein mochte – hier wurde es zerstört. Gewalt, Korruption und Willkür zerfraßen das Gewebe der Gesellschaft bis in die feinsten Verästelungen.

Dennoch war der Präsident zunächst vor allem bei der ungebildeten Landbevölkerung nicht unbeliebt. Er ließ zahlreiche Schulen bauen, vor allem im Rift Valley und besonders für Mädchen, und führte regelmäßige Milchspeisungen an allen Schulen ein. Im State House standen immer Aktenkoffer voller Bargeld bereit, das freigiebig an diejenigen verteilt wurde, die bei einer Audienz die Gunst des Präsidenten erlangt hatten. Populismus auf Afrikanisch.

Es war die Zeit, in der die Angehörigen der unterschiedlichen Gruppen der Kalenjin, begannen, eine gemeinsame Identität zu entwickeln und neben den Kikuyu und den Luo zur dritten großen politischen Kraft in Kenia wurden. Kalenjin saßen nun in allen hohen Verwaltungspositionen, in hohen staatlichen Ämtern und in den Führungsetagen der halbstaatlichen Unternehmungen, unabhängig von ihren persönlichen Qualifikationen und mit dem einzigen Interesse, sich zu bereichern, solange es ging. Die ehemals funktionierende Verwaltung brach zusammen, Staatsunternehmen wie das Coffee Board, die Elektrizitätsversorgung, Post und Bahn arbeiteten nicht mehr verlässlich, die Infrastruktur wurde immer schlechter, in den Städten wuchsen die Müllberge. Was von der freien Wirtschaft noch übrig war, ächzte unter den Auflagen des IWF. In immer neuen Verhaftungswellen füllten sich die Gefängnisse. Im Erdgeschoss des neugebauten Nyayo-Hochhauses in Nairobi, einem Verwaltungsgebäude, standen die Läden leer. Niemand sollte sich dort aufhalten, damit man die Schreie aus den Folterkellern nicht hörte, die unter den Läden lagen. Auf den Straßen und in den Bars wurde nur noch geflüstert.

Im westlichen Ausland wurde die Situation zwar mit Besorgnis beobachtet, aber Moi letztlich nie die Unterstützung entzogen, und auch Entwicklungshilfe-Gelder wurden nur gelegentlich kurzfristig eingefroren. Immerhin garantierte Moi Stabilität, während andere afrikanische Länder immer wieder in Unruhen und Bürgerkriegen versanken. An der Küste boomte der Tourismus; Urlaub an den kenianischen Traumstränden war in Mode, und die Touristen kümmerten sich nicht darum, was im Landesinneren geschah, oder sie wussten es gar nicht.

Ende der 1980er Jahre hatte die Diktatur ihren Höhepunkt erreicht. Die Wahlen von 1988 waren eine reine Farce. Moi hatte sich inzwischen mit einer Clique umgeben, die man nur als offen kriminell bezeichnen kann, allen voran seine Graue Eminenz Nicholas Biwott, der unter anderem offen mit der Mafia Geschäfte machte. Kein krimineller Coup war schamlos genug, wenn Geld daraus geschlagen werden konnte. Am 12. Februar 1990 verschwand nach einer USA-Reise des Präsidenten mit seinem Tross der Außenminister Robert Ouko, ein Luo, der versucht hatte, Korruptionsfälle aufzudecken. Er war bestialisch ermordet worden. Die offizielle Erklärung der Regierung, er habe Selbstmord begangen, glaubte niemand.

Die Amerikaner hatten wohl etwas zu offen zu erkennen gegeben, dass sie den intelligenten und weltgewandten Ouko gern als Mois Nachfolger sehen würden. Unter dem Druck der Weltöffentlichkeit forderte die Moi-Regierung einen Detektiv von Scotland Yard an, aber obwohl der einen umfangreichen Bericht überreichte, bevor er fluchtartig das Land verließ, wurde der Fall bis heute offiziell nicht aufgeklärt. Dennoch: Er bezeichnet eine Wende. Die Diktatur war unerträglich geworden, umso mehr, als kurz danach auch der kritische Bischof Alexander Muge bei einem mysteriösen Unfall ums Leben kam. Überall regte sich nun Widerstand und Opposition, und innerhalb von zwei Jahren sollte Moi gezwungen werden, sich in Wahlen konkurrierenden Kandidaten anderer Parteien zu stellen – der Anfang vom Ende seiner absoluten Herrschaft.

Ein zweites Mal *Uhuru* – der Kampf für ein Mehrparteiensystem

An den Universitäten, die in den späten 1970er Jahren am Ende des Kenyatta-Regimes ein Zentrum der Kritik gewesen waren, blieb es zunächst ruhig. Früher mächtige Institutionen wie die

Gewerkschaften, der Bauernverband oder der Frauenverband *Maendeleo ya Wanawake* (Fortschritt für die Frauen) wurden von Menschen geführt, die Moi loyal ergeben waren.

Aber während des mehr als zehnjährigen Regimes Mois war die Entwicklung der kenianischen Gesellschaft nicht stehengeblieben. Das bereits unter Kenyatta bestehende gute Bildungssystem und die lange erfolgreiche ökonomische Entwicklung hatten eine breite städtische Mittelschicht hervorgebracht, die nun unter der Korruption und Misswirtschaft des Moi-Systems zu verarmen drohte. Ethnische Bindungen spielten für diese urbanen Schichten eine untergeordnete Rolle, sie waren eher westlich geprägt. In den Städten war trotz der massiven Repression inzwischen eine kritische Öffentlichkeit entstanden. Und vor allem: Die Weltlage hatte sich geändert. Nach dem Zusammenbruch des Ostblocks ließ bei den Geberländern das Interesse, afrikanische Diktatoren als Bollwerk gegen den Kommunismus zu stützen, merklich nach.

Zunächst formte sich der Widerstand in der Presse, bei den Juristen und in den Kirchen. Es begann ein Tauziehen zwischen immer neu entstehenden kritischen politischen Zeitschriften und dem Regime, das die Magazine immer wieder verbot, die Redaktionen verwüstete und die Herausgeber verhaftete. Die Dachorganisation der Rechtsanwälte, die »Law Society«, sah es als ihr Anliegen, die noch nicht zerstörten Reste von Rechtsstaatlichkeit zu stärken. Der Anwaltsverein mit seinem Vorsitzenden Paul Muite (und Mitgliedern wie Gibson Kamau Kuria, James Orengo, Gitobu Imanyara, Mirugi Kariuki, Martha Njoka – alles aufrechte Kämpfer für Demokratisierung) verstand es als sein Anliegen, die noch nicht zerstörten Reste von Rechtsstaatlichkeit zu stärken. Die Anwälte taten das äußerst geschickt, indem sie das Regime mit immer neuen endlosen Beschwerden und Prozessen überzogen. Die Presse berichtete dann ausführlich und zwang so die Richter – alles Amtsträger von Mois Gnaden –, ihre Entscheidungen öffentlich juristisch zu begründen und zu rechtfertigen. Eine große Zahl der heute noch wichtigen Reformpolitiker sind aus der »Law Society« hervorgegangen, zum ersten Mal auch Frauen. Auch in vielen Kirchen, die im Dachverband National Council of Churches in Kenya zusammengeschlossen waren, wurde von der Kanzel herab Meinungsfreiheit und ein Ende der Korruption gefordert. In Kisumu bildete sich um den anglikanischen Bischof Henry Okullu ein Zentrum der Opposition. Es gab mutige Individuen und erste militante Bürgerrechtsorganisationen, wie die spätere Friedensnobelpreisträgerin Wangari Maathai mit ihrem Green Belt Movement. Eine nicht zu unterschätzende Rolle spielte auch der internationale Druck auf Moi. Die Geber von Entwicklungshilfe, die inzwischen bis zu 30 Prozent des Staatshaushalts ausmachte, drohten, diese zurückzuhalten. Eine Gruppe ausländischer Botschafter, vor allem der Amerikaner Smith Hempstone und die skandinavischen Diplomaten, aber auch der damalige deutsche Botschafter Bernd Mützelburg ergriffen offen für die Opposition Partei.

Jetzt bewegten sich auch die Politiker. Da waren zunächst die Veteranen, die schon von Kenyatta zur Seite gedrängt worden waren, wie der alte Odinga – immer häufiger öffentlich unterstützt von seinem Sohn Raila, wie die Luhya-Politiker Masinde Muliro und Martin Shikuku oder die Kikuyu-Politiker Kenneth Matiba und Charles Rubia. Es gelang ihnen, sich zu einer überregionalen und stammesübergreifenden Bewegung zusammenzutun: dem Forum for the Restoration of Democracy (FORD).

In der zweiten Hälfte des Jahres 1991 gab es fast täglich große Demonstrationen und Kundgebungen in Nairobi, die zum Teil mehr als 100 000 Menschen anzogen. Das waren nun nicht mehr nur die Mittelschichten, hier kamen auch die Angehörigen der städtischen Unterschichten, die ihre ganze Hoffnung in eine politische Veränderung setzten. Sie waren ein wichtiges, aber auch ein gefährliches Protestpotential, denn sie hatten nichts zu verlieren, waren gewaltbereit und leicht zu beeinflussen.

Ende 1991, noch rechtzeitig vor den bevorstehenden Wahlen, gab Moi schließlich nach und nahm die Verfassungsänderung, die Kenia zum Einparteienstaat machte, zurück. FORD ließ sich sofort als Partei registrieren, und auch eine ansehnliche Zahl anderer Parteien schoss aus dem Boden. Jeder Parteivorsitzende schielte nach dem Präsidentenamt, denn das war das Zentrum der Macht, ohne das im Land nichts bewegt werden konnte. Auch FORD spaltete sich über die Frage der Wahl ihres Präsidentenkandidaten.

Bei den Wahlen im Dezember 1992 traten dann sechs Kandidaten für unterschiedliche Oppositionsparteien gegen Moi an. So war es ein Leichtes für den Diktator, die Wahl wieder für sich zu entscheiden, wenn auch ohne absolute Mehrheit. Das gleiche Muster wiederholte sich bei den Wahlen 1997. Die Opposition war gespalten und zerstritten, die ethnischen Loyalitäten traten bei ihren Kandidaten immer mehr in den Vordergrund, inhaltliche Fragen wurden nicht debattiert. Moi setzte sich wieder durch, wenn auch mit Tricks wie einem neuen Zuschnitt der Wahlbezirke und massiven Manipulationen der Ergebnisse.

Aber Kenia war nicht mehr wie früher. Das System der Alleinherrschaft des Diktators war zerstört. In Nairobis Bars und auf der Straße wurde nicht mehr geflüstert, sondern offen diskutiert und kritisiert. Neue Zeitungen und Zeitschriften entstanden und wurden nicht mehr verboten, die Medienlandschaft änderte sich. Zivilgesellschaftliche Organisationen erhoben ihre Stimme. Kurz: Es wuchs eine moderne kritische Gesellschaft heran, praktisch neben der alten Struktur der Diktatur. Man hatte keine Angst mehr vor Moi.

Das Grundproblem war allen klar: Wichtige Elemente des patrimonialen Systems waren nicht überwunden, die ehemals gute Verfassung bis zur Unkenntlichkeit demontiert. Die Motivation für die meisten Politiker war noch immer Selbstbereicherung. Das Land war heruntergekommen und ausgeplündert. Die Korruption war so verbreitet und so massiv, dass praktisch nichts mehr funktionierte. Die Straße von Mombasa nach Nairobi, die Hauptverbindungsstrecke vom Hafen zu den großen Seen, hatte so viele Schlaglöcher, dass sie kaum noch befahren werden konnte. Die eleganten Geschäfte in Nairobis Kenyatta Avenue waren alle verschwunden, und in der Stadt regierte die Kriminalität. Die Menschen in den Slums und auf dem Land waren so verelendet, dass sie nicht wussten, wo sie ihr Maismehl für den nächsten Tag hernehmen sollten, und selbst die Mittelklasse verfügte kaum noch über genügend Mittel, ihre täglichen Mahlzeiten zu bezahlen. Kenia war am Tiefpunkt.

Vor allem setzte bereits jetzt die bedrohliche Gewaltspirale ein, die dann 2007 Kenia an den Rand des Abgrunds bringen sollte. Erstmals wurden im Oktober 1991 und dann immer wieder, aber besonders vor und nach den Wahlen, Angriffe auf Kleinbauern im Rift Valley gemeldet. Größere Gruppen von jungen Kalenjin, die sich Krieger nannten und mit Speeren, Pfeilen und Macheten bewaffnet waren, tauchten plötzlich aus dem Nichts auf und griffen die Bauern an, Kikuyu, aber auch Luhyas und Luos. Sie trieben sie aus ihren Häusern und setzten diese dann in Brand. Die Banden waren auffällig gut ausgerüstet und organisiert; einige von ihnen, wie die Sabaot Land Defence Force, waren auch namentlich bekannt. Es gab Gerüchte, nach denen sie von mächtigen Individuen finanziert wurden, denen die ethnisch gemischte Bevölkerung des Rift Valley ein Dorn im Auge war. Schon 1992 waren von den Vertreibungen an die 20 000 Menschen betroffen, fünf Jahre später schätzte man 10 000 Vertriebene und über 100 Tote. Das Moi-Regime geriet unter Druck und beauftragte den ghanaischen Richter Augustus Akiwumi mit einer Untersuchung. Sein detaillierter Bericht wurde 2002 veröffentlicht und benannte bereits damals klar die Milizen und deren Finanziers. Aber nichts geschah.

Eine neue Ära?

»End of an era«: Das Video der Comedy-Gruppe Redykyulass ist untermalt von einem sentimentalen Abschiedslied. Daniel arap Moi verbringt eine letzte Nacht im State House. Weil er nicht schlafen kann, packt er seinen Koffer, während Szenen seines Lebens als Präsident an seinem inneren Auge vorbeiziehen. Er ist wehmütig, aber das ländliche Rift Valley lockt, und er sieht sich schon im Gras liegen und seine Ziegen hüten, in der einen Hand noch den elfenbeinernen Herrscherstab, während er in der anderen schon die Kalebasse mit Milch hält, der Lieblingsnahrung der Kalenjin …

Moi als harmloser Pensionär – das war so ungeheuer witzig, weil sich noch um die Jahrtausendwende kaum jemand in Kenia so etwas vorstellen konnte. Doch als 2002 wieder Wahlen anstanden, akzeptierte Moi, dass er sich nach der Verfassung nicht noch für eine weitere Periode zur Wahl stellen durfte. Er zog sich zurück, nicht ohne den jüngsten Sohn Kenyattas, Uhuru Kenyatta, zu seinem erwünschten Nachfolger zu erklären – erfolglos. Der Opposition, die sich nun Nationale Regenbogen-

Koalition nannte (NARC), war es diesmal tatsächlich gelungen, sich auf einen gemeinsamen Präsidentschaftskandidaten zu einigen. Es war Mwai Kibaki, der große Schweiger, der das Kenyatta-Regime und die Moi-Diktatur unbeschadet überstanden hatte und nun der Einzige war, der für die verschiedenen Fraktionen der Opposition akzeptabel war. Als Mann des alten Regimes war es aber ebenfalls akzeptabel für die Big Men, die im Hintergrund darüber wachten, dass ihnen die Fleischtöpfe nicht genommen wurden. Und er war ein Kikuyu.

Mwai Kibaki, der Kandidat der Opposition, wurde tatsächlich mit großer Mehrheit gewählt. Und das Land erholte sich mit atemberaubender Geschwindigkeit; die Wirtschaft wies Wachstumsraten von bis zu 7,5 Prozent auf. Löhne und Gehälter stiegen, Straßen wurden repariert, neue Industrien entstanden – überall war der Boom sichtbar. Ein allgemeines Aufatmen ging durch das Land. Aber die Ernüchterung kam schnell, als klar wurde, dass auch das neue Regime weder vorhatte, Korruption ernsthaft zu bekämpfen – weil es selbst davon profitierte –, noch auf irgendeine Weise daran dachte, Machtkontrollen zuzulassen. Hinter dem alternden Präsidenten stand eine Gruppe ehrgeiziger und machtgieriger Kikuyu, die sogenannte Mount Kenya Mafia, und führte mehr oder weniger offen die Staatsgeschäfte. Ein vor den Wahlen getroffenes Abkommen mit den anderen Oppositionskräften, allen voran Raila Odinga, den lange vorbereiteten neuen Verfassungsentwurf in Kraft zu setzen, der neben dem Amt des Staatspräsidenten das Amt eines Ministerpräsidenten (Premierministers) vorsah, war nach den Wahlen schnell vergessen. Die Selbstbereicherung der politischen Klasse auf Kosten der Mehrheit der Bevölkerung ging weiter. Ein Systemwechsel war wieder nicht gelungen.

Dann kamen die Wahlen von 2007. Wieder formierte sich eine breite Opposition. Raila Odinga führte das Orange Democratic Movement (ODM), ein »Pentagon« von Vertretern fünf ethnischer Gruppen, an. Das alte Muster tribaler Allianzen triumphierte noch, aber gleichzeitig gab es das Versprechen, die alten Bündnisse zugunsten eines demokratischeren Systems zu überwinden. Umfragen sagten einen Sieg der Opposition voraus. Die Stimmung vor den Wahlen war optimistisch. Was 2002 begonnen worden war, sollte nach 2007 fortgesetzt und endlich zu einem Erfolg geführt werden.

Aber viele Politiker aller Parteien wollten nicht von ihren Fleischtöpfen lassen. Sie nahmen Zuflucht zu Wahlfälschungen, so, wie sie das schon immer getan hatten. Und schlimmer noch: Einige von ihnen mobilisierten bewaffnete Milizen – wie sie es ebenfalls schon früher getan hatten. Kenia explodierte. Mehr als 1000 Menschen kamen ums Leben, Hunderttausende verloren ihr Haus und ihr Land. In Kisumu wurden protestierende und plündernde Gangs von Polizei und paramilitärischen Sondereinheiten brutal zusammengeschossen. Krude bewaffnete lose organisierte, aber offenbar gut koordinierte Milizen, nicht nur Kalenjin, sondern auch Angehörige der gefürchteten Kikuyu-Sekte Mungiki, zogen raubend, mordend, vergewaltigend und brandschatzend durch das Land, vor allem durch das Rift Valley, durch bestimmte Landstriche an der Küste und durch Teile von Nairobis Slums. Skrupellos hatten Politiker für ihren persönlichen Vorteil in Kauf genommen, das Land in Gewalt und Bürgerkrieg zu stürzen. Sie riskierten den völligen Zusammenbruch der staatlichen Ordnung und unterstützten die Entstehung eines Systems sich bekämpfender Warlords.

Mwai Kibaki wurde am 30. Dezember 2007 hastig als Staatspräsident vereidigt, trotz aller Berichte über Wahlfälschungen. Die Situation beruhigte sich allerdings erst, als unter Vermittlung von Kofi Annan ein Kompromiss ausgehandelt wurde, der Raila Odinga als Ministerpräsident neben dem amtierenden Präsidenten vorsah – gegen die noch gültige alte Verfassung.

Bisher ist es in Kenia nicht gelungen, die Schuldigen wirklich zur Rechenschaft zu ziehen. Zu viele von ihnen sitzen noch in Machtpositionen. Die Einrichtung einer Versöhnungskommission nach südafrikanischem Vorbild misslang, weil der designierte Vorsitzende, Bethwell Kiplagat, selbst unter Verdacht geriet, in unlautere Machenschaften verwickelt gewesen zu sein. Staatspräsident Kibaki und Ministerpräsident Odinga waren gezwungen, die Macht im Staat in einer sogenannten großen Koalition, die keine war, zu teilen. So befanden sich die politischen Kräfte in einem fragilen Gleichgewicht, das jederzeit kippen konnte. Über 40 Minister, jeder mit zwei Staatssekretären, Bodyguards und Dienstwagen, beäugten sich eifersüchtig. Die

Machtverhältnisse im Parlament waren unklar, denn es gab keine klaren Machtzentren, um die sich die mehr als 200 Parlamentarier scharen konnten. Alle hatten etwas zu verlieren, denn sie verfügten über mit das höchste Parlamentariergehalt weltweit, das sie sich selbst bewilligt hatten.

Immerhin: Nach jahrelangen Diskussionen, mehreren Entwürfen und einem fehlgeschlagenen Referendum 2005 wurde mit einem überarbeiteten Entwurf nach einer nun erfolgreichen Volksbefragung 2010 endlich eine neue Verfassung verabschiedet. Der Umbau staatlicher Institutionen, den diese Verfassung vorsieht, ist gewaltig. Die überkommene zentralistische Präsidialrepublik wurde durch eine föderale Ordnung ersetzt. Neben dem nationalen Parlament in Nairobi entstand eine zweite Kammer, der Senat, dessen Delegierte die 47 Counties (statt der bisherigen sieben Provinzen) vertreten. Die Counties werden von Gouverneuren mit eigenen Machtbefugnissen verwaltet statt, wie früher, von Nairobi aus zentral über einen »Provincial Commmissioner«. Die staatlichen Finanzen sollen zu gleichen Teilen an die Zentralregierung wie an die Counties gehen, bestimmt für die Entwicklung direkt vor Ort. Seitdem ist das Zauberwort »Devolution« (Dezentralisierung) in aller Munde. Jetzt muss nicht mehr über die Reparatur jeder kleinen Dorfstraße in Nairobi entschieden werden; es besteht die Hoffnung, dass lokale Politiker, die von der lokalen Bevölkerung gewählt wurden (und wiedergewählt werden möchten) sich bemühen, eine Politik vor Ort zu betreiben, die auch Kenianern ohne Verbindungen zur Hauptstadt nützt. Wenn man heute über Land fährt, sieht man das auch. Hier gibt es frisch reparierte Straßen, dort hat man so etwas wie eine Müllabfuhr organisiert, es gibt gemauerte Stände für die Marktfrauen, wo früher nur roh behauene Stöcke zusammengesteckt wurden, anderswo fließendes Wasser, wo man früher zum Fluss musste. Es gibt Programme, um die arbeitslosen Jugendlichen von der Straße zu holen, nicht mehr nur das sehr umstrittene *Kazi ya Kijana* (Arbeit für die Jugend) der Zentralregierung. Bisher hoffnungslos verlorene Marktflecken können sich plötzlich als Hauptstadt eines County verstehen, was nicht selten einen Bauboom auslöst. Für die einfachen Kenianer bedeutet das alles viel. Zum ersten Mal seit langer Zeit ist auch für sie so etwas wie Fortschritt zu sehen.

»Devolution« bedeutet aber auch, dass 47 Senatoren, 47 Gouverneure und Parlamentarier von 47 County-Parlamenten nun Gehälter beziehen, die denen der nationalen Politiker in nichts nachstehen, Dienstvillen und Dienstwagen in angemessener Größe inklusive. Ganz zu schweigen vom Aufbau von neuen Verwaltungsapparaten in den Counties und im Senat. Ein neuer Wasserkopf an Staatsangestellten ist im Aufbau: Was für einträgliche neue Fleischtöpfe da wieder bereitstehen für den, der zuzugreifen weiß! Und die Aufteilung von Zuständigkeiten zwischen nationaler Regierung und den Counties wird immer wieder Anlässe zu Konflikten bieten, solange sich nicht klar eingespielt hat, wer wann für was zuständig ist. Schon gibt es heftige Auseinandersetzungen zwischen dem Nationalen Parlament und dem Senat um Zuständigkeiten bei der Gesetzgebung, und die ersten Fälle liegen bereits dem Obersten Gerichtshofs vor. Und schon melden sich Stimmen, die für ihr County mindestens eine eigene Universität fordern.

In der Weltöffentlichkeit fand allerdings mehr Beachtung die Frage, welche Konsequenzen in Kenia denn nun aus der »Post Election Violence« (PEV) von 2007/2008, die das Land an den Rand des Abgrunds gebracht hatten, gezogen würden. Die internationalen Mediatoren unter Kofi Annan hatten auf einer Untersuchung der Ursachen und einer Bestrafung der Drahtzieher bestanden, und so wurde dem Präsidenten und dem Premierminister im Oktober 2008 der umfangreiche Bericht einer Kommission unter Philip Waki, Richter am kenianischen Berufungsgericht, übergeben. Monatelang war der »Waki-Report« für jeden, der ihn lesen wollte, im Internet einsehbar. Auch wenn alle Eigennamen geschwärzt waren, so war doch selbst für Uneingeweihte erschreckend klar erkennbar, wie weit Polizei, Militär, aber auch der Staatsapparat und örtliche und nationale Politiker bis in die allerhöchsten Stellen in die Gewalttätigkeiten verwickelt gewesen waren. Die Regierung musste sich einem Ultimatum stellen: Sollte sie nicht innerhalb eines halben Jahres kenianische Gerichte mit der Aufklärung beauftragen, würde der Fall an den Internationalen Strafgerichtshof in Den Haag gehen. Kenia hatte die Römischen Verträge unterzeichnet und musste dementsprechend mit Den Haag kooperieren. Aber wäre denn den kenianischen Gerichten zuzutrauen, ohne Bestechungen und Einschüchterungen in dieser Sache Recht zu sprechen? Jahrzehntelang hatte in Kenia jeder, wenn er nur über genügend Einfluss und Geld verfügte, Recht und Gesetz ignorieren und dabei sicher sein können, dass er straffrei davonkommen würde. Viele Kenianer stimmten deshalb in den Slogan ein, den nun einflussreiche Politiker vor sich her trugen, wohl in der Hoffnung, der ferne Gerichtshof in Europa würde schon nicht allzu viel ausrichten können: »Don't be vague, go to the Hague«! Am lautesten hörte man die Stimme von William Ruto, Kalenjin-Anführer in der Oppositionspartei ODM und nun als Minister in unterschiedlichen Portfolios in der neuen Regierung. Gerade er sollte sich noch wundern.

Da in Kenia nichts geschah, wurde im Juli 2009 ein Umschlag mit zwanzig zunächst noch geheimen Namen an den Ankläger Luis Moreno Ocampo in Den Haag übergeben. Das Land hielt den Atem an. Die Vorermittlungen zogen sich hin, und das Ergebnis war für viele enttäuschend, aber nicht verwunderlich. Zeugen, die der Waki-Kommission gegenüber ausgesagt hatten, konnten sich nun plötzlich nicht mehr erinnern, widerriefen ihre Aussagen oder starben bei mysteriösen Verkehrsunfällen. Schnell reduzierten sich die Namen derer, über die Beweismaterial vorlag, auf sechs, die »Ocampo Six«: den obersten Polizeichefs Mohamed Hussein Ali, den Chef der öffentlichen Verwaltung Francis Kirimi Muthaura, Joshua arap Sang, einen Redakteur und Sprecher von Kass FM, einer Kalenjin-sprachigen Radiostation, einen führenden Politiker der Oppositionspartei ODM (Orange Democratic Movement), Henry Kiprono Kosgey, ebenfalls Kalenjin, und – die größte Sensation – William Ruto, damals ebenfalls ODM, und Uhuru Kenyatta, Sohn des Gründungspräsidenten Jomo Kenyatta und damals führender Politiker der Koalition PNU (Party of National Unity), mit der Mwai Kibaki 2007/2008 angetreten war. Im Laufe der weiteren Voruntersuchungen gingen aber immer mehr Zeugen verloren, und so waren es am Ende nur noch drei Personen, gegen die 2012 dann schließlich Anklage erhoben wurde: William Ruto, Joshua arap Sang und Uhuru Kenyatta. Das internationale Recht begann nun, seinen Lauf zu nehmen, aber ob es auch Gerechtigkeit bringen würde? Die Kenianer jedenfalls standen dem Haager Prozess in ihrer überwältigenden Mehrheit zunächst positiv gegenüber – auch wenn er zwei mächtige und populäre Spitzenpolitiker betraf. »Stop Impunity!« – »Ein Ende der Straflosigkeit!« konnte man nun in den Kneipen und auf der Straße hören. Die Regierung bemühte sich um eine Reform des Justizapparats, alle Richter wurden überprüft, einige auch wegen Korruptheit entlassen, und der Oberste Gerichtshof wurde mit einem Reformer aus der alten »Law Society«, Willy Mutunga, besetzt.

So war es nicht erstaunlich, dass den Wahlen 2013 nicht nur die Kenianer, sondern auch viele ausländische Beobachter mit Unbehagen entgegensahen. Wenig hatte sich seit 2007 geändert – würde es wieder Gewaltausbrüche geben? Raila Odinga, der ewige Oppositionspolitiker, zog wiedermit seiner ODM in den Wahlkampf, aber mit verkleinerter Mannschaft. In seiner Koalition »CORD« (»Coalition for Reforms and Democracy«) fehlte die »Kalenjin Vote«. William Ruto war inzwischen ins Lager der Konkurrenz, in die »Jubilee-Alliance« (früher: »Party of National Unity«, PNU) gewechselt und umarmte jetzt seine bisherigen Erzfeinde, die Kikuyu. Solche abrupten Wechsel sind in Kenia nichts Besonderes, denn die Parteien haben Phantasienamen und kaum Programme und sind wenig mehr als Wahlvereine zur Unterstützung von Präsidentschaftskandidaten. Da Mwai Kibaki, der bisherige Präsident, nach der Verfassung nicht mehr antreten konnte, wurde in der »Jubilee-Alliance« mit harten Bandagen um die Kandidatur gekämpft. Ein Veteran aus der Moi-Ära, George Saitoti, war das erste Opfer, nachdem er sein Interesse an der Präsidentschaft bekundet hatte. Er starb bei einem Helikopter-Unfall. Der Luhya-Führer Mussalia Mudavadi wurde mit dem Versprechen, ihn als Kandidaten aufzubauen, aus der ODM in das Lager der »Jubilee-Coalition« gelockt, dann aber fallengelassen. Inzwischen hatte sich nämlich der jüngste Sohn des Staatsgründers, Uhuru Kenyatta, durchgesetzt. Er war zunächst von den mächtigen grauen Eminenzen der »Kikuyu-Mafia« argwöhnisch betrachten worden. Aber jovial und jugendlich, wenn auch von Gerüchten um Alkohol- und Drogenprobleme sowie zweifelhafte Geschäfte verfolgt, genoss und genießt Uhuru vor allem bei jüngeren Kikuyu, aber auch bei der städtischen Jugend überhaupt, große Popularität. Da passte es, dass er sich mit William Ruto, ebenfalls mit jugendlich-frischem Image, verbündete und die Versöhnung zwischen »den« Kikuyu und »den« Kalenjin ausrief. Wen kümmerte es denn, dass sich noch wenige Jahre zuvor Milizen aus beiden Ethnien sich gegenseitig und die Bewohner des Rift Valley insgesamt terrorisiert hatten? Die Kenianer haben offensichtlich ein kurzes Gedächtnis. Auch wenn Raila und die ODM vor den Wahlen bei Umfragen durchgehend eine knappe Mehrheit besaßen, wuchs die Zahl der Anhänger von »Uhuruto« ständig, auch deswegen, weil Uhuru eine britische PR-Firma mit der Organisation einer perfekt organisierten PR-Kampagne beauftragt hatte. Der Wahltag kam und ging, und Unruhen oder gar Gewalttätigkeiten blieben aus. Das Aufatmen war groß.

Aber es dauerte drei Tage, bis endlich ein Ergebnis der Stimmenauszählung festgestellt werden konnte, und das, obwohl eigens eine komplizierte und teure, aber angeblich absolut sichere Computersoftware angeschafft worden war. Die Software versagte erwartungsgemäß, ein leichtes Chaos entstand, ein Großteil der Stimmen musste schließlich mit der Hand ausgezählt werden – das klassische Szenario für Wahlbetrug. Inzwischen gibt es nicht nur Gerüchte, sondern es liegen neuerdings auch Beweise dafür vor, dass die neubesetzte Wahlkommission bestochen worden war. Der britischen PR-Firma, der die Bestechung nachgewiesen werden konnte, wird in England inzwischen der Prozess gemacht. In Kenia selbst passiert – nichts. So konnte sich Uhuru Kenyatta mit der denkbar knappsten Mehrheit von 50,05 Prozent zum Wahlsieger ausrufen lassen. Aber: Auch wenn dieses Ergebnis nicht ganz lupenrein ist – es wird doch deutlich, dass sehr viele Kenianer, nicht nur Kikuyu, und vielleicht sogar tatsächlich eine Mehrheit, Uhuru Kenyatta als Präsidenten wollte. Raila Odinga, der Verlierer, rief den obersten Gerichtshof an, ohne Erfolg. Die Wahl wurde für rechtmäßig erklärt.

Seitdem wird Kenya von Uhuru Kenyatta mit dem Vizepräsidenten William Ruto regiert. In den sozialen Medien kursierte unter kritischen Usern nach der Wahl ein Foto aus den frühen 1970er Jahren. Es zeigt Präsident Jomo Kenyatta, auf einem Sofa sitzend und in Akten blätternd, offenbar mit Regieren beschäftigt. Neben ihm sein jüngster Sohn Uhuru, noch ein Kind.

Am rechten Bildrand steht hoch aufgerichtet der Lehrer Daniel arap Moi, und eilfertig beugt sich ein junger Mwai Kibaki zum Präsenten hin. Sinnfällig zeigt sich hier: Die Kontinuität derer, die die politische Macht besitzen, ist seit der Staatsgründung ungebrochen. Die Präsidenten mögen unterschiedliche Gesichter haben, aber eins ist ihnen gemeinsam: Hinter ihnen stehen die alten in der nationalen und internationalen Schattenwirtschafts-Szene gut vernetzten Machteliten, denen zum eigenen Wohle mehr die Ausbeutung als die Weiterentwicklung des Landes am Herzen liegt. Anhänger Uhurus werden einwenden, dass es auch Technokraten und Reformer in der Kenyatta-Regierung gibt. Das ist sicher richtig, aber trotzdem oder gerade deswegen ist das Land gespalten wie nie zuvor. Offener als früher werden wichtige Positionen vor allem mit Kikuyu besetzt, so klagen Angehörige anderer ethnischer Gruppen; westlich und nördlich der Zentralprovinz und an der Küste gibt es mehr denn je ein Kenia zweiter Klasse, eine Art Mezzogiorno. Trotzdem wächst die Popularität Uhuru Kenyattas ständig, und auch die ausländischen Mächte, wie die USA und die EU, die zunächst laut verkündet hatten, sich nicht mit einem Präsidenten an einen Tisch zu setzten, der vor dem Internationalen Gerichtshof angeklagt ist, sind sehr viel stiller geworden. Man braucht Kenia, als halbwegs stabiler Garant in einer instabilen Region.

Der Prozess in Den Haag nahm seinen Lauf, aber es zeigte sich, dass es sehr viel schwieriger wird, wenn man einen Prozess gegen einen offiziell demokratisch gewählten Staatspräsidenten und seinen Vizepräsidenten zu führen hat. Von Anfang an entfaltete Kenyatta eine rege diplomatische Tätigkeit. Zunächst trat Kenia aus den Römischen Verträgen aus, dann gelang es, nicht nur die Mitglieder der Afrikanischen Union (von denen einige selbst mit Unbehagen auf den Internationalen Gerichtshof blicken), sondern inzwischen auch die Mehrheit der Kenianer selbst davon zu überzeugen, dass der Internationale Gerichtshof eigentlich nichts anders sei als ein Instrument des westlichen Neokolonialismus zur Niederhaltung der Afrikaner. Kommt nicht die große Mehrheit der in Den Haag Angeklagten aus Afrika? Sind es nicht nur die »kleinen Fische«, die vor den Gerichtshof müssen, während die wahrhaft großen Menschenrechtsverletzer unter den Staatsoberhäuptern der Welt unbehelligt bleiben?

Diese Argumente können nicht so einfach von Tisch gewischt werden, und so könnte inzwischen sogar die Legitimität des Haager Gerichtshofs selbst auf dem Spiel stehen. Als Uhuru im Oktober 2014 vor den Gerichtshof zitiert wurde, reiste er mit großer Geste unter Beteiligung sämtlicher Medien an, und seine Rückkehr gestaltete sich zu einem wahren Heldenempfang. Eine Mehrheit der Kenianer, Umfragen nennen Zahlen von bis zu 70 Prozent, steht inzwischen hinter ihm, das muss man wohl leider so akzeptieren. Im November 2014 musste dann die Nachfolgerin von Moreno Ocampo, Chefanklägerin Fatou Bensouda, das Handtuch werfen: Der Prozess gegen Uhuru Kenytta wurde wegen Mangel an Beweisen ausgesetzt. Ein enttäuschender Fall, und weltweit ein Rückschlag für die Idee einer internationalen juristischen Institution, die Regierungen und Politiker zur Rechenschaft ziehen und damit weltweit die Bürger eines Landes vor Diktatoren und Verletzern von Menschenrechten schützen könne. Am bedenklichsten sind die Folgen für Kenia selbst. Es bleiben William Ruto und Joshua arap Sang, zwei Kalenjin, denen noch der Prozess gemacht wird – wodurch nun der ganze Vorgang in ein schiefes Licht kommt. Werden sich die Kalenjin-Politiker gefallen lassen, dass sie womöglich schuldig gesprochen werden, während »die« Kikuyu ohne Verurteilung weggekommen sind? Die Saat für neue Konflikte ist gelegt. Schon wurde Neujahr 2015 die verstümmelte Leiche eines – fragwürdigen – Zeugen am Internationalen Gerichtshof im Rift Valley gefunden. Die Umstände seines Todes sind undurchsichtig. Das ist vielleicht die schlimmste Konsequenz: Wieder einmal hat sich gezeigt, dass, wer nur skrupellos genug ist, Macht und Geld besitzt, bestens vernetzt und einigermaßen geschickt ist, Recht und Moral nicht fürchten muss.

Die Stabilität des Landes leidet darunter. In den marginalisierten Regionen flackern immer wieder Ausbrüche von Gewalt auf, ob es um Landkonflikte im Rift Valley oder an der Nordküste bei Mpeketoni, wo über 60 Dorfbewohner starben, um Konflikte um Viehdiebstahl in Nordkenia, wo Anfang November 2014 über 30 Polizeioffiziere bei Kapedo in Samburu County in einen Hinterhalt gerieten, oder ob es um perspektivlose islamische Jugendliche aus den Slums von Mombasa geht, die sich zu radikalisieren drohen – immer stärker zeigt sich, dass die Saat der politischen Fehlentwicklungen der letzten Jahrzehnte nun aufzugehen droht. Gewalt und Straflosigkeit reichen bis in die feinsten Verästlungen der Gesellschaft. Und die Sicherheitsorgane, Polizei und Militär, deren Aufgabe es wäre, die Bevölkerung zu schützen, sind selbst Teil des Problems. Der Kolumnist des *East African Standard*, Makau Mutua, ist verzweifelt. »Jeder scheint entschlossen zu sein, mit einer Gewehrkugel oder einer Machete in der Hand zu argumentieren. Warum sind die Kenianer so aufgebracht? Ich dachte immer, Kenia hätte sich zu einem Land mit mittlerem Einkommen entwickelt. Beruhigen denn mehr materielle Güter nicht die Nerven?« Ja schon, möchte man entgegnen, aber nicht, wenn nur ein kleiner Teil der Bevölkerung vom nicht zu übersehenden ökonomischen Fortschritt profitiert, und die anderen immer weniger wissen, wie sie überhaupt noch das tägliche Essen auf den Tisch bringen sollen.

Gefahren, die von außen kommen, gehen inzwischen mit den hausgemachten Problemen Kenias eine explosive Mischung ein und drohen das Land weiterhin zu destabilisieren. Es war ja abzusehen, dass die Lage im Nachbarland Somalia, das schon seit den frühen 1990er Jahren als ein »Failed State« gilt, sich langfristig auf Kenia auswirken würde. Vor allem, weil im weiten, schon seit der Kolonialzeit immer vernachlässigten Nordosten Kenias die Grenzen porös sind und unter anderem im riesigen Flüchtlingslager Dadaab an der somalischen Grenze die islamistische Al Shabaab unangefochten herrscht. Die rechtlose Situation in Somalia verhilft Warlords, Islamisten und allen möglichen kriminellen Banden zu ungeheuren Gewinnen, mit Drogenhandel, Geiselnahme, Menschenhandel, Piraterie, aber auch mit geschmuggelter Holzkohle, Zucker und Vieh. Riesige Geldsummen werden in Kenia gewaschen und zum großen Teil in Immobilien angelegt, vorzugsweise im somalischen Viertel Eastleigh in Nairobi. Die kenianische Armee soll in die Holzkohlegeschäfte der Warlords verwickelt sein. Nach wiederholten Entführungen von Touristen marschierte 2011 Militär der afrikanischen Union unter Beteiligung der Kenyan Defence Force in Somalia ein, um die islamistische, Al-Qaida nahe stehende Al Shabaab zurückzudrängen, die damals das Land beherrschte. Die Operation, unterstützt von amerikanischen

Drohnen, war durchaus erfolgreich. Al Shabaab verlor merklich an Boden und wurde aus der somalischen Hauptstadt Mogadischu verdrängt. Aber die Islamisten sind weit davon entfernt, sich geschlagen zu geben. 2013 kam ihr erster Vergeltungsschlag. Am 21. September 2013 überfielen Terroristen der somalischen Shabaab-Milizen das luxuriöse Einkaufszentrum Westgate in Nairobi und schossen wild um sich. Fast 70 Menschen starben, 175 Menschen wurden verletzt, Chaos brach aus. Die herbeigerufenen Polizei- und Militärkräfte reagierten zunächst hilflos und dilettantisch, später kriminell. Sie versäumten es, die unterirdischen Kanalausgänge des Shopping Centers abzusperren, so dass die Terroristen wahrscheinlich unbehelligt entkommen konnten. Statt einen gemeinsamen Plan zu entwickeln, schossen Polizei und Armee in der ersten Konfusion aufeinander, stürmten dann das Gebäude, sprengten einen Teil des Daches und ließen, unterstützt vom damaligen Innenminister Ole Lenku, die Öffentlichkeit im Unklaren darüber, was genau geschah. Als nach mehreren Tagen schließlich das zerstörte Einkaufszentrum wieder freigegeben wurde, waren sämtliche der luxuriösen und teuren Geschäfte geplündert. Nicht nur Kenia, die ganze Welt war entsetzt und sprachlos. Offiziell aufgeklärt wurde bis heute nichts, obwohl die kenianischen Medien professionell recherchierten und die Schuldigen konkret benannten. Es passiert einfach gar nichts, denn die Schuldigen sitzen ja genau dort, wo sie die Untersuchungen beginnen müssten: Im Staat, bei der Polizei, im Militär. Und da sie auch den Justizapparat gekauft oder eingeschüchtert haben, brauchen sie auch von dieser Seite nichts zu befürchten. Es ist einfach niemand da, der eine Untersuchung durchsetzt. So etwas nennt man »Impunity«, Straflosigkeit.

Am 22. November 2014 wurde im County Mandera, ganz im Nordosten an der somalischen Grenze, ein Reisebus überfallen. Al Shabaab-Terroristen selektierten die Passagiere in Moslems und Nicht-Moslems und exekutierten die letzteren, nachdem sie allen Passagieren eine Lektion über den wahren Djihad erteilt hatten. Dann machten sie sich wieder in Richtung somalische Grenze davon. 28 Menschen starben bei dem Überfall, die meisten von ihnen Lehrer aus anderen kenianischen Regionen, die auf dem Weg in die Weihnachtsferien waren. Nur wenige Tage später, am 2. Dezember, wurden 36 Steinbrucharbeiter in der gleichen Gegend auf ähnlich bestialische Weise hingerichtet. Auch sie stammten aus anderen Regionen Kenias. Hunderte entsetzte Lehrer, Ärzte, Krankenschwestern und Arbeiter besetzten daraufhin den militärischen Airstrip in Mandera und verlangten, nach Hause ausgeflogen zu werden. Die Sicherheitslage drohte außer Kontrolle zu geraten. Rufe nach dem Rücktritt des Innenministers und des Polizeichefs wurden laut, zivilgesellschaftliche Organisationen forderten sogar den Rücktritt des Präsidenten selbst. »The bucket stops at you, Mr. President!« Kenyatta, der die aufgebrachte kenianische Öffentlichkeit durch flapsige Bemerkungen gegen sich aufgebracht hatte, sah sich zum Handeln gezwungen und entließ den Innenminister und den Polizeichef. Dann ließ er in einer tumultartigen Sitzung des nationalen Parlaments ein drakonisches Sicherheitsgesetz durchpeitschen, das, wenn es auch die zweite Kammer, den Senat, passiert, in der Lage sein könnte, die bürgerlichen Rechte und demokratischen Freiheiten, die in den letzten Jahrzehnten unter so vielen Opfern und so hart erkämpft wurden, wieder auszuhebeln. Opposition und Menschenrechtsorganisationen haben den Obersten Gerichtshof angerufen und scheinen damit, man glaubt es kaum, auch Erfolg zu haben. Ein weiteres Kapitel in dem schon so lange währenden Kampf um Demokratisierung in Kenia ist eröffnet.

Leider sollten die Terroranschläge von Mandera nicht die letzten bleiben, und der Grad an absurder Grausamkeit ließ sich tatsächlich noch steigern. In den Morgenstunden des 2. April 2015 stürmten vermummte Angreifer die Schlafsäle des Garissa University College und exekutierten auf unvorstellbar grausame Weise 150 Personen, die meisten von ihnen Studenten. Viele mehr wurden verwundet, und ob nicht noch mehr Studierende verschleppt wurden, ist bis heute nicht klar. Die Kleinstadt Garissa, in der früheren Nordostprovinz etwa 200 Kilometer von der somalischen Grenze entfernt, gilt als Zentrum der kenianischen Somalis. Das University College war erst 2011 als College der Moi Universität gegründet worden, Studierende aus allen Landesteilen lernten hier. Der Terroranschlag von Garissa war der bisher schlimmste und wird wohl die größten Auswirkungen auf die kenianische Gesellschaft haben. Wieder hat sich hier gezeigt, dass Polizei und Militär nicht in der Lage sind, die kenianischen Bürger zu schützen. Garissa ist Garnisonsstadt, und doch kam das Militär viel zu spät und handelte viel zu ineffektiv. Und noch etwas Erschreckendes wurde klar: Von den vier Terroristen, die schließlich von Polizei und Militär getötet wurde, war mindestens einer kein Somali, sondern ein Kenianer aus der Mittelklasse, ein Student der University of Nairobi. So muss man davon ausgehen, was man auch vorher schon ahnte: Der islamistische Terrorismus wird längst nicht mehr nur von außen nach Kenia getragen – es ist Teil der Gesellschaft selbst. Und offensichtlich sind es nicht mehr nur die perspektivlosen Jugendlichen aus den Slums, die der Propaganda der Terroristen verfallen. Ein Problem, das ja durchaus nicht auf Kenia beschränkt ist.

Auch die Kritik an Uhuru Kenyatta ist wieder stärker geworden. Die Reaktionen der Regierung kommen einem hilflos vor, so etwa, wenn Vizepräsident Ruto die UN aufforderte, das nur 80 Kilometer von Garissa entfernte Flüchtlingslager Dadaab innerhalb von drei Monaten zu räumen. Ja, es ist richtig, das Lager ist inzwischen ein exterritorialer Bereich innerhalb Kenias, über den die Regierung keine Gewalt mehr hat, aber wie will man denn ein Lager – das größte weltweit – räumen, in dem seit Jahrzehnten an die 600 000 Menschen leben, von denen die meisten schon dort geboren sind? Das sind mal wieder große Worte, aber passieren wird – nichts. Nicht so hilflos ist die Regierung, wenn es darum geht, die Situation zu nutzen, um schärfere Gesetze durchzupeitschen. Uhuru ließ auf verfassungsmäßig zweifelhafte Weise 10 000 neue Polizisten rekrutieren, aber was wird das nützen, wenn die Institution Polizei korrupt und verrottet ist? Haben die Kenianer vergessen, dass nach 2007/08 der damalige Polizeichef Ali zu den Personen gehörte, die sich eigentlich wegen schwerster Menschenrechtsverletzungen in Den Haag verantworten sollten?

Nein, die politische Entwicklung der letzten fünf Jahre hat dem Land nicht gut getan. Vor allem 2014 war kein gutes Jahr, und auch 2015 lässt sich nicht gut an. Das berühmte halb volle Glas Wasser scheint im Moment eher halb leer. Aber das tägliche Leben in Kenia geht weiter. Schließlich ist Politik nicht alles. Es gibt ja auch gute Nachrichten. Ökonomisch wächst Kenia. Im Herbst 2014 erklärte die Weltbank Kenia zu einem »middle-incomecountry« mit einer Wachstumsrate von 5,7 Prozent. Kenia ist nun Afrikas viertgrößte Volkswirtschaft, nach Nigeria, Südafrika und Angola. Viele der sonst so politikbegeisterten Kenianer wenden sich von den Machtkämpfen der politischen Klasse ab und kümmern sich um ihr eigenes Leben. »Solange es friedlich bleibt, so lange ich arbeiten kann und es meiner Frau und meinen Kindern gut geht, solange sollen die Politiker doch machen, was sie wollen,« sagt resigniert Amos Obonji, der für eine Versicherungsfirma arbeitet. Vor ein paar Jahren hatte er noch ganz anders geredet. Trotzdem: Die kritische Zivilgesellschaft ist zwar klein, wird aber täglich größer. Heftiger denn je diskutieren die internetbegeisterten Kenianer in den sozialen Netzwerken; Blogger wie der Cyber-Aktivist Robert Alai genießen große Popularität; während des Terrorangriffs auf die Westgate Mall hatte er verlässlichere Informationen als die Regierung. Die betrachtet ihn zunehmend als gefährlich. Im Dezember 2014 wurde er kurzfristig verhaftet, sein Account vom kenianischen Geheimdienst geschlossen, später aber wieder freigegeben. Die Streiter für mehr Demokratie und Menschenrechte lassen sich nicht einschüchtern. Auch Websites wie die der Mars-Group von Jayne und Mwalimu Mati verbreiten kritische Informationen, die man nirgendwo sonst bekommen kann. Und auch, wenn man einfach in die Zeitung sieht oder das Fernsehen einschaltet, findet man kritische Kommentare, Diskussionen und investigative Dokumentationen von beeindruckender Qualität. In der Sendung Sikika (»Verschafft Euch Gehör!«) reist Kenias populärster Talkmaster, Jeff Koinange, von County zu County und moderiert eine Show, in der sich die örtlichen Politiker, bis hin zum Gouverneur, kritischen Fragen von Bürgern zu lokalen Problemen stellen müssen, und die Bürger sehen überhaupt nicht ein, warum sie ihre Politiker schonen sollten. Nachrichtensendungen rufen jeden Abend in »The Big Question« die Zuschauer auf, ihre Meinung zu aktuellen politischen Themen per SMS oder Twitter kundzutun; das Ergebnis dieser täglichen kleinen Volksbefragung wird sofort veröffentlicht und ist oft erstaunlich kritisch. Und sogar satirische Sendungen nehmen kein Blatt vor den Mund. Man traut seinen Augen kaum: Die Art, wie Politiker, einschließlich des Präsidenten, Sonntags abends in »Mock the Week« durch den Kakao gezogen werden, erinnert fast an eine kenianische »Heute Show«.

Nur – was kann das alles bewirken? Werden die Politiker durch diese kritische Öffentlichkeit unter Druck gesetzt, ihr Verhalten zu ändern? Als im April 2015 die kenianische Antikorruptionskommission ihre Arbeit erstaunlich gut gemacht hatte und mächtigen Politikern, auch solchen ganz weit oben am Zentrum der Macht, Korruption in Millionenhöhe nachwies, da zeigte das kenianische Fernsehen allabendlich in »Corruption Diaries« Kopien von Kontoauszügen, nannte Namen und Daten und zeigte Gesichter. Die Kenianer konnten genau sehen, wann wer was mit ihrem Geld gemacht hatte. Einige Politiker wurden zeitweise suspendiert, aber niemand trat zurück. Juristische Untersuchungen wurde nicht eingeleitet. Bisher war die heftigste Kritik den Mächtigen nicht einmal eine Reaktion wert. Bisher.

Nairobi: Kenia im Brennspiegel

Taxi nach Nairobi

Der Himmel über Nairobi ist sehr hoch und leuchtend blau, mit einigen plastischen weißen Haufenwolken, die messerscharfe Konturen besitzen. Selten wird es hier unangenehm heiß, stets fächelt ein angenehmer Wind Kühlung, und die Nächte sind mild. Aus der britischen Kolonialzeit stammt der Beiname Green City in the Sun, und dieser Name passt noch immer: Mehr als ein Drittel der Stadtfläche ist mit Parks bedeckt. Aus der ehemaligen Versorgungsstation an der Eisenbahnlinie von Mombasa zum Viktoriasee ist eine quirlige Metropole mit einer faszinierenden Lebenskraft geworden, die einen nicht mehr loslässt, hat man erst einmal begonnen, sich für die Stadt und ihre Bewohner zu interessieren. In Nairobi trifft man auf ein modernes und trotzig optimistisches urbanes Afrika, auf eine Stadt, in der sich das kenianische Leben wie in einem Brennspiegel konzentriert. Und man trifft auf die Nairobier, die sich nicht kleinkriegen lassen.

Karikui Mbugua ist Fahrer eines Hotelbusses. Jetzt steht er geduldig mit einem Schild, auf dem der Hotelname steht, zwischen den dichtgedrängten Menschen im Ankunftsbereich des Jomo Kenyatta Airport. Es ist nicht der wirkliche Ankunftsbereich, wo die Passagiere jetzt abgefertigt werden, sondern eigentlich eine Lagerhalle, denn seit in einer Nacht im August 2013 der Flughafen fast völlig abbrannte, muss improvisiert werden. Das Feuer hatte sich rasend schnell vom Abflugbereich zum Ankunftsbereich ausgebreitet. Die Feuerwehr kam spät und hatte kein Wasser, Fluchtwege waren nicht ausgewiesen, aber wie durch ein Wunder kam niemand zu Schaden. Noch mehr als ein Jahr später ragt die rußgeschwärzte Ruine des Flughafengebäudes gegen den Himmel, und Vieles, vor allem die Abfertigung der ankommenden Passagiere, ist noch provisorisch und deshalb ein bisschen chaotisch. Die Ursache des Feuers hatte damals das FBI mit einem elektrischen Kurzschluss erklärt und einen Terroranschlag ausgeschlossen, aber die kenianische Gerüchteküche traut nichts und niemandem und weiß ganz bestimmt, dass da Spuren verwischt werden mussten – Elfenbeinschmuggel, internationale Kriminalität, eine terroristische Attacke, die verheimlicht werden soll, wer weiß? Auf jeden Fall bot das Feuer Gelegenheit, den ohnehin geplanten Ausbau des Flughafens nun in ganz großem Stil in Angriff zu nehmen. Der neue »Terminal 1«, die Abflughalle, ist bereits fertig, »ultramodern«, so die Eigenwerbung. Der Flughafen, gebaut 1978, wirkte schon lange etwas heruntergekommen und war zu klein für die Mengen von Passagieren, die hier täglich durchgeschleust werden, an die 600 Millionen im Jahr, denn Nairobi ist eine zentrale Drehscheibe für den Flugverkehr auf dem Kontinent. Schon seit 2005 wurde der Flughafen nach und nach renoviert und erweitert, auch eine zusätzliche Landebahn war schon länger geplant. Jetzt hat Kenya Airways gerade neun nagelneue »Dreamliners« bei Boeing bestellt – der erste ist schon ausgeliefert und zwischen Europa und Kenia unterwegs. Die Finanzen der nationalen Fluglinie stehen allerdings nicht gut, vor allem, seit die Westafrikaflüge durch die Ebola-Krise weggebrochen sind, aber wenn es um die Außendarstellung geht, lässt sich man sich in Kenia nicht lumpen!

Drei Flüge sind heute Morgen angekommen, das Gewühl ist fast unüberschaubar, und es dauert eine Weile, bis Kariuki seine Fahrgäste in Empfang nehmen kann. Seit drei Jahren fährt der 47-Jährige jetzt den Kleinbus des Hotels. Seine Einkünfte sind dadurch regelmäßiger als früher, wenn auch noch immer nur gerade so ausreichend für seine sechsköpfige Familie. Die Preise für Nahrungsmittel, Miete und Brennstoff steigen unaufhörlich, aber seit 2002 muss Kariuki immerhin keine Gebühren mehr für die achtjährige Grundschule zahlen. Der Große, der Star der Familie, hat es dank seiner guten Schulnoten geschafft, zu den knapp sechs Prozent eines Jahrgangs zu gehören, die mit einem Stipendium die Universität besuchen können. Kariukis Frau, Wambui, arbeitet in einem Friseursalon und träumt davon, sich eines Tages selbständig zu machen. Kariuki und Wambui sind gläubige Christen und Mitglieder einer charismatischen Kirche. Hier haben sie ihre Freunde, hier verbringen sie ihre Freizeit.

Bis vor wenigen Jahren besaß Kariuki sein eigenes Taxi. Als er damals das Fahrzeug dem Vorbesitzer abkaufte, hatte es schon über 200 000 Kilometer auf dem Buckel und einiges von seinem alten Glanz verloren. Taxifahren war ein hartes Geschäft. Per Funk gerufen werden konnte man nicht, die Taxifahrer mussten an den Straßenecken warten, bis zufällig jemand Interesse zeigte, und so schallte Passanten an jeder Ecke ein Chor entgegen: »Taxi? Taxi?«.

Heute kann man Taxis rufen. Man muss nur die Handynummer des Fahrers kennen, denn jeder Fahrer hat natürlich sein Handy, oder – wie die meisten Kenianer – zwei, eines für jedes der beiden großen Netzwerke, um immer die billigsten Tarifangebote ausnutzen zu können. Aber immer noch ist der Fahrpreis Verhandlungssache, und der Fahrgast tut gut daran, sich vor Fahrtbeginn mit dem Fahrer zu einigen, sonst gibt es vielleicht eine böse Überraschung.

Kariuki ist froh, dass er heute mit all dem nichts mehr zu tun hat. Heute hat er ein festes Gehalt, wenn auch der Alltag manchmal nicht leicht ist. In Nairobi zu fahren ist eine Sache für sich. Vor allem die 15 Kilometer vom Flughafen in die Innenstadt können zäh sein. Zwar ist die Flughafenstraße heute besser ausgebaut als früher, aber noch immer zu schmal für den Autostrom, der sich unaufhörlich vom Flughafen in die Stadt ergießt. Dass die Airport Road nach ein paar Kilometern auf die Hauptverbindung von der Küste ins Landesinnere trifft, macht die Sache nicht leichter. Manchmal braucht Kariuki anderthalb Stunden, bis Nairobi erreicht ist. Früher führte die zweispurige Straße mit vielen Schlaglöchern durch Savanne und freies Feld, aber heute ist fast die gesamte Strecke dicht mit Industrieanlagen, Einkaufszentren und Wohngebieten bebaut. Riesige Werbeplakate drängen sich zu beiden Seiten der Straße auf. Kariuki ist stolz auf den weltstädtischen Eindruck, den das macht. Die Stadtverwaltung plant bereits Größeres. Die Hochglanzbroschüre mit der Vision für *Nairobi Metropolis* zeigt vielspurige Autobahnen, die sich vom Flughafen zum Zentrum winden, über- und untereinander. Aber natürlich, das ist erst mal nur eine Broschüre.

Die Metropole Nairobi hungert nach Land. Die Einwohnerzahl ist von 350 000 Anfang der 1960er Jahre bis auf heute weit über drei Millionen geschnellt, und sie steigt noch immer unaufhörlich, manche reden schon von fünf Millionen. Niemand weiß das genau, denn mehr als die Hälfte der Nairobier lebt in unkontrollierten Siedlungen, die sich wie ein Gürtel um die Stadt legen und sich ins Land hineinfressen. Daneben schieben sich die neuen *Estates,* am Reißbrett geplante Siedlungsgebiete, immer weiter in die Savanne. Green Park, mit über 5000 Wohneinheiten die größte von ihnen, liegt schon 25 Kilometer vom Stadtzentrum entfernt bei der Kleinstadt Athi River – das sind lange Wege für die Bewohner, wenn sie in den Industriegebieten oder in den Büros Nairobis zur Arbeit müssen. Immerhin ist die Thika Road, die auch zu Green Park führt, autobahnähnlich vierspurig ausgebaut und in gutem Zustand. Profitieren tut davon vor allem die Mittelklasse, die in den neuen Estates wohnt. Dass Arbeiter und Angestellte, aber auch Schulkinder, zwei oder mehr Stunden täglich unterwegs sind, ist nichts Ungewöhnliches, aber auch, wer im eigenen Wagen die verstopften mehrspurigen neuen Straßen benutzt, muss viel Geduld aufbringen.

In Nairobi geht die Flughafenstraße in den Uhuru Highway über, der die Stadt wie eine Achse von Süden nach Norden durchschneidet. Den ganzen Tag lang sind hier die Autos ineinander verkeilt, Stoßstange an Stoßstange. Der Verkehrskollaps steht Nairobi nicht bevor, er ist bereits eingetreten. Das Nyayo-Stadion, an dem Kariuki vorbeifährt, hieß eine Weile lang Coca-Cola-Arena. Heute trägt es wieder den alten Namen. Es ist das größte Stadion der Stadt und Schauplatz von Fußballspielen und politischen Kundgebungen, von Auftritten religiöser Prediger und von Popkonzerten. Am nächsten Kreisel trifft der Uhuru Highway auf die Kenyatta Avenue, längst wieder die elegante Pracht- und Einkaufsstraße der Innenstadt. Ende der 1990er Jahre, am Ende des Moi-Regimes, war die Straße ziemlich heruntergekommen; die meisten der ehemals schicken Läden und Restaurants haben seither die Innenstadt verlassen, und wer wirklich elegante Geschäfte sucht, geht in die Malls des neuen Zentrums im Nordwesten der Stadt, Westlands. Damals türmten sich unangenehm riechende Müllberge an den

Straßenecken, und Europäer wurden gewarnt, die Innenstadt überhaupt zu betreten. Seitdem hat sich die Stadt aber schon lange wieder erholt, es gibt mehrspurige Autostraßen mit Über- und Unterführungen, Fußgängerbrücken und ordentliche Bürgersteige statt Staub und Schlaglöcher, überall Bänke, und die öffentlichen Gebäude sind frisch gestrichen. Kariuki ist auch deshalb davon überzeugt, dass sein Leben seit dem Ende der Diktatur Mois besser geworden ist. Er selbst war immer stolz darauf, ein Kikuyu zu sein, und bei den Wahlen gibt er seine Stimme entsprechend ab.

Hawkers am Uhuru-Park

Am Kreisel zur Kenyatta Avenue stehen besonders viele *Hawker*, Straßenverkäufer, und trotzen dem Auspuffgestank. Otieno ist einer von ihnen. Morgens verkauft er hier Tageszeitungen, und wenn sein Vorrat ausverkauft ist, bietet er anderes an: Kämme, kleine Plastikspielsachen, aber auch ältere Ausgaben britischer und amerikanischer Hochglanzzeitschriften – einfach alles, was sich eben so verkaufen lässt. Immer wenn die Ampel auf Rot springt und der Strom der vorbeifahrenden Autos stockt, verlässt er seinen Posten am Straßenrand und wandert langsam den Zwischenraum zwischen zwei Spuren entlang, die Insassen der einzelnen Fahrzeuge aus den Augenwinkeln aufmerksam belauernd. Sind die Fenster heruntergekurbelt? Trifft der Blick eines Fahrers auf seine Ware? Otieno weiß genau, bei wem es sich lohnt, stehen zu bleiben. Dreht sich ein Kopf, statt starr geradeaus zu blicken, dann bringt er seine Kämme in Positur, lässt sie in der Sonne aufleuchten, hebt die Zeitschrift, so dass die Titelzeile gut lesbar ist. »What about you, Madam?«

Otieno arbeitet auf eigenes Risiko, während Jimmy, der neben ihm steht, die große Kenia-Landkarte, die er hochhält, für einen Ladenbesitzer aus der Innenstadt anpreist. Die Provision, die er bekommt, ist allerdings ebenso mager wie Otienos Marge. Mittags sitzen beide einträchtig nebeneinander auf einer Parkbank mit dem typischen *lunch* der Straßenverkäufer, *half a loaf and Fanta* – mehr als ein halbes Weißbrot und die süße Brause können sie sich nicht leisten. Hinter ihnen breitet sich der Uhuru-Park aus, der Park der Freiheit, nach der Unabhängigkeit angelegt als eine Grünfläche für alle und heute das geografische Symbol kenianischen Bürgersinns. Für den flüchtigen Betrachter mag es nur eine sanft abfallende gelbliche Grasfläche mit verstreuten Bäumen sein – für die Einwohner Nairobis ist dieser Park ein wichtiger Erholungsort ohne Eintrittspreis und ein Symbol der eigenen Würde. Besonders in der Mittagspause liegen oder sitzen die Menschen in Gruppen im raren Baumschatten oder sammeln sich um einen der zahlreichen Sektenprediger. Sonntags spazieren sie mit ihren Kindern zu dem kleinen künstlichen See am unteren Ende des Parks, um dort Boot zu fahren, oder sie lassen sich am Fuß des sogenannten Nyayo-Monuments fotografieren, eines architektonischen Monsters, das der Diktator Moi zu seinen eigenen höheren Ehren hinterließ.

Eigentlich hatte Moi Höheres mit dem Uhuru-Park vorgehabt, aber sein Plan eines 60-stöckigen Hochhauses mit einer überlebensgroßen Statue seiner selbst davor wurde durch die Initiative der Bürgerrechtlerin und Umweltschützerin Wangari Maathai verhindert. Maathai war es auch, die später mit einer Gruppe von Müttern, deren Söhne von Moi als politische Gefangene festgehalten wurden, wochenlang im Park ausharrte und den Attacken der Polizei trotzte, um die Freilassung der Söhne zu erzwingen. Der Ort, an dem die Frauen ihr Zelt aufgestellt hatten, ist heute als Freedom Corner bekannt. Nach den Wahlen von 2007, als das Land in Gewalt und Chaos zu zerfallen drohte, errichtete dort eine Gruppe, die sich Concerned Citizens of Kenya nennt, ein provisorisches Mahnmal für Frieden. Dass auf dem Ceremonial Highway hinter dem Hotel an nationalen Feiertagen die Militärparaden an auf Bühnen postierten Politikern vorbeiziehen, hat längst nicht mehr die Bedeutung von früher. Am Unabhängigkeitstag 2008 konnte Präsident Mwai Kibaki im benachbarten Nyayo-Stadion nicht einmal mehr seine Rede beenden, weil verärgerte Bürger ihre – nicht sehr positive – Meinung über ihn lautstark kund taten. Die Zeiten, in denen die Kenianer sich von ihren Politikern den Mund verbieten ließen, sind vorbei.

Hochhäuser und Café Latte –
der Central Business District

So wie der Bürgersinn im Uhuru-Park, so hat das politische Establishment seine Symbole an der anderen Seite des Uhuru-Highway, im Regierungsviertel des sogenannten City Square. Dort stehen das Parlament mit seinem Uhrturm, das Mausoleum und die Statue des Staatsgründers Jomo Kenyatta, die City Hall, das Oberste Gericht, der charakteristische hohe Turm des Kenyatta Conference Centers, dessen Drehcafé lange geschlossen war, weil der komplizierte Mechanismus nicht gewartet werden konnte. Jetzt soll es bald wieder eröffnet werden – ein weiteres Zeichen dafür, dass die Stadt einiges von ihrem alten Glanz wieder erhält. Die anderen offiziellen Gebäude, wenige von ihnen noch kolonial, die meisten in den 1960er Jahren mit dem Stolz der jungen Nation errichtet, wirken heute fast klein und verloren zwischen den eleganten oder protzigen Bürohochhäusern, Banken, Ministerien und Hotels, die sich im City Square drängen. Viele der eindrucksvollen Glas- und Stahlpaläste verdanken ihre Existenz nicht zuletzt der Tatsache, dass eine Immobilie immer noch die sicherste Geldanlage für ihre Besitzer ist – und ein beliebtes Spekulationsobjekt dazu. Auch der einschüchternde massive ockerfarbene Block des Nyao House entstand im Bauboom der 1980er Jahre, ebenso wie die auffälligen gestreiften Türme des Nation House, Zentrale der Nation-Gruppe, eines mächtigen Medien- und Pressekonzerns. Nur in der Haile Selassie Avenue, zwischen den elegantesten Bürotürmen, klafft eine schmerzliche Lücke. Hier stand einst die amerikanische Botschaft, die im August 1998 einem islamistischen terroristischen Bombenanschlag zum Opfer fiel, der Hunderte Menschenleben kostete.

Vom Fenster ihres Büros kann Lucy Kilonzo auf den flachen Steinbogen der Gedenkstätte blicken. Lucy studierte zur Zeit des Anschlags noch in den USA, aber ihre älteren Kollegen können sich noch an den Schrecken erinnern, an die ohrenbetäubende Explosion der Bombe und die furchtbare Zerstörung, die sie anrichtete. Erst vor zwei Jahren hat Lucy bei der IT-Firma begonnen, aber sie managt bereits eigenständig ihre eigene Abteilung. Lucy weiß, was sie will. Die Generation ihrer Mutter hatte noch mit einem patriarchalischen Kenia zu kämpfen, mit Männern, die

Frauen ernsthaft für untergeordnete Wesen hielten, die sie belei-
digen und missachten konnten, mit einer Familien- und Erb-
schaftsgesetzgebung, die Männern alle und Frauen fast keine
Rechte zusprach. Seit Anfang der 1990er Jahre eine Gruppe mu-
tiger Rechtsanwältinnen nicht nur die Diktatur, sondern auch das
Patriarchat attackierte, besserte sich die Situation, sowohl recht-
lich als auch im öffentlichen Bewusstsein. Das patriarchalische
Familienrecht wurde reformiert. Frühere Tabuthemen wie Mädchenbeschneidung, Teenagerschwangerschaften und Vergewalti-
gungen werden heute offen diskutiert. Ob das aber auch immer
Konsequenzen hat, ist eine andere Frage. Als vor einiger Zeit ein
Richter zwei Männer, die ein Mädchen vergewaltigt hatten, dazu
verurteilte, das Gras vor dem Gerichtsgebäude zu mähen, war
das sicher kein Einzelfall, doch immerhin gab es einen öffentlichen Aufschrei. Frauen sind im öffentlichen Leben Kenias heute
nicht mehr zu übersehen. Immer mehr Frauen nehmen wichtige
politische Positionen ein, es gibt heute Ministerinnen und sogar
Präsidentschaftskandidatinnen wie Charity Ngilu bei den Wahlen 1997 und Martha Karua 2013. Aber leicht haben Frauen es
noch immer nicht. Das wurde im November 2014 wieder mal
deutlich, als am Minibusbahnhof an der Accra Road eine junge
Frau, die einen Minirock trug, von *Matatu Touts* (Geldeinsamm-
ler in Minibussen und besonders coole Typen), angegriffen
wurde, die ihr in aller Öffentlichkeit die Kleider vom Leibe rissen, weil sie sich angeblich von ihrer aufreizenden Kleidung pro-
voziert fühlten. Der Übergriff fand schnell Nachahmer, mehrere
ähnliche Angriffe in Minibussen wurden gemeldet. Es gab einen
allgemeinen Aufschrei und eine heftige öffentliche Diskussion.
Hunderte Frauen, organisiert von einer Frauengruppe namens
»Kilimani Moms«, zogen durch Nairobis Straßen im Minirock
und mit dem Slogan »My Dress, My Choice«. Auf der anderen
Seite bekundete eine schmerzhaft große Zahl von Männern öffentlich, den Frauen immer noch »anständige« Kleidung vor-
schreiben zu wollen, wobei sie nichts Schlimmes dabei sahen, sie
dazu auch, wenn nötig, zu zwingen. »Minigehirne gegen Minirö-
cke« titelte passend die *Süddeutsche Zeitung,* und eine mutige
Ministerin, Devolution and Planning Cabinet Secretary Anne
Waiguru, entzog den Minibus-Unternehmen, bei denen solche
Übergriffe vorgekommen waren, sofort die Lizenz. Gut so!

Würde man Lucy danach fragen, zuckte sie nur mit den Achseln. Von solchen Fragen fühlt sie sich nicht betroffen. Sie selbst sieht sich als Weltbürgerin, zu Hause in Chicago genauso wie in Nairobi. Ihr Appartement in einem Reihenhaus im grünen Stadtviertel Kileleshwa wird von der Immobilienfirma bewacht und saubergehalten, und sie besitzt ihr eigenes Auto, einen japanischen Kleinwagen. Den braucht sie auch, wenn sie rechtzeitig nach der Arbeit im Art Caffe sein will. Der trendy Coffee-Shop hat mehrere Filialen in den großen Shoppingcentern der Stadt, und sie ist verabredet im Yaya Center in Hurlingham, das ist ein langer Weg durch die verstopften Straßen. Lucys Freund James Kahiga wartet dort schon bei einem Cafè Latte. James arbeitet für eine Beratungsfirma, die sich mit politischen und ökonomischen Analysen beschäftigt. Sein Büro liegt in Westlands, dem neuen Business-Zentrum im Nordwesten Nairobis. Studiert hat er an einer der großen Universitäten in Johannesburg, und seine noch immer guten Kontakte führen dazu, dass er sich mehr in der südafrikanischen Metropole aufhält als in Nairobi. Er ist ein gefragter politischer Analyst, kontinentweit. »Kenia könnte so viel besser dastehen«, sagt er, »wenn wir nur die Korruption in den Griff bekämen. Wir stehen uns selbst ständig im Weg.«

James und Lucy sitzen gern in dem kühl gestylten Café, nur Schritte entfernt von den glitzernden Auslagen der südafrikanischen, amerikanischen und britischen Modeketten im Einkaufszentrum. Die urtümlichen Bierkneipen in der Nähe, deren Tische im Freien vom Kellner mit Doom Spray gegen Fliegen und Moskitos besprüht werden, ehe er das Tusker-Bier darauf stellt, meiden sie eher, für sie ist das heimische Folklore.

Koloniale Nostalgie – der grüne Nordwesten

Der grüne und wohlhabende Nordwesten Nairobis zieht sich von Parklands westlich über Viertel wie Hurlingham, Woodley, Kileleshwa und Lavington bis nach Karen am Fuße der blau schimmernden Ngong Hills, wo sich einst die Kaffeefarm Karen Blixens ausdehnte, und nördlich über Muthaiga, das Diplomatenviertel, entlang der Kiambu Road, die sich malerisch durch den Karura Forest windet. Über fast 60 Prozent der Grundfläche der Stadt nimmt dieses grüne Nairobi ein. Oft glaubt man,

man habe schon das Stadtgebiet verlassen, so versteckt liegen die Häuser in den Parks, die sie umgeben. Von der Straße aus sieht man wenig mehr als ein Metalltor, üppig umrankt von rot oder lila blühenden Bougainvilleas, mit dem unvermeidlichen Schild *Mbwa Kali* (Vorsicht, bissiger Hund!) und einem Guckloch für den Wachmann. Zu dessen Aufgaben gehört auch das umständliche Öffnen und Schließen des Tores, wenn sich Besuch nähert. Nachts trägt er meist einen weiten Wintermantel und eine Wollmütze, die nur das Gesicht freilässt, denn die Nächte sind eisig, wenn man einsam unter den großen alten Bäumen sitzt und nur die Hunde in der Ferne heulen. Oft allerdings tragen die Wachleute auch die smarten Uniformen der Sicherheitsfirmen, und neuerdings werden immer mehr von ihnen ersetzt durch elektronische Sicherheitssysteme. Die haben schon eine Menge Jobs vernichtet, das spüren vor allem die Massai, die früher bevorzugt als Wachleute eingestellt wurden. Da konnte man auch schon mal einen *Moran* (Krieger) in vollem Ornat mit langem ockerfarbenen Kopfschmuck und Schild und Speer vor einem Haus stehen sehen. Der romantische Aufzug und die stolze Haltung des Massai-Kriegers täuschen allerdings: Die Massai stehen ganz unten auf der sozialen Stufenleiter der kenianischen Gesellschaft. Wegen der noch sehr traditionellen Lebensweise vieler Massai-Gemeinschaften, zu der ein jahrelanger Aufenthalt der jungen Männer in der Steppe gehört, haben viele Massai noch heute nur wenig oder gar keine Schulbildung und können deshalb allenfalls auf ungelernte Jobs hoffen.

Das grüne Nairobi ist ein Ort kolonialer Legenden. Hier gibt es sie noch, die wunderbaren tropischen Parks, die Villen aus Sandstein im englischen Landhausstil, einen traumhaften botanischen Garten, Restaurants, in denen der Tee absolut britisch serviert wird, und zahllose Golf Clubs und Sport Clubs mit Pool. Hier haben Botschafter ihre Residenzen und internationale Organisationen wie UNEP (United Nations Environment Programm – Umweltprogramm der Vereinten Nationen) und UNCHS (United Nations Centre for Human Settlements – Zentrum der Vereinten Nationen für menschliche Siedlungen) ihre Niederlassungen, und hier wohnen ausländische Experten mit ihren komfortablen Gehältern. Aber auch wenn diese Stadtviertel noch so wirken, sie sind längst nicht mehr kolonial, denn hinter den hohen Mauern sind ebenso viele Kenianer wie Europäer zu Hause, und immer öfter werden die großen Parkgrundstücke aufgeteilt und mit Appartementhäusern bebaut. An den Straßenrändern und Kreuzungen findet man oft auch kleine, rasch zusammengebaute Kioske und Baumschulen, in denen junge Pflanzen in Plastiktüten verkauft werden.

Märkte und *Dukas* – das alte Zentrum

Das Nairobi der Kolonialzeit war eine geteilte Stadt. Die hochgelegenen, kühlen Regionen im Nordwesten blieben für die Weißen reserviert und der Nordosten um den City Park mit Parklands und Eastleigh für die indische Mittelschicht. Hier findet man noch immer die meisten indischen Tempel, aber auch Schulen und Krankenhäuser, die oft von wohlhabenden Kenianern indischer Herkunft gestiftet wurden. Der sumpfige, tiefer gelegene Osten Nairobis bis zum Nairobi River war für die Afrikaner reserviert. Die ehemalige Grenze zieht sich quer durch die Innenstadt entlang der Tom Mboya Street. Aber auch westlich davon, im alten Stadtzentrum, findet man Spuren der alten kolonialen Stadt. Man kann seinen Tee vor dem berühmten Norfolk Hotel gegenüber der Universität nehmen, dessen altenglische Fachwerkfassaden neuerdings teuer, aber mit wenig historischem Einfühlungsvermögen renoviert wurden. Oder man bummelt über den quirligen City Market im ehemaligen Hangar für Kleinflugzeuge an der Muindi Mbingu Street und muss aufpassen, dass der *Musungu*-Zuschlag (Weißen-Zuschlag), den man zahlt, nicht zu hoch ausfällt. Gegenüber liegt die Biashara Street, die alte indische Geschäftsstraße. Viele der schönen Art-deco-Fassaden der flachen Häuser sind heute durch moderne Schaufenster ersetzt, aber dazwischen gibt es noch die alten *Dukas*. Das sind lange, düstere, schlauchartige Läden mit einer zweiflügligen Tür, die abends fest verrammelt wird, tagsüber aber das Licht einlässt und mit Säcken und Regalen voller Waren verstellt wird. Eine richtige *Duka* ist ein Kramladen, der praktisch alles führt. Die meisten Geschäfte in der Biashara Street sind aber heute auf Textilien spezialisiert. Anil Patel, der Besitzer von Patel's, ist relativ zufrieden. »Bei den Touristen sind zur Zeit unsere *Khangas* (Tücher) mit Barack Obamas Bild sehr beliebt«, sagt er, »aber mein eigentliches Geschäft mache ich doch mit den Kenianern.« In seinem Laden kann man Gardinen nähen und Sessel beziehen lassen, und auch die Baumwollstoffe aus kenianischer Produktion gehen gut, besonders dann, wenn Schuluniformen aus ihnen geschneidert werden. Die Patels sind ein große, weit verzweigte Familie, sie haben Angehörige in Kanada und Australien, allerdings nicht mehr im indischen Bundesstaat Gujarat, von wo der Großvater einst nach Ostafrika ausgewandert war. Heute gibt es nicht nur in Kenia, sondern auch in Tansania und Uganda einen großen indischstämmigen Bevölkerungsanteil. Nein, zurück nach Indien zu gehen, das könnte sich Patel nicht mehr vorstellen, aber seine Lage in Kenia findet er doch noch immer prekär. Er hat nicht vergessen, dass in der Zeit Idi Amins in den 1980er Jahren Hunderte von Indern aus dem benachbarten Uganda vertrieben wurden, ohne ihren Besitz retten zu können. Von der Innenstadt von Kampala bis zum Flughafen Entebbe sollen damals dicht an dicht verlassene Autos gestanden haben. Heute sind die Inder längst nach Uganda zurückgekehrt, aber das Trauma sitzt tief. Hätte so etwas nicht auch in Kenia passieren können? Patel ist jedenfalls froh, dass er neben dem kenianischen auch einen britischen Pass besitzt. »Irgendwie mögen uns die Afrikaner nicht«, sagt er, »aber sie können doch nicht auf uns verzichten.« Früher gingen immer, wenn es Unruhen in der Stadt gab, die schweren Metalljalousien der indischen Läden zuerst herunter, weil ihre Besitzer Plünderungen fürchteten. Heute ist Patel trotz allem optimistisch. »Sie verstehen allmählich, dass nicht diejenigen an ihren Problemen schuld sind, denen es etwas besser geht als ihnen selbst, sondern dass wir zusammen die Verantwortung übernehmen müssen. Wir sind doch alle Kenianer.« Und er verweist darauf, dass man in den Medien jetzt nicht so häufig mehr den abgrenzenden Begriff Asians lesen kann, sondern das umständliche, aber politisch korrekte Kenyans of Indian Origin.

Ohne die Inder wäre eben vieles in Kenia undenkbar, beispielsweise die kenianische Küche. Keine kenianische Hausfrau kommt ohne *Chapatis, Mandazis, Bhajias* und *Chutneys* aus. Indische Läden und Restaurants geben Nairobi Farbe. In der Ngara Road reiht sich *Duka* an *Duka*, es duftet nach Gewürzen und Räucherstäbchen. Hier flanieren die Frauen in ihren roten, orangenen, lindgrünen oder malvefarbenen *Saris* oder *Pandjabis* und kaufen Seidenstoffe, indischen Schmuck und Henna, oder sie schwatzen ein wenig bei einem Glas *Lassi* und dem unglaublich süßen indischen Gebäck oder würzigen *Bhajias*. Ihre Töchter allerdings ziehen Jeans und Sneakers vor, und in der Ngara Road sind sie selten zu finden.

Sheng und *Manambas* – östlich der Tom Mboya Street

Östlich von der Tom Mboya Street, wo die Straßen voller und lauter werden, die Läden kleiner, die Schaufenster vergittert sind und man auf dem Bürgersteig zwischen allen möglichen zum Verkauf ausgelegten Waren Slalom laufen muss, liegt die Accra Road. Von hier aus starten die *Matatus* ins Umland. *Matatus* (wörtlich »für drei«, gemeint ist »für drei Schilling«) sind die Kleinbusse, die überall in Kenia die Hauptlast des öffentlichen Personentransports tragen, früher oft alte japanische Fahrzeuge in fragwürdigem Zustand und immer überfüllt. Seit nach den Wahlen von 2002 eine strengere Verkehrsüberwachung durchgesetzt wurde, hat sich deren technischer Zustand erheblich verbessert und die Zahl der Passagiere, mit der ein *Matatu* als »besetzt« gilt, merklich verringert. Was geblieben ist: *Matatus* in Kenia sind mehr als nur ein Verkehrsmittel, sie sind das Symbol einer ganzen Kultur. Die Fahrer, die der Legende nach ihren Führerschein meist auf dunklen Wegen erschlichen haben, und die *Manambas*, die die Passagiere anlocken und das Fahrgeld einsammeln, sind ein Machtfaktor in Kenia. Wenn sie streiken – und in der Vergangenheit haben sie das öfter getan – ist die ganze Stadt gelähmt. Coole junge Typen sind das, die sich meist aus den Slums hochgearbeitet haben und mit ihren Baggy-Hosen, XXL-T-Shirts und Sonnenbrillen, lässig in ihr Handy rappend, vor allem die jungen Mädchen beeindrucken. Ihr Job ist nicht leicht, denn die Eigentümer der Kleinbusse wollen am Ende des Tages Geld sehen – komme, was wolle. So müssen sie zusehen, trotz strengerer Vorschriften so viele Passagiere wie möglich in ihr Vehikel zu quetschen und so viele Fahrten wie möglich so schnell wie möglich hinter sich zu bringen, auch wenn man dafür schon mal mit den Hinterrädern über die Blumen einer Verkehrsinsel fahren oder auf die Gegenfahrbahn ausweichen muss. Heute locken *Matatus* mit phantasievoller bunter Malerei, blinkenden Leuchten, flotten Sprüchen und vor allem einer kräftigen Musikanlage Fahrgäste an. Die laute Beschallung während der Fahrt mit lokalem Hip Hop ist meist nur für jüngere Passagiere erträglich, aber was soll's: Über die Hälfte der Kenianer ist unter 25 Jahre alt, und die *Matatus* sind sozusagen ein Teil der Jugendkultur. *Ma-Three* wird der Name *Matatu* heute wörtlich aus dem Kisuaheli ins *Sheng* übersetzt. Seit dieser Slang aus den Slums erst von den Rappern, dann von den unzähligen Radiostationen, die rund um die Uhr Hip Hop und Reggae spielen, aufgenommen wurde, galt er bald schon auch unter den Schülern und Studenten und gilt er heute auch unter vielen älteren Nairobiern als salonfähig. *Sheng*, das ist Nairobi, das sind die *Matatu Manambas*, das sind die Frisöre am Straßenrand, die Maisröster und die Gemüseverkäuferinnen, die Straßenhändler und Handkarrenfahrer.

Von der Accra Road stößt man direkt auf die River Road mit ihren kleinen Bierbars und Hotels, früher eine beliebte Adresse für Rucksacktouristen, heute in dieser Hinsicht nicht mehr zu empfehlen. Die meisten der kleinen Hotels sind versteckte Bordelle, und am unteren Ende der Straße, am zeitweilig zur Kloake verkommenen, heute wieder saubereren Nairobi River, haben die Automechaniker ihre rasch zusammengezimmerten Werkstätten. Sie verkaufen einem mit unschuldigem Augenaufschlag genau die Radkappe, die am gleichen Morgen ein frecher Dieb von den Reifen abmontiert hat. Wie gut, dass es sie gibt!

Mama Mbogas, Volksredner und *Kiondos* – der Osten Nairobis

Ein Stück weiter, auf der anderen Seite des Nairobi River, liegen die großen Märkte, wie der Gikombaa-Markt mit seinen Bergen von *Mitumba* (Altkleidern) aus Europa, die langsam aber sicher die kenianische Textilindustrie zerstören, oder der Burma Markt in Kaloleni, wo man hauptsächlich auf Luos vom Viktoriasee trifft, die dort Fisch verkaufen. Nur hier bekommt man *Omena*, kleine getrocknete Fische, die die Luos für eine Delikatesse halten.

Der größte Marktplatz ist der Kamukunji Ground, normalerweise nichts als ein leerer, schmutziger Platz mit provisorischen Marktständen und offenen Tischler-Werkstätten, in denen Betten, Tische und Stühle gezimmert werden – ein Zentrum der *Jua-Kali*-Werkstätten, die ihren Namen zu Recht tragen, da sie direkt in der »heißen Sonne« (wörtlich: *jua* – Sonne, *kali* – heiß, scharf, bissig) liegen. Von hier fahren auch die großen *Akamba*-Überlandbusse ab, weswegen der Platz auch Machakos Airport genannt wird – Machakos ist die Hauptstadt des Kambalandes, der Ostprovinz, die überwiegend vom Volk der Kamba bewohnt wird. Hier ertönen die Rufe der *Mkokoteni*-Fahrer, die ihre Handkarren mit Waren aller Art vollgeladen haben, und quäken die Hupen der *Tuk-Tuks*, der kleinen indischen dreirädrigen Motorfahrzeuge. Die *Mama Mbogas* (Gemüsefrauen) balancieren riesige Mengen von grünem Gemüse und Kartoffeln, und junge Frauen mit Babys auf dem Rücken, das größere Kind hinter sich herziehend, drängeln sich durch die Käufermassen.

Wie der Uhuru Park im Westen der Stadt ist dieser Platz für die Nairobier des Ostens eine Art Symbol ihres Selbstbewusstseins. Es war der Ort der großen politischen Volksreden. Hier begeisterten schon in den 1960er Jahren die großen Volkstribune wie Tom Mboya ihre Zuhörer, hier packte immer mal wieder einer der amerikanischen Evangelisten, die Kenia heimsuchen, seine Soundanlage aus – heute sind Lautsprecher verboten –, hier wurden die großen Versammlungen der Opposition in den frühen 1990er Jahren abgehalten, und hier brachen im Juli 1991 die *Saba Saba Riots* aus, ein Höhepunkt des Massenaufstandes gegen den Diktator, der ihn schließlich zwang, ein Mehrparteienwahlrecht zuzulassen. Bis heute muss jeder Politiker, der etwas werden will, erst einmal auf dem Kamukunji Ground die Massen überzeugen.

Der Kariokor Market, nur einen Steinwurf entfernt und an der ehemals hellen, jetzt vielfach beschädigten und beschmutzten Mauer, die ihn umgibt, zu erkennen, hat seinen Namen von dem Sammelpunkt des Carrier Corps der britischen Armee im Ersten Weltkrieg, aus dem er hervorging. Von der damaligen Funktion, der Verproviantierung der Träger, sind nur noch die Stände am Eingang geblieben, die das angeblich beste geröstete Ziegenfleisch der Stadt anbieten. Im Übrigen ist der Markt unterteilt in Handwerkerstraßen wie eine europäische mittelalterliche Stadt. Rohstoff der Handwerkskunst: Abfall. Metallarbeiter klopfen leere Ölfässer mit einem vielstimmigen »pling-pling« flach, um Töpfe, Öllampen und andere Gebrauchs-gegenstände herzustellen, Sandalenmacher verarbeiten alte Autoreifen und Seilmacher flechten Sisalschnüre. Alles ist in Be-wegung, alles wird verwendet, verarbeitet und weiterverkauft. Wenn man über diesen Markt schlendert, fällt einem ein ganz altmodisches Wort ein: Gewerbefleiß.

Vor dem Markttor sitzt in einer Gruppe von Frauen Sarah Wanjiku Kinjanjui und flicht unbeeindruckt von dem Schreien, Hupen, Hämmern und Laufen um sie herum an einem *Kiondo,* einem traditionellen Kikuyu-Korb. Sie ist schon alt, wie alt ge-nau, weiß sie nicht, aber sie kann sich noch gut an die Kolonial-zeit erinnern, als die Eltern auf einer weißen Farm arbeiteten und sie mit den anderen Kindern bei der Ernte helfen musste. Jetzt lebt sie in einem kleinen Dorf in der Nähe der Kleinstadt Thika, und die Schwiegertochter baut auf einem kleinen Streifen Land Mais, Bohnen und Kohl an, um sechs Kinder und die Großmutter zu ernähren. Deshalb fährt Sarah einmal in der Wo-che nach Nairobi und versucht mit dem Verkauf von Körben das Budget der Familie etwas aufzubessern. Ihre Körbe sind groß, stabil und schön und tatsächlich etwas Besonderes, denn statt der traditionellen Streifenmuster flicht sie nach einem alten Strickmusterheft Norwegersterne in die Korbwände, und statt der Sisalfäden oder Bananenfasern benutzt sie Polyesterfäden, was die Körbe besonders fein aussehen lässt und haltbar macht. Den europäischen Touristen allerdings scheinen die traditionel-len Muster besser zu gefallen. Seit einigen Jahren sind Kikuyu-Körbe in Europa in Mode gekommen, und die etwas Mutigeren unter den Reiseunternehmern bringen auch schon mal Touris-tengruppen nach Kariokor, aber inzwischen kamen findige Unternehmer auf die Idee, ähnliche Körbe in Asien flechten zu lassen und massenhaft an Supermärkte in Europa zu verkaufen. Seitdem geht das Geschäft nicht mehr so gut, wie es einmal war. »Wir leiden. Das Leben ist hart«, sagt Sarah. »Aber was sollen wir tun? Wir machen einfach weiter.«

Handy im Slum

Manchmal ist es anstrengend, in Nairobi unterwegs zu sein. Öffentliche Transportmittel gibt es nicht genug, und viele Nairobier können sich die Kosten für eine *Matatu*-Fahrt auch gar nicht leisten. So ergießt sich jeden Morgen in der Dämmerung ein endloser Strom von Fußgängern, von jungen und alten Männern, von Frauen und Kindern wie eine Völkerwanderung aus Kibera über viele Kilometer die Langata Road entlang bis zum Industriegebiet, das an der anderen Seite des Uhuru Highway beginnt. Kibera ist der größte Slum Nairobis, es soll angeblich der größte Slum Afrikas sein. Über eine Million Menschen, ein Drittel der Einwohner der Stadt, leben dort angeblich auf einer Fläche von drei Quadratkilometern. Insgesamt wohnen dort nach Schätzungen mehr als drei Fünftel der Einwohner Nairobis in Slums oder slumähnlichen Siedlungen, und es werden täglich mehr Menschen, die vom Land in die Hauptstadt drängen und dann dort landen. Die Slums umgeben die Stadt mit einem breiten Gürtel aus Wellblechhütten und Dächern aus Plastikfolie. Mathare Valley im Osten ist nur der älteste und bekannteste. Deshalb ist es wohl nicht übertrieben zu sagen: Die Zukunft Nairobis liegt in den Slums und kommt aus den Slums. Ohne eine Besserung der Lage der Slumbewohner wird es keine wirkliche Entwicklung für Kenia geben.

Kibera ist ein weit ausgedehntes Tal zwischen der Langata Road und der Ngong Road, eingegrenzt vom Nairobi Dam, der unter anderem die Stadt mit Trinkwasser versorgt, dem Nairobi Golf Course und dem Ngong Forest – eine Toplage eigentlich, aber den Bewohnern nützt das wenig. Mitten durch den Slum führt die Eisenbahnlinie nach Uganda. Während der Unruhen nach den Wahlen 2007 rissen aufgebrachte Slumbewohner die Schienen heraus und legten so die Verbindung ins Landesinnere für Wochen lahm.

Von oben sieht man auf ein Meer von Wellblechdächern in unterschiedlichem Roststadium; erst, wenn man sich nähert, kann man die schmalen Pfade zwischen den *Shacks* erkennen, schlüpfrig und schmierig von den Abwässern, die sich irgendwo ihren Weg suchen. Es stinkt. Hier gibt es weder Wasserleitungen noch Toiletten, nur die sogenannten *Flying Toilets*, Plastiktüten, die man wegwirft, wenn man sich erleichtert hat. Wohin? Sie liegen überall herum. Neuerdings versucht man, die Plastiktüten durch »Peepoo« genannten Bio-Plastik zu ersetzen. Er wirkt geruchsvermeidend und verwandelt den Inhalt in kurzer Zeit in brauchbaren Dünger – eine einfache Lösung und sicher sinnvoller als die chemischen Toiletten, die die Stadtverwaltung in ungenügender Zahl aufgestellt hat.

In Kibera leben die, die es nicht geschafft haben oder – im Bewusstsein vieler Slumbewohner – die es noch nicht geschafft haben. Wer nämlich glaubt, zwischen Hütten aus Plastikplanen und Pappkartons nur Verzweiflung und Elend zu finden, der irrt sich. Im *village*, wie die Bewohner ihre Siedlung nennen, gibt es unter Staub und Dreck Ordnungsstrukturen, allerdings oft ausbeuterische.

Wer über den Zugang zu einem Wasseranschluss verfügt oder einen winzigen Raum zu vermieten hat, kann von seinen Nachbarn Geld einsammeln und sich zu den Wohlhabenden rechnen, sozusagen zur Oberschicht des Slums. Junge Männer haben sich zu Gangs, oft entsprechend ihrer Stammeszugehörigkeit, zusammengeschlossen und kontrollieren eifersüchtig bewachte Bezirke, sammeln Schutzgelder ein und monopolisieren den Handel mit Drogen und *Chang'aa*, einem illegalen scharfen Gebräu. Wenn sie auftauchen, regiert die blanke Gewalt. Bei dem Gedanken jedenfalls, dass es Politiker gibt, die sich dieser Gangs bedient haben, sie bewaffnet und zu Gewalttaten angestachelt haben, läuft es einem kalt den Rücken hinunter. Aber nach den Wahlen 2007 war es so, und seitdem teilt sich der Slum in ethnische Bezirke, in den meisten leben nur noch Luos. Wie die Menschen hier seitdem überhaupt miteinander leben können, ist schwer zu fassen. Aber sie müssen ja.

Seit einiger Zeit ist die Regierung bemüht, im Rahmen eines Kibera Upgrading Project Slumbewohner in Wohnblöcke umzusiedeln, die in der Nähe des Kibera-Tals errichtet wurden. Ein löbliches Unterfangen, das auch von den Vereinten Nationen unterstützt wird, aber die Kritik daran verstummt dennoch nicht. Die Frage ist natürlich immer, wer umziehen kann und was für ein Zimmer in den Wohnblöcken bezahlt werden muss. Dass dann nicht immer die Bedürftigsten in den Genuss des Umsiedlungsprogramms kommen, sondern oft diejenigen, die dafür zahlen, steht in einem Land, in dem Korruption so weit verbreitet und so tief verwurzelt ist, wohl außer Frage.

Aber der Slum ist nicht nur ein Ort der Gewalt, er ist auch ein Ort der Eigeninitiative und der Hoffnung. Ben Omondi ist einer von denen, die fest entschlossen sind, sich selbst aus dem Elend zu befreien. Anfang der 1980er Jahre kam seine Mutter aus Siaya im Westen Kenias hierher, und Ben wurde im Slum geboren. Aber er wird hier nicht bleiben, da ist er sich sicher. Seine Mutter unterstützte ihn, so dass er zur Schule gehen konnte. Jetzt hat er sich einer Selbsthilfegruppe von Jugendlichen angeschlossen, die versuchen, aus dem Sammeln und Verkaufen von Müll ein Geschäft zu machen. Auch Gemüse bauen sie an, wenig nur, aber es ist ein Anfang. Und, fast noch wichtiger: Mit Hilfe von Unterstützern haben sie eine Website eingerichtet (www.stayalivekibera.org/eiyo), auf der sie regelmäßig über ihr Leben und über ihre Erfolge berichten. Damit sind sie nicht die einzigen. Eine kleine Fernsehstation, *Slum TV*, stellt mit Digitalkamera aufgenommene eigene Filme ins Internet (www. slum-tv.org) und gibt damit den Ärmsten der Armen eine Stimme. Und der Film »Nairobi Half Life« (2012) des jungen kenianischen Regisseurs Tosh Gitonga, der erfolgreich auf mehreren internationalen Festivals lief, wurde vom deutschen Kult-Regisseur Tom Tykwer (»Lola rennt«) in Kibera produziert.

Auch Fußballteams gibt es in Kibera, deren Mitglieder hoffen, sich zur Straßenfußball-Weltmeisterschaft in Südafrika zu qualifizieren. Eine große Zahl von Initiativen, Projekten und Hilfsorganisationen konzentriert sich auf Kibera, und wenn ausländische Journalisten aus einem afrikanischen Slum berichten, in dem es Hoffnung gibt, dann kommen sie hierher. Das ist vielleicht das Wichtigste für die Bewohner: Nicht mehr in der Masse eines verachteten Lumpenproletariats unterzugehen, sondern einen Namen zu haben, eine Identität, und respektiert zu werden. Ein Handy hat sowieso jeder von Bens Freunden, so sind sie mit der Welt außerhalb des Slums verbunden. Nein, sie werden sich nicht unterkriegen lassen. Eines Tages, da sind sie sich sicher, wird Kibera kein Slum mehr sein, sondern ein normaler Stadtteil Nairobis, auf den diejenigen, die dort leben, stolz sein können.

Landschaften und Umwelt Kenias

Beach Boys und Moscheen – Kenias Küste

Die Abendsonne steht rot über der Lagune. Leicht fächeln die Palmen am Strand in der milden Brise, die vom Meer her weht. In den großen Hotels gehen die Lichter an, das Abendbuffet wird vorbereitet, und hier und da hört man auch schon erste Disco-Musik. Für heute packt Juma Ogolla seinen Verkaufsstand zusammen. An der Küstenstraße vor dem Diani Beach Hotel verkauft er tagsüber geschnitzte Tierfiguren und bunten Perlenschmuck, abends verlässt er den roh gezimmerten Holzstand und nimmt ein *Matatu*, ein Sammeltaxi, das ihn über die immer überladene Likoni-Fähre bis nach Changamwe bringt, einem Slum Mombasas, wo er mit Henry ole Kiparo, einem Massai, den es an die Küste verschlagen hat, in einer Wellblechhütte lebt. Ole Kiparo hilft Juma täglich, seine Haare mit Ocker und Sisalfäden zu der kunstvollen Langhaarfrisur der *Moran*, der Massai-Krieger, zu flechten. Wenn er dann auf bloßem Oberkörper den typischen bunten Perlenschmuck der Massai trägt und um die Hüften die *Shuka*, eine karierte Decke, geschlungen hat, zieht er die bewundernden Blicke der Touristinnen auf sich. Juma ist ein gut aussehender junger Mann, und er weiß das. Er ist das, was man in Kenia einen Beach Boy nennt. Nur – ein Massai ist er nicht. Den Touristen bietet er als Massai ein beliebtes Kameramotiv, aber kein Kenianer würde auf seine Verkleidung hereinfallen. Er ist Teil der großen Show mit dem Titel »romantisches Afrika«, die an der Küste für die Touristen inszeniert wird.

Jumas Großeltern kamen noch vor der Unabhängigkeit vom Viktoriasee hierher, es waren Luos, die von der Aussicht auf Jobs im damals aufstrebenden neu ausgebauten Hafen angezogen wurden. Da sie Moslems – wenn auch keine praktizierenden – waren, fiel es ihnen leicht, sich an die fremde Umgebung an der Küste zu gewöhnen. Der Großvater erzählt noch immer gern von den großen Dockarbeiterstreiks in den 1940er Jahren. Damals waren die Gewerkschaften einflussreich. Das waren sie auch noch in den 1960er Jahren, als der charismatische Gewerkschaftsführer Tom Mboya vor einer begeisterten Menschenmenge in Mombasa seine Vorstellungen von einem industrialisierten, nicht mehr von ethnischen Konflikten bestimmten Kenia entwarf. Noch heute ist Mombasa eine Arbeiterstadt; fast drei Viertel aller abhängig Beschäftigten der Küstenprovinz arbeiten hier in der Tourismusindustrie und am Hafen, ganz zu schweigen von denen, die wie Juma ihr Überleben im informellen Bereich zu sichern versuchen. Mombasa verspricht gute Jobs und gute Geschäfte, vielleicht sogar das große Glück, und aus diesem Grund ist die Einwanderung aus allen Teilen Kenias bis heute ungebrochen.

Mit ihren ca. 2,5 Millionen Einwohnern ist das Gebiet der früheren Küstenprovinz diejenige Region Kenias, die am wenigsten von einer dominierenden Ethnie bestimmt wird. Schon die traditionelle Suaheli-Gesellschaft war kosmopolitisch: Araber, Inder, Perser, Portugiesen und Afrikaner hinterließen ihre Spuren, selbst chinesische Schiffe fanden schon in der frühen Neuzeit den Weg in den Handelsraum am Indischen Ozean. Mit dem Bann der Sklaverei durch die Briten und dem daraus folgenden Niedergang der Plantagenwirtschaft war der Suaheli-Kultur allerdings zu Beginn des 20. Jahrhunderts die ökonomische Basis entzogen worden. Die einst mächtigen Familien der alten Suaheli-Elite verloren ihren Einfluss. Nach dem Bau des Suez-Kanals führten die Schiffsrouten nach Indien nicht mehr an der afrikanischen Ostküste entlang, und der Indische Ozean verlor allmählich seine Bedeutung als Handelsraum. In der Kolonialzeit bauten die Briten den Hafen Mombasas zum größten an der afrikanischen Ostküste aus, von dem aus die Produkte der Kolonien verschifft wurden. Das Zentrum der Kolonie aber wurde Nairobi, und so kam die Hafenverwaltung Mombasas in die Hände von Beamten aus dem Landesinneren. Versuche der Kolonialmacht, in der Stadt Mombasa eine Elite aus Indern, Arabern und Persern aufzubauen, die Afrikaner auf dem umliegenden Land festzuhalten und durch diese räumliche Separierung die Kontrolle über die unterschiedlichen ethnischen Gruppen zu behalten, scheiterten, führten aber immer wieder zu Spannungen, die bis heute anhalten. Heute sind die ehemals stolzen und dominanten Araber und Suaheli zu marginalisierten Bevölkerungsgruppen geworden, die sich nicht gegen die früher verachteten *Washenzi* (Wilden) aus dem Hinterland behaupten können.

Gegenüber dem Landesinneren behielt die Küste bis heute ihren besonderen Charakter. Zur Zeit der Unabhängigkeit gab es in der Küstenprovinz zahlreiche Anhänger einer staatlichen Autonomie *(Mwambao)* der Küste, so wie sie weiter südlich der Suaheli-Insel Sansibar gegenüber dem Festland Tanganjika zeitweilig gelungen war. Zumindest wollte man eine kenianische Föderation mit weitgehend selbständigen Provinzen *(Majimbo)* und nicht den straff organisierten Zentralstaat, den man dann bekam. Solche Vorstellungen erleben heute eine Renaissance in den Forderungen des Mombasa Republican Council, einer separatistischen Partei, die seit den Wahlen von 2007/2008 wieder stärker von sich reden macht.

Schon zur Zeit der Unabhängigkeit war aus dem alten Handelszentrum bereits eine marginalisierte Region geworden. Die Regierenden im unabhängigen Kenia zeigten wenig Interesse an der Küste. Bis heute sehen viele der Mächtigen in Nairobi die Küste als »anders« an. Politikern von dort gelingt es eher selten, im Machtpoker der Hauptstadt Einfluss zu gewinnen, denn anders als Kikuyu-, Luo- oder Kamba-Politiker können sie nicht auf eine verlässliche ethnische Wählerbasis zurückgreifen. So konnte die Küste seit der Unabhängigkeit dem Zugriff der Politiker aus dem Inland wenig Widerstand entgegenbringen. Das ohnehin nicht sehr fruchtbare Hinterland der Stadt wurde ab den 1960er Jahren vom Staat für Ansiedlungsprogramme beansprucht, von denen in erster Linie Kikuyu und Luos profitierten. Nur selten wurden die eigentlichen Landbesitzer, Suaheli und Mijikenda, entschädigt. Und als dann ab den 1970er Jahren der Tourismus zu boomen begann und das Hinterland der Strände zu wertvollem Bauland für Hotels und Restaurants wurde, waren es wieder nicht die Küstenbewohner, die profitierten, sondern einflussreiche *big fishes* aus dem Inland und vor allem westliche Ausländer. Bis heute trägt der Tourismus nur wenig zur Entwicklung der Region bei, im Gegenteil, er bewirkt, dass Ressourcen geplündert, Ökosysteme bedroht und kulturelle Werte zerstört werden. Vom Gewinn des großen Touristengeschäfts bleibt nur der geringste Teil im Lande, und was nicht ins Ausland abgeführt wird, greifen die reichen Investoren aus Nairobi ab. Die Bevölkerung der Küste geht weitgehend leer aus.

Dennoch ist »Tourismus« das große Zauberwort, auf das alle Kenianer, und vor allem die Küstenbewohner, immer wieder hoffen. Nach der Landwirtschaft ist der Tourismus der zweitgrößte Devisenbringer. 1,5 Millionen Touristen besuchten in den besten Zeiten jährlich das Land, davon ein großer Teil Deutsche. Nach den Unruhen 2007 brach der Tourismus kurzfristig ein, erholte sich aber danach wieder weitgehend. 2009 waren es schon wieder über eine Million Touristen, die von den landschaftlichen Schönheiten Kenias und den Traumstränden an der Küste angezogen wurden. Nach den Terroranschlägen und Überfällen von 2013 und 2014 ist der Tourismus aber wieder, und diesmal dramatisch, eingebrochen. Ende 2014, in der Hauptsaison, waren die großen internationalen Hotels teilweise nur zu 10–30 Prozent ausgelastet. Hotelmanager hoffen nun auf eine stärkere Nachfrage bei regionalen und lokalen Touristen, und tatsächlich wird die Idee eines Strandurlaubs bei den Angehörigen der neuen Mittelschichten Kenias, Ugandas, Ruandas und Tansanias zunehmend populärer. Aber noch sind diese Mittelschichten zu klein, ist ihre Kaufkraft zu gering, um tatsächlich die Pauschaltouristen der großen Tourismusunternehmen aus den westlichen Ländern zu ersetzen. Auch langfristig wird der internationale Tourismus der größte Wirtschaftssektor an der Küste bleiben, und man muss darauf hoffen, dass er sich auch diesmal wieder erholt. Wenn es friedlich bleibt, sollte das nicht schwerfallen, denn die endlosen weißen Strände, die tropische Vegetation und die Hotels von internationalem Standard suchen weltweit ihresgleichen.

So kann man die Küste Kenias als gleichzeitig globalisiert und marginalisiert bezeichnen – offen zur Welt durch den Hafen und den Tourismus, aber weit entfernt von den Ressourcen, die in Nairobi zugeteilt werden, und gleichzeitig kosmopolitisch und fragmentiert. Die einzige verbleibende einigende Kraft an der Küste könnte vielleicht der Islam sein – aber nur etwa die

Hälfte der Bewohner der Küstenprovinz sind Muslime. Das Miteinander unterschiedlicher Religionsgemeinschaften sowie gegenseitige Toleranz haben hier eine jahrhundertealte Tradition, die gegenwärtig aber leider auf dem Spiel steht. Nicht, dass Kenia bisher kein Problem mit dem islamistischen Terror gehabt hätte. 1998 war die US-Botschaft in Nairobi eines der ersten Ziele von Selbstmordattentätern der Al-Kaida, und wenig später gab es einen blutigen Anschlag auf ein von Israelis geführtes Hotel an der Küste. Aber diese Anschläge kamen von außen, und von außen, aus dem benachbarten Somalia, kommt auch die immer stärker werdende Bedrohung durch somalische islamistische Kämpfer der Al-Shabaab, deren Einfluss an der Küste inzwischen spürbar ist. Aber der Islamismus droht sich zu einem innerkenianischen Probem zu entwickeln. Während in Somalia selbst mittlerweile ein vorsichtiger Frieden erprobt wird, verstärkt sich der Einfuß von Al Shabaab auf die marginalisierten, oft arabischstämmigen muslimischen Jugendlichen in den Slums von Mombasa und Malindi immer mehr. Die Touristenorte werden durch Anschläge und Gegenanschläge verunsichert, gemäßigte islamische Prediger, aber auch Polizeioffiziere, werden Opfer von Al-Shabaab-Kommandos, und die Polizei weiß keine andere Strategie, als wahl- und gesetzlos zurückzuschlagen und, so der Verdacht, ebenfalls Mordkommandos auf radikalislamische Prediger anzusetzen (»extrajudicial killings«). Als der populäre radikale Prediger Aboud Rogo Mohammed im Herbst 2012 brutal erschossen wurde, gab es in Mombasa tagelang Unruhen. Im November 2014 stürmte die Polizei vier Moscheen und schloss sie für die Gläubigen, nachdem sie dort Waffen und islamistisches Propagandamaterial gefunden hatte. Über 200 junge Männer, die sich in der Moschee aufgehalten hatten, wurden verhaftet. Die Gegenreaktion kam prompt: Maskierte Männer fuhren auf Motorrädern durch die Stadt und schossen ziellos auf Passanten, die an einer Bushaltestelle warteten. Sechs Menschen starben. Sicher, die Polizei will verhindern, dass sich die Küste zu einem Schwerpunkt islamistischer Aktivitäten entwickelt, aber mit ihrem gesetzlosen, unsensiblen und brutalen Vorgehen entfremden die Staatsorgane eher die mehrheitlich friedliche und loyale muslimische Bevölkerung Mombasas und deren geistliche Führer, mit denen doch ein Dialog so nötig wäre, um sie als Verbündete gegen den Islamismus zu gewinnen. Radikale Islamisten sind inzwischen auch in Eastleigh, dem meist von kenianischen Somalis bewohnten Stadtviertel Nairobis, zu finden, nicht nur in Mombasa. Als im Januar 2010 ein aus Jamaika stammender radikalislamistischer Prediger ausgewiesen werden sollte, kam es bezeichnenderweise nicht in Mombasa, sondern an der Jamia-Moschee in Nairobi zu Unruhen, die fünf Menschen das Leben kosteten.

Mombasa hat heute ein gemäßigt orientalisches Flair. Überall sind Moscheen, der Muezzin ruft fünfmal am Tag, aber die meisten Frauen tragen auch auf der Straße ihre *Bui Buis* (Ganzkörperschleier) eher lässig. Über der Altstadt, die auf einer Insel in der Lagune liegt, thront massiv das mächtige Fort Jesus aus portugiesischer Zeit. In malerischen winkligen Basarstraßen mit weißen, palmstrohgedeckten Häusern kann man in die offenen Werkstätten der Tischler hineinsehen, die reichgeschnitzte Truhen, Betten und Schränke im traditionellen Stil anfertigen. In den Restaurants wird typische Suaheli-Küche serviert, Fisch in Kokosmilch und schwarzer gewürzter arabischer Kaffee. *Ta-araab*, die Musik der Küste, plärrt aus Lautsprechern. Das Tempo ist gemächlich in der tropischen Hitze. Aber man sollte sich nicht täuschen lassen: Mombasa ist keine von der Geschichte vergessene Idylle. Die Stadt und ihr Umland bilden neben Nairobi die zweite große urbane Region Kenias, mit einem rapiden Bevölkerungswachstum. Fast die Hälfte der Bevölkerung von Mombasa lebt auf der Insel, in Changamgwe, dem Slum der Stadt, ist es noch einmal ein Viertel. Insgesamt wohnen ein Viertel aller Bewohner der Küstenprovinz in dieser Stadt.

Der Kontrast zwischen dem relativen Wohlstand der Stadt und der Armut in den ländlichen Gebieten ringsum ist auffällig. Die Bauern, die auf den trockenen Böden hinter der Hafenstadt ihren Lebensunterhalt zu gewinnen versuchen, führen ein hartes Leben. Das Land ist nur dünn besiedelt, am dichtesten entlang der Eisenbahnlinie nach Nairobi, und es fehlt oft an der nötigsten Infrastruktur. Das Ackerland an der Küste ist nicht sehr fruchtbar, der Regen unberechenbar, und er bleibt oft ganz aus. Die Bauern können von dem, was sie anbauen, wohl selbst knapp leben, aber eine Produktion für den Markt gibt es kaum.

So ist die Küstenregion auf Importe aus anderen Teilen Kenias angewiesen. Sie ist zwar nicht die allerärmste der sieben ehemaligen Provinzen Kenias, aber es ist doch zu spüren, dass die Geldmittel aus Nairobi nur zögerlich fließen, und die Gewinne aus dem Tourismus an der Küste kommen der restlichen Region nicht wirklich zugute. Im Norden grenzt die Küstenregion an die gefährlichen und unzugänglichen Gebiete des Nordostens, entlang der Grenze zu Somalia. Die Straße nach Lamu, dem einstigen Hippie-Paradies und heutigen Tourismuszentrum in dem Korallenarchipel, musste schon seit Jahrzehnten manchmal im Konvoi befahren werden, weil Viehdiebe die Straße unsicher machten. Aber heute ist die Angst vor der Al-Shabaab allgegenwärtig. Auf Lamu selbst herrschte während des gesamten Jahres 2014 aus Sicherheitsgründen eine nächtliche Ausgehsperre – für den Tourismus verheerend. Im Juni 2014 griffen Al-Shabaab-Milizen in zwei Attacken den kleinen Ort Mpeketoni auf dem Festland gegenüber Lamu an, verwüsteten die Häuser und töteten mehr als 60 Menschen, während die örtlichen Polizisten angeblich im Fernsehen die Fußballweltmeisterschaft ansahen, auf jeden Fall aber nicht eingriffen. Große Empörung machte sich breit, als Präsident Uhuru Kenyatta statt der islamistischen Miliz – obwohl diese die Verantwortung für die Attacken übernahm - die kenianische Opposition beschuldigte, hinter den Attacken zu stehen, um Kikuyu-Siedler, die dort in den 1960er Jahren von Jomo Kenyatta an der Küste Land erhalten hatten, zu vertreiben. Aufgeklärt wurde, wie immer, bisher nichts, aber die Anschuldigungen, so absurd sie sein mögen, zeigen doch, wie komplex die Situation ist und wie angespannt die Atmosphäre. Tatsächlich weiß man ja auch nicht, ob nicht auch lokale Politiker, welcher Couleur auch immer, die Lage genutzt haben, um ihr eigenes Süppchen zu kochen.

Für die bisher so idyllische Inselwelt von Lamu hat die Regierung in Nairobi große Pläne. Hier entsteht mit chinesischer Unterstützung ein neuer, hypermoderner Tiefwasserhafen, der den Ansprüchen auch der größten Ozeanriesen genügen soll. Eine neue Pipeline, die von den Ölfeldern des Südsudan direkt zum indischen Ozean führt, soll hier enden und einerseits die Südsudanesen von der Abhängigkeit vom sudanesischen Port Sudan befreien, andererseits auch Kenia am erhofften Ölsegen beteiligen. Für das empfindliche Ökosystem des Archipels ist das eine Katastrophe. Man möchte weinen, wenn man an dieses Juwel denkt, an die Eselskarren in Lamu-Town, an palmengesäumte unglaublich blauen Lagunen mit den weißen Segeln der Dhaus der Fischer und an versteckte Mangrovenbuchten. Anders als das ähnlich traumhafte, aber größere und bekanntere Sansibar in Tansania war Lamu bisher noch immer eine Art Geheimtipp. Vielleicht bewahrt ja die Tatsache, dass Lamu zum Weltkulturerbe der UNESCO gehört und beträchtliche Gelder zu seiner Erhaltung bereitgestellt worden sind, vor dem Schlimmsten.

Auch Naturschutzgebiete haben manchmal eine Kehrseite: Im Shimba Hills National Reserve, einem Waldgebiet hinter dem Küstenstreifen, haben sich Wildtiere wie Elefanten, Warzenschweine, Affen und Antilopen inzwischen so vermehrt, dass sie für die Felder der anwohnenden Kleinbauern eine Bedrohung darstellen. Kenya Wildlife Services hat das Problem inzwischen erkannt, aber gegen die Umweltprobleme größeren Ausmasses, die die Küstenregion plagen, ist nicht nur der kenianische Staat ziemlich machtlos. Die Flüsse, die in den Indischen Ozean münden, führen immer weniger Wasser und schleppen aufgrund der wachsenden Bodenerosion im Inland immer mehr Schlamm mit sich, den sie in ihrem Mündungsdelta abladen. Allein der Sabaki River hat in den letzten 20 bis 30 Jahren mehr als 800 Meter Sanddünen ins Meer geschoben, und auch der Tana River führt jedes Jahr etwa 35 Millionen Tonnen an Sedimenten mit sich, die zwar Küstenstädte wie Malindi, das Paradies der Pauschaltouristen und der italienischen Mafia, vor den Folgen der Erosion der Küste schützen, aber gleichzeitig die Korallenriffe zu ersticken drohen. Noch ist das Meer reich an Ressourcen, und Fischerei wird überall betrieben, oft noch mit *Dhaus,* die mit ihren charakteristischen Gaffelsegeln einen malerischen Anblick bieten. Doch inzwischen ist auch hier die Überfischung ein Thema, ebenso wie die Verschmutzung der Korallenriffe und die Reduzierung der Mangrovenwälder durch Abholzung. Die Touristenhotels verschwenden kostbares Süßwasser, und Seewasser dringt zunehmend in das Grundwasser ein. Zu viel Geld fließt in den Aufbau einer verschwenderischen und abgeschotteten touristischen Infrastruktur und kommt der Region selbst nicht zugute.

Vieles könnte verhindert werden, wenn der Tourismus besser in die allgemeine Infrastruktur der Küstenregion integriert wäre, wenn es eine striktere Gesetzgebung gäbe, die die Ausplünderung und Zerstörung der Küstenlandschaft verhindern würde, wenn es weniger Korruption gäbe, wenn die Massentourismus-Konzerne mehr Verantwortungsbewusstsein zeigen würden. Dann könnte der Tourismus tatsächlich das leisten, was in Politikerreden immer wieder beschworen wird: Er könnte mehr Arbeitsplätze schaffen und zur Erhaltung der Naturschönheiten und eines funktionierenden Ökosystems beitragen, so dass Touristen und Einheimische gleichermaßen profitieren. Die Küste könnte die wohlhabendste Region Kenias sein.

Löwen und Minibusse – Kenias Naturparks

Die Steppen Afrikas. Gleißendes Sonnenlicht, wogende Gräser, Schirmakazien und unendliche Weite. Büffel- und Gnuherden, Zebras, Giraffen und Löwen vor der erhabenen Kulisse des Kilimandscharo – kaum ein Tag vergeht, an dem nicht mindestens ein deutscher Fernsehkanal seine Zuschauer mit solchen Bildern verzaubert und die Sehnsucht nach einer ursprünglichen Wildnis weckt, wie sie in den weiten Hochebenen Ostafrikas noch zu existieren scheint. Wenn in diesen Filmen der Mensch im Spiel ist, dann als Beobachter des Lebens der Wildtiere oder als Helfer zu ihrem Schutz. In vielen solcher Berichte scheint sich die »afrikanische Landschaft« verselbständigt zu haben. Sie wird weniger als Teil eines konkreten Landes, bewohnt von konkreten Menschen, gesehen, denn als geschichtslose, ewige Natur, das Erbe der gesamten Menschheit.

Die Faszination solcher Ursprünglichkeit lockt jedes Jahr Hunderttausende von Besuchern nach Ostafrika. Zwei Fünftel von ihnen besuchen die Nationalparks Kenias. Mit mehr als 40 Naturparks mit unterschiedlichem Status und vielen kleineren Wildschutzgebieten, staatlichen und privaten, genießt Kenia einen Ruf als das Land Afrikas, das die ursprüngliche afrikanische Landschaft und den Lebensraum seiner Tiere am besten schützt. Einen erheblichen Teil seines Staatshaushalts gibt das Land für den Erhalt von National- und Naturparks aus.

Die kenianischen Nationalparks gehören sicher zu den schönsten der Welt, allen voran die Massai Mara, der nördliche Ausläufer der auf tansanischem Gebiet liegenden Serengeti-Steppe. Wohl kaum jemand, der diesen Park besucht, kann sich dem Zauber der hitzeflirrenden Steppe und der großen Zahl der Wildtiere, die hier leben, entziehen – auch, wenn inzwischen in der Hauptsaison manchmal vier bis fünf Minibusse von Safariunternehmen um ein einziges Löwenrudel herumstehen und das Klicken der Kameras die Stille der Natur empfindlich stört. Die Chance, alle *Big Five* – Elefant, Löwe, Büffel, Nashorn und Leopard – vor die Kamera zu bekommen, ist hier noch immer groß.

Auch die anderen Nationalparks bieten mit ihrem Tierreichtum und ihrer landschaftlichen Vielfalt unvergessliche Erlebnisse – seien es die Flamingos am Lake Nakuru oder die Elefanten und Giraffen vor der majestätischen Kulisse des Kilimandscharo im Amboseli-Park, oder sei es die einzigartige tropischalpine Vegetation um den Mount Kenya. Hunderte größerer und kleinerer internationaler Natur- und Umweltschutzorganisationen haben es sich zur Aufgabe gemacht, die Natur und Tierwelt Kenias zu schützen, und arbeiten dabei Hand in Hand mit den Kenya Wildlife Service, der, obwohl eine staatliche Institution, einen besonderen autonomen Status genießt. Naturschutzgebiete, staatliche und private, beanspruchen in Kenia insgesamt einen so großen Anteil am gesamten Staatsterritorium wie in kaum einem anderen Land der Welt.

Das hat allerdings seinen Preis. Denn Land ist knapp in Kenia. Nur elf Prozent des Landes sind überhaupt landwirtschaftlich nutzbar, und der Rest ist oft nicht einmal für extensive Viehzucht geeignet. So sorgen die Naturparks auch für nicht unerheblichen sozialen Sprengstoff, vor allem in den kargen Halbwüsten Nordkenias. Die nomadischen Bewohner dieser Regionen, die Turkana, Boran, Samburu und Galla, die ohnehin um ihr Überleben kämpfen müssen, haben durch Naturparks große Flächen ihres besseren Weidelands verloren. Nicht nur für sie, sondern für Kenia insgesamt, scheint bei einer rapide wachsenden Bevölkerung, die sich zu einem großen Teil von Landwirtschaft und

Viehzucht ernährt, ein Konflikt zwischen Naturschutz und den Bedürfnissen der Menschen vorprogrammiert.

Während der Kolonialzeit sah man solche Probleme noch nicht. In der ersten Hälfte des 20. Jahrhunderts gehörte die Großwildjagd zu den großen Attraktionen der Kolonie. Die Schönen und Reichen der damaligen High Society schossen das Wild von der Eisenbahn oder vom Kleinflugzeug aus, und Mutige pirschten sich unter fachkundiger Anleitung »eingeborener« Scouts in der Steppe an ihre Beute heran. Trophäen schmückten die Kaminzimmer der Afrika-Reisenden und wurden weltweit gehandelt. Bestseller wie Hemingways *Schnee am Kilimandscharo* machte die Faszination der Jagd in der afrikanischen Steppe weltweit berühmt. Die Steppe selbst war in den Augen der weißen Jäger Wildnis, herrenloses weites Land.

Allmählich erkannte man allerdings doch, dass bei solchem Raubbau der Wildreichtum der Steppe und damit auch die Großwildjagd bald nicht mehr existieren würden, wenn man keine Schutzmaßnahmen ergriffe. So entstand die Grundidee der heute existierenden Nationalparks und Wildreservate bereits in der Kolonialzeit. Bei der Einrichtung der Naturreservate wurde allerdings kaum Rücksicht auf etwaige Bedürfnisse der einheimischen Bevölkerung genommen. Es wurde nicht beachtet, dass schon in und vor der Kolonialzeit diese Natur alles andere als unberührt und ursprünglich war, sondern Teil eines Ökosystems, an dem immer auch menschliche Gemeinschaften ihren Anteil hatten, beispielsweise die viehzüchtenden Massai. Aus der nomadischen Lebensweise dieser Menschen wurde geschlossen, dass Landbesitz für sie keinerlei Bedeutung habe und sie ihr Vieh auch ebenso gut woanders hintreiben könnten. So wurden, um Platz für die Bedürfnisse der Wildtiere zu schaffen, vielerorts die nomadischen Stämme vertrieben. Ihre Ansprüche auf Land wurden lange ignoriert, bis sich die Erkenntnis durchsetzte, dass die Wege, die Nomaden mit ihren Tieren zurücklegen, nicht beliebig sind. Im Fall der Massai Mara ist heute nicht zu übersehen, dass die Einrichtung des Parks ganzen Massai-Gemeinschaften nicht nur die traditionelle Lebensweise, sondern auch die Existenzgrundlage genommen hat. Zwar dürfen sie ihre Herden noch immer in ganz bestimmte, speziell bezeichnete Regionen des Parks treiben, aber gleichzeitig siedelte die Regierung die Massai in Dörfern am Rande des Parks an. Dort, jenseits ihres traditionellen Weidegebiets, fristen sie heute ein entwurzeltes Leben und stellen sich in künstlich aufgebauten *Massai-Manyattas* der Neugier der Touristen zur Schau.

Die Massai fühlen sich nicht nur um ihr Land, sondern auch um den Respekt vor ihrer Lebensweise und ihrer Kultur betrogen. Verstärkt wird ihre Erbitterung dadurch, dass im Zuge der Bemühungen der Regierung, die Massai sesshaft zu machen, Landbesitz für sie bedeutender wurde und sie der Verlust ihres Landes deshalb umso mehr schmerzt. Gleichzeitig wächst ihr Selbstbewusstsein. Sie wollen sich nicht länger für den kommerziellen Tourismus instrumentalisieren lassen. Einer ihrer Führer, Edward ole Mbarnoti, klagte schon in den 1980er Jahren: »Wir Massai haben dieses Land bewahrt. Wir haben es mit den wilden Tieren geteilt, lange bevor diejenigen kamen, die die Tiere schützen wollen, nur um damit Geld zu verdienen. So sagt uns bitte nicht, dass wir wegen des materiellen Wohlergehens von kommerziellen Jägern und Hotelbesitzern von unserem Land vertrieben werden, und erzählt uns auch nicht, dass wir nach den Regeln der Zoologen leben müssen. [...] Wenn die Unabhängigkeit Kenias überhaupt eine Bedeutung hat, dann doch die, dass wir alle als Menschen, und nicht als exotische Tiere behandelt werden.«

Aber auch beim Rest der kenianischen Bevölkerung sind die Parks nicht immer beliebt. Wie oft in eher bäuerlich geprägten Gesellschaften sieht man die Natur eher unter dem Nützlichkeitsgesichtspunkt und kann die Naturromantik der Europäer und Amerikaner nicht verstehen. Und die Information, dass unser aller Überleben von der Erhaltung der Artenvielfalt und eines funktionierenden Ökosystems abhängt, hat sich noch nicht überall herumgesprochen. Aber die Nachteile der Nationalparks sind konkret erfahrbar und für Menschen, die am Rande des Existenzminimums leben, nicht zu tolerieren. In manchen Parks vermehren sich zeitweilig die Wildtiere so sehr, dass einige immer wieder ausbrechen, in die Felder der Bauern am Rande des Parks eindringen und sie zerstören. Büffel und Nilpferde bedrohen Frauen beim Wasserholen, Affenhorden dringen in Dörfer ein und machen sich über die Vorratsspeicher her. Die ländliche Bevölkerung darf sich nicht wehren, denn das gilt als Wilderei.

Auf der anderen Seite hat sie nichts von den Parks. Die abgezäunten und bewachten Naturschutzgebiete sind nur nach Bezahlung eines hohen Eintrittsgeldes betretbar – und was ist da schon zu sehen, außer Tieren?

Allenfalls als Devisenbringer und Quelle für Jobs erscheinen die Parks vielen Kenianern akzeptabel, aber die Arbeitsmöglichkeiten in und an den Parks sind begrenzt, wenn man nicht über eine spezielle Ausbildung verfügt. Erst mit steigender Aufklärung und dem Anwachsen einer gut gebildeten und wohlhabenden städtischen Mittelschicht ändert sich allmählich das Verhältnis der Bevölkerung zu den Parks. Inzwischen kommt es durchaus vor, dass eine kenianische Familie einen Freizeitausflug in einen Park plant, um den Kindern die Naturschönheiten und die Tiere zeigen zu können, die sie in ihrem großstädtischen Umfeld gar nicht mehr erleben.

In den 1970er und 1980er Jahren wurden die Nationalparks, vor allem großflächige und teilweise schwer zugängliche wie der *Tsavo*, von gut organisierten kriminellen Wilderer-Banden heimgesucht, die Jagd auf Elefanten machten und das Elfenbein dann auf internationalen Schmuggelwegen vor allem nach Ostasien verschoben. Die Familie des ersten Präsidenten Kenyatta soll daran nicht unerheblich beteiligt gewesen sein und ihren Reichtum zum Teil solchen dunklen Geschäften verdanken. Ende der 1980er Jahre waren die Elefanten durch die Wilderei akut vom Aussterben bedroht, und der internationale Druck wurde so groß, dass Präsident Daniel arap Moi den damaligen Direktor des Nationalmuseums und bekannten Paläontologen Richard Leakey zum Direktor der Kenya Wildlife Services machte. Leakey führte mit speziell trainierten Wildhütern einen regelrechten bewaffneten Krieg gegen die Wilderer und brachte Moi in einem spektakulären, weltweit in den Medien übertragenen symbolischen Akt dazu, einen riesigen Scheiterhaufen beschlagnahmter Stoßzähne anzuzünden. Damit sollte der Beweis erbracht werden, dass es der kenianischen Regierung ernst war und sie nicht etwa von dem hohen materiellen Wert des Elfenbeins profitieren wollte. Tatsächlich gelang es Leakey, die Elfenbeinwilderei so effektiv einzudämmen, dass schon zehn Jahre später diskutiert wurde, ob die Elefantenpopulation nicht bereits wieder überhand zu nehmen drohte und ob möglicherweise sogar gezieltes Abschießen von Elefanten unter bestimmten Umständen erlaubt werden dürfe.

Heute bemühen sich die Kenya Wildlife Services bewusst, die Bevölkerung aktiv in die Pflege und Verwaltung der Parks einzubeziehen, um deutlich zu machen, dass von einem sinnvoll geführten Naturschutzsystem alle profitieren. Wildzäune und andere Vorsorgemaßnahmen sollen verhindern, dass Wildtiere aus den Parks ausbrechen und Felder zerstören. Selbstverwaltete Schutzgebiete und »Kulturdörfer« sollen die Bevölkerung am Einkommen, das durch die Naturschutzparks zu erzielen ist, direkt beteiligen. Landesweite Bildungsprogramme wie die der Ecotourism Society of Kenya haben dazu geführt, dass Biodiversität stärker als ein Wert erkannt und akzeptiert wird, der letztlich allen nutzt.

Probleme im Zusammenspiel von Bevölkerung, Politik und Naturschutz gibt es allerdings noch immer. Beispielsweise nahm Präsident Mwai Kibaki 2005 einen der wichtigsten Parks, den Amboseli, als *Game Reserve* aus der Verwaltung der Kenya Wildlife Services heraus und unterstellte ihn direkt der lokalen Verwaltung des Olkejuado County Council. Von einigen wurde das als ein sinnvoller Schritt zur Stärkung der Rechte der örtlichen Massai-Gemeinschaften begrüßt, von anderen aber als Rückschlag für das System der Nationalparks empfunden, da Schutzmaßnahmen für das besonders empfindliche Ökosystem des Parks nun nicht mehr gewährleistet seien. Vor allem wird man den Verdacht nicht los, dass Kibaki weder die Rechte der lokalen Bevölkerung noch den Naturschutz im Auge hatte, sondern sich so schlicht in populistischer Manier die Stimmen der Massai für das gerade anstehende Referendum über seinen Entwurf für eine neue Verfassung sichern wollte.

Immer wieder unterläuft die Kurzsichtigkeit korrupter Politiker und anderer einflussreicher und wohlhabender Leute alle Bemühungen um den Schutz empfindlicher Ökosysteme. Das zeigt sich auch deutlich am stadtnahen Nairobi National Park, in dem Zebras, Giraffen und die seltenen schwarzen Nashörner vor der Kulisse der Skyline grasen. Von drei Seiten ist der Park von einem Zaun umschlossen, aber von der vierten Seite fressen sich Slums und Wohngebiete immer weiter in das Parkgelände hinein.

Die Bewohner übervölkerter Slums geraten auf der Suche

nach noch freiem Grund für ihre Wellblechbehausungen immer stärker in die Nähe des Naturschutzgebietes. Eine ungleich größere Gefährdung des Nairobi National Parks als die verarmte städtische Bevölkerung stellen jedoch die Immobilienspekulanten dar. Stadtnahes Land ist ein Spekulationsobjekt von unschätzbarem Wert, und wenn man die richtigen Beziehungen hat und genügend Geld auf den Tisch legen kann, sind Grundbucheintrag und Baugenehmigung kein Problem.

Noch auf eine ganz andere Art sind die Naturparks auf internationaler Ebene ein Objekt von Spekulationen. Das Lewa Wildlife Conservancy im Norden Kenias ist der größte einer wachsenden Anzahl von privaten Naturschutzparks, wie sie in Südafrika bereits die Regel darstellen. Bekannt wurde der Vorstoß des holländischen Multimillionärs Paul von Vlissingen, Nationalparks in Sambia, Uganda, Kenia, Malawi und Mosambik aufzukaufen und kommerziell zu managen, gewissermaßen als riesige naturkundliche Themenparks. Einige kenianische Politiker sähen eine solche Privatisierung nicht ungern, würde sie doch den Staat aus der Verantwortung für den Naturschutz entlassen und gleichzeitig ein weitläufiges Betätigungsfeld für profitable Geschäfte bieten. So gab es 2004 einen Vorstoß einer Gruppe von kenianischen Politikern, Wildschützern und britischen Geschäftsleuten, die finanziell lukrativen Anteile der Kenya Wildlife Services zu privatisieren. Der Gruppe gelang es sogar, eine entsprechende Machbarkeitsstudie mit Geldern der Weltbank zu finanzieren. Man kann nur hoffen, dass solche Pläne nie Wirklichkeit werden, denn mit der Privatisierung der großen Naturparks würde Kenia sein wichtigstes Allgemeingut und seine wichtigste Ressource, die Naturschönheit und die Biodiversität, aus der Hand geben.

Das landwirtschaftliche Herzland Kenias

Wer von Nairobi aus in Richtung Nakuru fährt, kann sich an einer hügeligen Kulturlandschaft erfreuen, die sich kilometerlang rechts und links der Straße erstreckt. Der Blick schweift über einen Flickenteppich von winzig kleinen Feldern mit dem saftigen Grün der Kaffeesträucher, dem blasseren Grün der Maispflanzen und den großen Blättern der Bananenstauden, unterbrochen von leuchtend braun-orangen Wegen und Böschungen. Kartoffeln, Bohnen, Hirse, Süßkartoffeln und *Kassava* wachsen ebenfalls auf den Feldern. Kleine Straßen und Wege führen zu eng nebeneinander gebauten Gehöften und zu sogenannten Shoppingcentern, deren flache Betongebäude mit hochgezogener Front an Wildweststädte erinnern. Die meisten Gebäude sind bunt gestrichen, werben knallrot für Coca-Cola, maigrün für das Handy-Netzwerk Safari.com und magenta mit Gelb für deren Konkurrenten Zain. Über mindestens zwei Fleischereien und einen *Bottle-Store*, in dem Alkoholika verkauft werden, verfügt so ein Shoppingcenter, womit einiges über die Vorlieben der ländlichen Kunden gesagt ist.

Die kleinen Kramläden haben vergitterte Luken, durch die alles gereicht wird, was man zum täglichen Leben braucht: Waschmittel, Öl, Seife, Batterien, Zucker, Salz, Kerosin und Handykarten. Neuerdings werden in solchen Shops hin und wieder auch Computer Upgrading und andere High-Tech-Services angeboten, und nicht selten verbirgt sich hinter dem Gitterfenster auch ein Internet-Shop. Vor den Läden verkaufen Frauen Gemüse, andere bieten Bananen und Erdnüsse in Körben an. Auch Medical Centers gibt es und natürlich Frisöre. Am Straßenrand haben Handwerker ihre Werkstätten aufgebaut, da werden Möbel, Särge und Metallgitter gefertigt, Autos repariert oder Kleider geschneidert.

Am Rande der Shoppingcenter wird man fast immer eine oder mehrere Kirchen sehen, meist einfache Gebäude mit Wellblechdach, aber gotisch spitz zulaufenden Fenstern. Frauen mit Kopftüchern und Strickjacken, die am Straßenrand entlanggehen, schleppen geflochtene Körbe, deren Trageriemen sie über die Stirn gelegt haben, so dass die Nackenmuskeln die Hauptlast stemmen – die typische Art der Kikuyu, Lasten zu tragen. Ziegen weiden am Straßenrand, und hin und wieder sieht man einen altmodischen Holzkarren, der von einem Esel gezogen wird. Häufiger sind kleine Pick-Ups und die unvermeidlichen überladenen *Matatus*, die hier auf dem Lande schlichter sind und eher nach Nützlichkeitsgesichtspunkten ausgestattet als die Minibusse, die man auf Nairobis Straßen sieht.

Wir sind hier in Kenias Kernland, dem fruchtbaren Hochland, das sich einst die kolonialen Siedler als »weißes Hochland«

vorbehalten wollten. Hier gibt es genügend Regen, und die Temperaturen sind angenehm, oft geradezu kühl. Einige große Farmen existieren noch, aber die Mehrzahl der Felder gehört Kleinbauern. Deren Felder sind klein, geradezu winzig. Über mehr als zwei Hektar können nur wenige Bauern verfügen, und durch Erbteilung werden die Farmen immer kleiner. So besitzen nur wenige Bauern hier genug Land, um mit dem Anbau von Kaffee, Tee, Pyrethrum oder Mais ein gutes Auskommen zu haben, zumal die Rohstoffpreise drastisch gefallen und die staatlichen Vermarktungsagenturen nie ganz frei von Korruptionsverdacht sind. Viel mehr Menschen haben keine andere Einkommensquelle als ein winziges Stückchen Land, das für die Landwirtschaft nicht reicht. Andere müssen sich sogar mit dem Mittelstreifen der Schnellstraße oder einem kleinen Fleckchen hinter dem Haus begnügen. Der wachsende Bevölkerungsdruck, dem kein entsprechend wachsender Arbeitsmarkt gegenübersteht, macht auch hier, im fruchtbaren und wohlhabenden Herzen Kenias, die Lebenssituation für viele so unerträglich, dass sie keine andere Möglichkeit mehr sehen, als in die Slums Nairobis abzuwandern.

Nanyuki, nordwestlich des Mount Kenya, war in der Kolonialzeit das Zentrum der Siedler. Ab hier öffnet sich das hügelige Land zu einer weiten Ebene und fällt sanft ab ins Rift Valley. Westlich, bis nach Eldoret und Kericho, erstrecken sich die wirklich großen Farmen; Mais, Weizen und Tee wird in oft geradezu gigantischem Maßstab angebaut, und moderne Bewässerungsanlagen sowie riesige Mähdrescher sind ein gewohntes Bild. Nur wenige der Großfarmer sind noch Europäer, die meisten landwirtschaftlichen Betriebe sind nach der Unabhängigkeit in afrikanische Hände übergegangen; einige, wie die Ananasplantagen bei Thika oder einige Tee- und Tabakpflanzungen, werden auch von Konzernen der internationalen Agroindustrie geführt. Gefolgt von Kaffee ist Tee das wichtigste landwirtschaftliche Exportprodukt Kenias; nur in Indien, China und Sri Lanka wird mehr davon produziert.

Kenias Landwirtschaft ist zu weiten Teilen eine modern geführte Industrie. Fast vier Fünftel der etwa zehn Millionen abhängig beschäftigten Kenianer arbeiten direkt in der Landwirtschaft oder der davon abhängigen verarbeitenden Lebensmittelindustrie. Sie ernten Weizen, pflücken Tee oder Blumen, füllen Ananas in Dosen oder trocknen Kaffeebohnen. Der überwiegende Teil, fast drei Viertel der gesamten landwirtschaftlichen Produktion, wird von den kommerziellen Kleinbauern erwirtschaftet, die mit einfachen Mitteln ihre oft sehr kleinen Felder bearbeiten.

Im Rift Valley sind allerdings auch diese Kleinfarmen größer als anderswo, und die Rift-Valley-Farmer bilden eine wichtige Interessengruppe im Land. Die politische Umsetzung einer effektiven Landwirtschaftpolitik wird allerdings – neben der üblichen Korruption – dadurch erschwert, dass mehrere Ministerien sich entsprechende Kompetenzen streitig machen.

Der größte Teil der landwirtschaftlichen Produktion wird im Land selbst verbraucht oder in die angrenzenden Länder exportiert. Trotz der begrenzten Bodenfläche, die landwirtschaftlich intensiv genutzt werden kann, ist Kenias eigene Lebensmittelproduktion im Prinzip groß und vielfältig genug, um das gesamte Land zu ernähren und noch zur Ernährung der Nachbarländer beizutragen. Dass trotzdem immer wieder, vor allem in Dürreperioden, Engpässe an Nahrungsmitteln auftreten, liegt nicht an fehlender Produktion, sondern an mangelnder Vorratshaltung, ungerechter regionaler Verteilung und an Korruption. Gerade in schlechten Zeiten werden Unsummen mit dem heimlichen Export von Mais und Zucker, den wichtigsten Grundnahrungsmitteln, in benachbarte Länder verdient, während im Land selbst die Menschen Schlange stehen oder diese Lebensmittel gar nicht mehr zu bekommen sind. Auch während der letzten Dürreperiode 2009 wurden große Mengen Mais an dubiose Zwischenhändler abgezweigt, während die Menschen in den Dürreregionen hungerten und in Europa die Hilfsaktionen anliefen. Etwas Neues war das nicht, denn nach jeder Dürreperiode kann man hinterher Berichte über solche Skandale in der Presse lesen. Aber als diesmal, Anfang 2010, wieder aufgedeckt wurde, dass korrupte Staatsangestellte – bis hinauf zum Landwirtschaftsminister – große Mengen von Mais, der als Hungerhilfe gedacht war, für ihre eigenen Zwecke abgezweigt hatten, führte dieser Skandal zu empörten Reaktionen und in der Folge zu einer Staatskrise. Vielleicht ist das ja auch schon ein Fortschritt.

Je weiter westlich man fährt, nach Kitale oder Kakamega, umso dichter ist das Land besiedelt, und umso dürftiger steht das Getreide auf den Feldern. Die Böden sind von zu intensiver Bewirtschaftung ausgelaugt. Die Menschen hier sind größtenteils Subsistenzbauern und können sich weder Düngemittel noch Fruchtwechsel auf den Feldern leisten. Außerdem wird die Zahl der Menschen, die von den Erträgen der Felder, die immer weniger hergeben, leben muss, immer größer. Früher war diese Gegend von dichten Wäldern bestanden. Aber davon ist heute kaum noch etwas zu sehen, nur hin und wieder lockert ein Eukalyptushain die Landschaft auf. Und Eukalyptuspflanzungen sind keine Lösung, sie sind Teil des Problems, da die Bäume sehr schnell wachsen und unnötig viel Wasser aus dem Boden ziehen. Es gibt großangelegte Regierungsprogramme, die vorsehen, den Eukalyptus zu fällen und durch einheimische Bäume zu ersetzen, die dem Wasserhaushalt zuträglicher sind. Überall sind die Zeichen von Bodenerosion zu erkennen, nur bei Kakamega kann noch ein kleines Stück ursprünglichen Waldes besichtigt werden – wie in einem Naturkundemuseum. Und auch dieser kleine Rest ist gefährdet, denn die Teeplantagen rücken immer näher.

Westkenia ist nicht die einzige Region, die mit derartigen Problemen zu kämpfen hat. Auch die Böden in der Ostprovinz um Machakos und Kitui sind stark erodiert, und die Landwirtschaft leidet unter den periodischen Dürreperioden. Kenia, das noch Ende des 19. Jahrhunderts zu einem Drittel von Wald bestanden war, verfügte zur Zeit der Unabhängigkeit noch über zwölf Prozent mit Wald bestandener Landesfläche, heute sind es nur noch etwa zwei Prozent – Tendenz weiter sinkend. Wo immer noch Land verfügbar ist, wird es gerodet, um Nahrungsmittel anzubauen, und wo es noch Bäume gibt, werden sie geschlagen, um Holzkohle zu brennen. Ein großer Teil der Kenianer kann sich kein anderes Brennmittel leisten.

Der kenianischen Regierung ist das Problem wohl bewusst. 2005 wurde, nach langer Vorlaufzeit, ein Gesetz zum Schutz der Wälder verabschiedet, das, wenn es wirklich umgesetzt würde, einen erheblichen Beitrag zum Waldschutz leisten könnte. Vollmundig haben sich Präsident Kibaki und Premierminister Raila Odinga im Jahr 2009 verpflichtet, sechs Millionen Bäume zu pflanzen, und mit großem Pomp wurde die Pflanzaktion auch eröffnet. Aber es ist zu befürchten, dass diese gigantische Aktion im Sande verlaufen wird – wie schon so viele andere zuvor. Der Schutz der Wälder wird nur unzureichend überwacht, und immer wieder stellen korrupte Waldhüter Freibriefe zur Rodung aus. Oder sie verschachern ganze Waldgebiete an landhungrige Spekulanten.

Dass in Kenia überhaupt etwas zum Schutz des Ökosystems getan wird, ist einer einzigen mutigen Frau zu verdanken, die sich ohne Rücksicht auf sich selbst immer wieder hartnäckig für den Erhalt der Wälder einsetzt: Wangari Maathai. Als sie als junge Biologin nach ihrem Studium aus den USA und Deutschland Anfang der 1970er Jahre nach Kenia zurückkehrte, war sie schockiert vom Zustand des Landes. 1977 gründete sie eine Bewegung, das Greenbelt Movement, die Frauen überall in Kenia motivierte, Baumschösslinge zu ziehen und zu pflanzen, um so jede für sich in ihrem kleinen Bereich, allmählich das gesamte Land wieder aufzuforsten. Faktisch blieb ihre Bewegung zwar weitgehend auf die Zentralprovinz beschränkt, entfaltete aber weltweit eine immense Medienpräsenz und richtete die Aufmerksamkeit der Welt auf Kenias Umweltprobleme.

Als in den frühen 1990er Jahren Diktator Moi mitten in der grünen Lunge Nairobis, im Uhuru-Park, ein 60-stöckiges Gebäude mit einer Statue zu seinem eigenen höheren Lob errichten wollte, führte Maathai auch den Protest gegen diese Großmannssucht an. Er war nicht nur ökologisch, sondern auch politisch begründet und schloss sich dadurch mehr und mehr an die damals entstehende Demokratisierungsbewegung an. Ebenso unbeugsam und mutig, wie sie für die Umwelt eintrat, kämpfte Maathai auch gegen *Land Grabbing* – korrupte Landspekulation durch reiche und einflussreiche Individuen – und machte sich dadurch mächtige Feinde. 2006 wurde Wangari Maathai mit dem Friedensnobelpreis ausgezeichnet. Am 25. September 2011 ist sie im Alter von 71 Jahren verstorben.

Das größte Ausmaß hatten *Land-Grabbing* und Immobilienspekulationen in der Ära Moi erreicht. Damals wurden ohne Skrupel und Scham große und wertvolle Grundstücke, Bauland, Farmland und Wald an einflussreiche Leute verschachert, um sich deren Loyalität zu sichern. So geschah es auch am Mau

Escarpment, einem dicht bewaldeten Gebirgszug im westlichen Zentralkenia. In den unzugänglichen dichten Wäldern an den Berghängen leben die Ogiek, eine der letzten Jäger- und Sammler-Gemeinschaften Kenias. Mit dem Argument, die Ogiek in bäuerlichen Gemeinschaften ansiedeln zu wollen, begann man mit der Rodung der Wälder, aber die Ogiek kamen nie in den Genuss eines Ansiedelungsprogramms. Stattdessen landete fast die Hälfte des gerodeten Landes im Besitz wohlhabender Geschäftsleute und Politiker aus Mois Umfeld, auch Moi selbst besitzt inzwischen eine weitläufige Teefarm an den Hängen des Mau. Auch nach dem Ende der Moi-Herrschaft ging der Landraub weiter. Bis 2005 bedienten sich alle: Minister, Parlamentarier, hohe Staatsbeamte, Militärs und sogar religiöse Führer, aber auch kleinere Größen wie Provinzbeamte und Angestellte der Forstverwaltung. Viele der Nutznießer verkauften das illegal erworbene Land weiter an verarmte Kleinbauern aus ihren Heimatregionen, meist Kalenjin aus dem Rift Valley. Darunter waren viele, die in den immer wieder aufflammenden Unruhen der 1990er Jahre von ihrem Land vertrieben worden waren und seitdem in Camps vegetiert hatten. Glücklich, endlich Land erworben zu haben und gesichert leben zu können, rodeten sie die Hänge und begannen ihren Mais zu pflanzen. Sie ahnten nicht, dass ihre Grundbesitzdokumente keinen Wert hatten, und dass sie, schlimmer noch, zu einer der größten ökologischen Katastrophen in Kenia beitrugen: Erst allmählich wird das Maß an Umweltzerstörung deutlich, dass mit den korrupten Landverkäufen angerichtet worden war.

Die Mau-Region gehört zu dem zentralen Wasserreservoir des Landes. Zwölf Flüsse, die hier entspringen, speisen die Seen des Rift Valley, und zur westlichen Seite hin lebt die gesamte westkenianische Region bis hin zum Viktoriasee vom Wasser aus den Mau-Bergen, die ohne Waldbestand zu erodieren drohen. Ein Viertel des Baumbestandes ist bereits verschwunden. Der Wasserspiegel des Nakurusees sank bedenklich, die weltberühmten Flamingo-Populationen waren gefährdet. Der Naivashasee, 1991 noch bis zu 15 Meter tief, schrumpfte um fast die Hälfte und maß an seiner tiefsten Stelle nur noch etwa zwei Meter. Die umliegenden Blumenfarmen hatten dem siechenden Gewässer den Rest gegeben, indem sie ihre pestizidreichen Abwässer ungefiltert in den See leiteten. Zeitweilig war der See, ein Juwel an landschaftlicher Schönheit im Rift Valley und ein wichtiger Anziehungspunkt für Touristen, praktisch tot.

Heute haben sich die Seen wieder teilweise erholt. Im Westen, um Kericho, wurde aber die Wasserknappheit bereits spürbar und ist es noch. Kericho ist das Zentrum des Teeanbaus des Landes. Wenn der Teeanbau eines Tages wegen Trockenheit nicht mehr möglich sein sollte, wären fast 15 000 Arbeitsplätze und das wichtigste Exportgut Kenias bedroht. Die Regierung hatte keine andere Wahl, als die Besiedelung des Mau Escarpment rückgängig zu machen und die Wälder wieder aufzuforsten. Deshalb wurde Ende 2009 mit einer Umsiedlungsaktion begonnen; die Ogiek mussten gehen (www.ogiek.org), und auch die neu angesiedelten Kleinbauern wurden gezwungen, ihre Farmen zu verlassen. Sie konnten nicht einmal mehr ihre Ernten einbringen. Immerhin wurden ihnen Jobs bei der Wiederaufforstung der Hänge des Mau versprochen, die sie selbst gerodet haben. Aber wo soll man sie nun ansiedeln? Es gibt eigentlich kein Land mehr, und so vergrößern sie bis auf Weiteres die Armee der IDPs, der *Internal Displaced Persons*. Die reichen Profiteure des korrupten Landhandels aber, einschließlich Moi selbst, wurden für die ihnen zugefügten Verluste kompensiert.

Gewollte Unterentwicklung?
Leben am zweitgrößten Binnensee der Welt

Mit Kisumu geht es sichtbar aufwärts. Die Stadt am Viktoriasee, nach Nairobi und Mombasa mit fast einer Million Einwohnern das dritte große urbane Zentrum des Landes, entfaltet einen gewissen Charme. Die Oginga Odinga Street ist flankiert von flachen *Dukas* mit weißen Art-deco-Fronten, ein untrügliches Zeichen für die Präsenz indischer Kaufleute. Davor haben Straßenhändler ihre Waren ausgebreitet, so dass ein Gang auf dem Bürgersteig zum Slalom wird. Die Straße führt vom Uhrturm, dem Wahrzeichen der Stadt, bis fast zum See hinunter, der flirrend in der Hitze liegt. An einer flachen Uferstelle sieht man in der Ferne ein paar Jungen, die Autos im See waschen – ein Anblick, der bald der Vergangenheit angehören wird, denn die

Stadtverwaltung hat das Autowaschen im See verboten. In einer Seitenstraße haben ein paar Cafébesitzer Tische auf die Terrassen gestellt, ein zaghafter Versuch, weltläufig zu sein. Die Auslagen der Geschäfte hinter den Sicherheitsgittern sind dagegen eher schlicht, angepasst an den Bedarf einer überwiegend ländlichen Bevölkerung ringsum. Auf den Bürgersteigen drängen sich die Menschen, laden aus und ein, unterhalten sich, rufen sich etwas zu, lachen, dazwischen klingeln die *Boda-Bodas*, die Fahrradtaxis, die hier die andernorts unausweichlichen *Matatus* ersetzen. Neben den Fahrradtaxis stehen immer mehr junge Männer mit flotten Motorrädern an den Straßenecken und warten auf Kunden. Autos hupen, kleine japanische Pick-Ups und große Geländewagen, die sich mutig in schmale Parklücken zwingen. Irgendwie hat hier jeder immer viel zu tun, trotz der mörderischen Hitze. Wir sind hier direkt am Äquator.

Wendet man sich oben am Uhrturm nach links, ist die Straße rechts und links umsäumt von roh gezimmerten Straßenständen, an denen man von Altkleidern aus Europa bis zu Kofferradios und Handy alles Erdenkliche erstehen kann. Um die Ecke, auf dem Kibuye Markt, verkaufen Frauen Gemüse und Fisch. Winzige getrocknete Fischchen, genannt *Omena*, haben sie in leere Konservendosen gefüllt, so hoch, dass sie über dem oberen Rand eine gleichmäßige Pyramide bilden. Überhaupt Fisch, der ist überall zu haben, *Tilapias* und *Mbota*, der Nilbarsch, geräuchert, getrocknet oder roh. Fischköpfe gelten als Delikatesse, die traditionell nur den Männern zusteht.

Am Seeufer, an einem Ort, der Lwan'gni, Ort der Fliegen, heißt, reiht sich ein Kiosk an den anderen, alle eingestaubt von der roten Erde der ungepflasterten Straße. Hier bieten Frauen gebratenen Fisch an, *wet fried*, also mit Soße, und mit *Ugali*, dem unvermeidlichen Maisbrei. Nirgendwo soll der Fisch so gut sein wie hier, aber der Name des Ortes verweist schon darauf, dass es mit der Hygiene nicht besonders weit her ist. Die Stadtverwaltung will die Kioske deshalb schließen, und es gibt Pläne, sie durch feste Gebäude mit Wasseranschluss zu ersetzen. Man kann nur hoffen, dass diese Pläne auch umgesetzt werden, denn der Ort verdient eine schönere Gestaltung. Abgesehen davon, dass neben dem guten Fisch auch der Blick über den See besonders bei Sonnenuntergang hier phantastisch ist, gehört auch eine besondere Geschichte hierher. Hier soll es gewesen sein, dass vor langer Zeit Simbi Nyaima, die Tochter des Sees, mit einer riesigen Viehherde im Wasser verschwand. Verarmt, abgemagert und nass am ganzen Körper war sie zuvor dem armen Bauern Nyamgondho erschienen, der sie aufnahm und heiratete. Dankbar ging sie zum See zurück, und eine große Viehherde stieg aus dem Wasser. Nyamgondho wurde ein reicher Mann. Er dankte es ihr allerdings nicht, sondern benahm sich selbstgefällig und arrogant. Als er auch noch eine zweite, jüngere und schönere Frau heiraten wollte, erinnerte Simbi Nyaima ihn daran, dass sie es schließlich war, der er seinen Reichtum zu verdanken hatte, rief nach dem Vieh, das aus dem Kraal ausbrach und ihr folgte. Mit allen Kühen und Ochsen verschwand sie dann im See. Nyanmgodho sah weder sie noch das Vieh jemals wieder. Den Luos, die sich diese Geschichte erzählen, sagt man in Kenia nach, dass ihre traditionelle Kultur besonders patriarchalisch sei und Frauen bei ihnen wenig zu sagen hätten. Aber kommt hier die Frau nicht viel besser weg als etwa in unserer vergleichbaren Geschichte vom *Fischer und seiner Frau*?

An den Ausfallstraßen Kisumus fährt man an Wohnvierteln vorbei, die heruntergekommen aussehen – aber vielleicht wirkt das nur so, wegen des schwarzen tropischen Schwamms, der sich überall hineinfrisst? Es gibt einige große neue Einkaufszentren, darunter die West End Shopping Mall in der Achieng Oneko Road, die einen Vergleich mit den luxuriösen Konsumtempeln von Nairobi nicht scheuen muss. Im Java Caffe, einer Restaurantkette aus Nairobi, wird ein Cappuccino serviert, wie er besser nicht in Italien sein kann. Aber auch die anderen Malls haben selbstverständlich Kinos, Internet-Cafés und Restaurants, alles ein Zeichen dafür, dass mittlerweile auch in Kisumu eine kaufkräftige Mittelschicht existiert, die sich einen gemäßigten Konsum leisten kann. Hier gibt es alles – nicht umsonst lautet der Werbeslogan der größten Supermarktkette »You need it? We have it!«.

Auch Kisumus Straßen sind besser geworden. Die Einwohner Kisumus werden nicht müde, darauf hinzuweisen, dass die riesigen Schlaglöcher, die früher die Autofahrer zum Slalomfahren zwangen, weitgehend verschwunden sind. Eine vierspurige

Straße in hervorragender Qualität führt zum International Airport, den Kisumu inzwischen selbstverständlich auch hat (obwohl hier bis auf Weiteres nur die Flüge von und nach Nairobi abgefertigt werden), und eine mehrspurige Umgehungsstraße mit Flyover ist im Bau, mit chinesischen Baufirmen.

In den besseren Wohngebieten verstecken sich weiße Villen hinter Jakarandas und Flame Trees. Hier gibt es auch einen kleinen Tierpark und den *Hippo Point*, an dem man abends tatsächlich noch Flusspferde, die im seichten Wasser prusten, beobachten kann. Im Kisumu Yachtclub – noch aus kolonialer Zeit, Yachten sucht man auf dem See vergeblich –, im vornehmen Nyanza Club und im Sunset Hotel trifft sich abends die High Society Kisumus.

Kisumus zaghafter Boom ist ein Aufschwung aus Armut und Randständigkeit. Als in der Kolonialzeit der Bau der Eisenbahnlinie den Winam Gulf, die Bucht am Viktoriasee, erreichte und die Briten hier einen Hafen gründeten, den sie nach der Gattin eines Konstrukteurs Port Florence nannten, hofften sie, diesen Hafen zum Zentrum eines lebendigen Handelsverkehrs auf dem Viktoriasee ausbauen zu können, dass hierher Waren von Tansania und Uganda über den See transportiert würden, die dann per Eisenbahn an die Küste gelangten. Einige koloniale Gebäude wie die ehemalige British Library an der Oginga Odinga Road, in der heute der Kisumu Campus der University of Nairobi untergebracht ist, oder das Kisumu Hotel, das jetzt von der Maseno Universität betrieben wird, zeugen noch von den großen Plänen. Umgesetzt wurden sie nie. Ein nennenswerter regionaler Handel über den Viktoriasee hinweg hat sich nie entwickelt. Im Übrigen sind es fast nur die schlanken offenen Boote der Fischer, die auf den See hinausfahren.

Aber als Verwaltungszentrum der Nyanza-Provinz bekam die Stadt dann doch eine Bedeutung, die weit über die Kolonialzeit hinausreichte. Schnell wurde sie zum städtischen Zentrum der Luos, die als Fischer und Bauern in der Region leben. Unter ihrem Führer, Ajuma Oginga Odinga, der nach einem legendären Helden den Ehrentitel *Jaramogi* führte, entwickelte sich Kisumu nach der Unabhängigkeit zu einem zweiten Machtzentrum neben Nairobi, zur Hauptstadt der Luo. Ihre ausgeprägte kulturelle ethnische Identität und ihre gute Bildung gaben den

Luos ein stabiles Selbstbewusstsein, um sowohl der Kolonialmacht als auch der sich anbahnenden Kikuyu-Dominanz im
unabhängigen Kenia die Stirn zu bieten. Die Hoffnung der Briten, im unabhängigen Staat mit der Teilung der Macht zwischen
einem Kikuyu-Präsidenten und einem Luo-Premierminister den
sich anbahnenden Konflikt zwischen den beiden ethnischen
Gruppen zu entschärfen, erfüllte sich nicht. Odinga wurde von
Jomo Kenyatta aus der regierenden Partei Kenian African National Union (KANU) gedrängt, gründete eine Oppositionspartei und begann, sich Verbündete im Ausland zu suchen. In der
Zeit des Kalten Krieges fiel das nicht schwer, hatte sich Kenyatta
doch eindeutig westlich orientiert, und so wurde die Provinz
Luo Nyanza zum Schwerpunkt politischer Aktivitäten des Ostblocks in Kenia. Luos bekamen Stipendien zum Studium an der
damals legendären Lumumba-Universität in Moskau, vor allem
Mediziner, und ein von den Sowjets gebautes Krankenhaus, allgemein The Russian Hospital genannt, erinnert ebenfalls noch
an die Zeit der Freundschaft mit den Sowjets.

Obwohl Obinga Odinga viele Jahre aus politischen Gründen
inhaftiert war, mischte er sich immer wieder in die Politik seines
Landes ein. Sobald in den frühen 1990er Jahren die ersten
Parteien zugelassen wurden, agierte er sofort, über 80-jährig,
und wurde Führer der damals wichtigsten Oppositionspartei.
Später lagen die Hoffnungen der Region auf seinem Sohn Raila
Odinga, dessen Popularität manchmal an Heldenverehrung
grenzt. Das überlebensgroße Wahlplakat vor dem Nakumatt
City Supermarkt Center in Kisumu, das Raila im Wahlkampf
2007 in geradezu messianischer Pose zeigte, wurde 2008 allerdings gegen das Bildnis eines anderen charismatischen Führers
ausgetauscht, den man allgemein ebenfalls als Sohn der Luo
ansieht und kaum weniger verehrt als Raila: Barack Obama,
den US-amerikanischen Präsidenten. Dessen Vater wuchs auf
einer Farm, kaum 40 Kilometer von der Stadt entfernt auf,
die heute eine Art politischer Wallfahrtsort ist.

Die Ausgrenzung Odingas durch das Kenyatta-Regime hatte
für Kisumu und die gesamte Region langfristige und äußerst
negative Folgen. Unter Kenyatta gelang nur wenigen Luo-Poli-
tikern der Aufstieg in die Nähe des Machtzentrums, und so
besaß kaum einer von ihnen Einfluss genug, um Gelder für die

Entwicklung ihrer Region zu sichern und die Hauptstadt Kisumu zu fördern. Kenyatta selbst hatte kein Interesse an Nyanza. Einzig Gewerkschaftsführer Tom Mboya gelangte bis in ein Ministeramt, war bald einer der populärsten politischen Führer Kenias und wurde 1969 in Nairobi erschossen. Unter Kenyattas Nachfolger wurde es nicht besser. Einige Luos machten zwar im Moi-Regime Karriere, wie der Außenminister Robert Ouko, aber auch ihn fand man im Februar 1990 ermordet in der Nähe seiner Farm in Nyanza. Nicht nur in Nyanza sind diese beiden politischen Morde unvergessen.

Noch heute sind viele Luos überzeugt, dass die langjährige Unterentwicklung und Verarmung Kisumus und der gesamten Region politische Ursachen hat. Der Zorn auf »die in Nairobi« ist weit verbreitet. An der Landwirtschaft liegt es nicht, dass die Menschen so arm sind, das Land ist grün, der Boden fruchtbar, das Klima günstig und regenreich. Noch in den 1960er Jahren gab es hier Kleinbauern, die erfolgreich Kaffee anbauten, und die Anbauflächen für Reis und Zuckerrohr waren damals größer als heute. Der Niedergang der Landwirtschaft wird oft den ungleichen Standards der staatlichen Verwertungsgesellschaften zugeschrieben, die die Zentralprovinz bevorzugten. Eine Melasse-Fabrik bei Kisumu war jahrzehntelang außer Betrieb und rottete vor sich hin, bevor sie kürzlich renoviert und wieder in Betrieb genommen wurde.

Trotz der dichten Besiedelung verfügen die traditionellen Gehöfte auf dem Land in der Regel über genügend Fläche, um Mais und Gemüse für den täglichen Bedarf anzubauen. Anders als in der Zentralprovinz hatte die Kolonialmacht hier die Besitzverhältnisse kaum angetastet. Hunger ist selten in Luo Nyanza – aber das ist es auch fast schon. Viele Luos führen ein elendes Leben in ihren zwar großen, aber unhygienischen und vernachlässigten traditionellen Rundhütten, ohne auch nur in den Genuss irgendeiner der Segnungen der Zivilisation zu kommen. In einigen Regionen sind Elektrizität und fließendes Wasser noch immer ein Luxus. Für junge Leute gibt es wenig Perspektiven. Jobs sind nicht zu haben, die Infrastruktur ist erbärmlich und verbessert sich nur allmählich. Es gibt zu wenige Ausbildungsmöglichkeiten, um ein Handwerk, eine technische Grundausbildung, Buchführung und andere Bürotätigkeiten zu lernen. Schulen gibt es genügend, aber kaum für die Einheimischen; in der Region hat sich eine Reihe guter und teurer Internate angesiedelt, deren Schüler aus wohlhabenden Familien aller Landesteile kommen. Die Maseno School ist eine regelrechte Eliteschule und gehört zu den besten des Landes. Die Universität in Maseno, vor Jahren ein unbedeutendes College zur Lehrer-Ausbildung, hat sich inzwischen auch außerhalb des Landes einen guten Ruf erworben. Eine Neugründung, die Great Lakes University, ist hauptsächlich naturwissenschaftlich orientiert. Andere kenianische Universitäten haben Campusse in Kisumu gegründet. Kisumu und seine Umgebung ist zu einem Bildungszentrum des Landes geworden.

In der ländlichen Umgebung der Stadt fällt die große Zahl schöner Villen auf, die sich hinter grünen Hecken ducken, dort, wo ansonsten nur kleine Häuser mit Wellblechdach oder gar traditionelle Lehmhäuser stehen. Diese Anwesen sind die Ferien- und Alterssitze avancierter Luos, die als Rechtsanwälte, Ärzte, Professoren oder Geschäftsleute in Nairobi Karriere gemacht und ihre Anhänglichkeit an ihre Herkunftsregion darüber nicht verloren haben. *Home,* die Heimat, ist das Schönste für einen Luo, so will es jedenfalls das Klischee. Hier, zwischen den grünen tropischen Feldern, fühlt man sich nicht fremd, hier kann man seine Muttersprache sprechen, hier trifft man vertraute Menschen und ist Teil sozialer Netzwerke, und hier möchte man einst auch begraben werden. So verbringt ein erfolgreicher Sohn dann vielleicht jedes Jahr Weihnachten bei seiner Familie in Nyanza auf dem Land, und wenn er das Rentenalter erreicht hat, zieht er ganz in die schöne Villa, die er über die Jahre hinweg gebaut hat. Das ist oft ein Segen für die Umgebung, denn der avancierte Sohn möchte sicher nicht ohne Wasser und Strom leben und weiß, wie man diese Dinge bekommt, auch von einer ineffizienten oder widerstrebenden Verwaltung. Er bringt weltläufiges Flair in die rückständige ländliche Region, und die Mitglieder seiner weitgestreuten Großfamilie profitieren alle von den finanziellen Mitteln und den Beziehungen des reichen Vetters. So geht es schon seit Jahrzehnten: In Nyanza ist man arm, Reichtum und Entwicklung kommen von außen.

Einer unserer Nachbarn ist so ein Rückkehrer, ein prominenter Anwalt aus Nairobi mit politischem Ehrgeiz, der seine Heimat in Nyanza zu seiner Basis gemacht hat. Zusammen mit einem bekannten Gynäkologen, der längst in den USA lebt, aber in den Ferien stets nach Hause kommt, einer erfolgreichen Geschäftsfrau mit Geschäftsinteressen in Nairobi, einem Versicherungsmakler, mehreren Universitätsprofessoren und anderen avancierten Akademikern hatte er eine Art Bürgerinitiative gegründet, zu deren Sitzungen wir auch eingeladen wurden. Man traf sich im Wohnzimmer des Anwalts, das mich mit seinen vielen an den Wänden aufgereihten Stühlen, Sesseln und Sofas an den Audienzraum eines ländlichen Patriarchen erinnerte und tatsächlich auch in etwa diese Funktion erfüllte.

Die Sitzung beeindruckte mich sehr. Hier waren Personen am Werk, die es gewohnt waren, schnell, effizient, erfolgreich und ohne Wenn und Aber zu handeln. Damals gab es weder Strom noch fließendes Wasser, aber man hatte bereits einen Plan vorbereitet, um in privater Initiative Leitungen zu verlegen. Alle Anwohner, wir auch, wurden je nach ihrem Vermögen verpflichtet, einen finanziellen Beitrag zu leisten – insgesamt eine nicht gerade kleine Summe, wenn ich mich richtig erinnere. Als das erledigt war, wurde der örtliche *Chief*, also der unterste Verwaltungsbeamte, zur Rechenschaft gezogen. Warum waren die Straßen in so schlechtem Zustand, obwohl es Gelder für die Reparatur gäbe? Warum hatte der Plan, nach dem Freiwillige zur Ausbesserung herangezogen werden sollten, nicht funktioniert? Der *Chief* stotterte verlegen, und schnell wurde beschlossen, die Straßen in Eigeninitiative zu flicken. Weiter erinnere ich mich noch, wie einer der Nachbarn, ein Lehrer, eine Rede hielt, in der er die hohe Kriminalität beklagte. »Es sind unsere eigenen Nichten und Neffen, die uns bestehlen«, rief er, »und warum? Weil sie in bitterer Armut leben müssen! Wir dürfen das nicht länger zulassen!« Nun kam eine Studie auf den Tisch, die den Anbau bestimmter Feldfrüchte für den Verkauf empfahl. Einer der Universitätsprofessoren hatte sie anfertigen lassen. Für das nötige Startkapitel für die Entwicklung der Anbauflächen sollten Gelder bei der Europäischen Union beantragt werden, entsprechende Formulare waren bereits vorbereitet. Ich kam aus dem Staunen nicht mehr heraus.

Anschließend ging es hinaus auf den Hof, wo Ziegenfleisch auf dem Grill brutzelte und Bierflaschen verteilt wurden. Ein traditioneller *Nyatiti*-Sänger hockte in einer Ecke und pries die großen Taten der Männer, einen nach dem anderen. Wer an der Reihe war, trat in den Kreis und begann mit skurrilen Bewegungen zu springen und zu tanzen. Die Frauen sahen zu, spornten sie an und klatschten. Über allem stand orangerot die Abendsonne.

Das war vor 15 Jahren. Inzwischen haben wir Strom und Wasser, die Straßen werden manchmal repariert, die Kriminalität ist zurückgegangen – nur der Anbau von Feldfrüchten hat noch nicht ganz so geklappt.

So gibt es eine ungewöhnliche Sozialstruktur in Luo Nyanza – eine sehr wohlhabende, sehr gebildete und erfolgreiche Oberschicht und eine sehr verarmte, sich mit Subsistenzwirtschaft mühsam ernährende ungebildete Unterschicht – und die Mitglieder beider Schichten sind miteinander verwandt. Soziale Netzwerke spannen sich quer über die Kluft und sorgen dafür, dass trotz Armut und fehlender Entwicklung niemand völlig ins Elend stürzt.

Allerdings gibt es auch viele Bewohner der ländlichen Gebiete in Nyanza, die keinen solchen reichen Vetter haben, der in eine Villa nach Hause zurückkehrt. Viele davon gehen nach Nairobi, um dort bei Tanten und Onkeln einzuziehen, für die die armen Verwandten vom Lande dann eher eine Last denn eine Freude sind, oder sie bleiben gleich in den überfüllten Slums von Kisumu, in der Hoffnung, dass sich doch noch irgendetwas ergibt und ihr Leben zum Besseren wendet. So weist Kisumu inzwischen die höchste Bevölkerungsdichte, aber auch die höchste Armutsrate aller kenianischen Städte auf, 828 Personen pro Quadratkilometer, bei einem jährlichen Bevölkerungswachstum von fast drei Prozent. Die Stadt platzt aus allen Nähten. Sie dehnt sich weit in das umliegende Land aus und zerfranst an den Außenrändern in wildwuchernde Slumgebiete, die einen halb städtischen, halb ländlichen Charakter haben. Hinter den Wellblechhütten wird Mais angebaut, Ziegen und Hühner stolzieren über die Straßen und behindern den Verkehr. Mitten in der Stadt hält man in Verschlägen schwarzbunte Holsteiner-Kühe, sogenannte *Zero-grazer,* die mehr Milch als die einheimischen Kühe geben.

Trotzdem haben die Stadt und ihre Umgebung eine eigene Schönheit bewahrt, und wenn man die Straße von Kakamega zum See hinunterfährt und die weißen Häuser von Kisumu am blauen Wasser der Bucht liegen sieht, kann man fast ins Schwärmen geraten. Die Region hat Potential. Der Blick auf einen Sonnenuntergang über dem See beim abendlichen Drink in einem der Restaurants in Dunga kann es mit jedem Seeblick weltweit aufnehmen.

Aber nicht zu jeder Zeit kann man den Blick genießen. Lange Zeit war überhaupt keine Wasserfläche mehr zu erkennen, sondern man blickte, so weit man sehen kann, auf einen giftgrünen dichten Teppich mit blassvioletten Blüten: die Wasserhyazinthe. Diese Pflanze, die aus Lateinamerika eingeschleppt wurde und in den frühen 1990er Jahren zum ersten Mal in großer Ausdehnung auftrat, findet sich an allen Ufern des Viktoriasees, aber am Winam Gulf bei Kisumu ist es am schlimmsten. In ausgedehnten Teppichen treibt die Hyazinthe auf dem Seewasser, je nach Wind und Strömung. Ende der 1990er Jahre nahm die Plage katastrophale Ausmaße an. Fast 18 000 Hektar der landnahen Wasserfläche waren komplett abgedeckt. Die Motorschrauben der Fischerboote verfingen sich in den Pflanzen und fraßen sich fest, so dass die Fischer nicht mehr ausfahren konnten. Wasserpflanzen und andere Seevegetation starben ab, da kein Sonnenlicht mehr durch die dicke Blätterdecke drang, die wiederum eine ideale Brutstätte für Malaria-Mücken darstellte. Die Wasserhyazinthe verstopfte Bewässerungsrohre für Felder und Versorgungsrohre für Dörfer und Städte. Versuche, die Pflanzenteppiche mit großen Schaufelbaggern vom See zu entfernen, schlugen fehl. Erfolge gab es erst, als Biologen eine bestimmte Käferart im See aussetzten, die sich von der Hyazinthe ernährte und sich bei der reichlichen Nahrung in kürzester Zeit heftig vermehrte. So verschwand die Hyazinthe, kam aber regelmäßig immer wieder. 2005 erklärte die UNESCO den Viktoriasee zum bedrohten See des Jahres. Aber inzwischen scheint, was die wuchernde Hyazinthe angeht, das Schlimmste überwunden; die Bevölkerung hat gelernt, mit der – nun eingedämmten –Wasserpflanze zu leben. Nicht nur die einheimischen Kunsthandwerker flechten aus den flexiblen und haltbaren Stängeln Sessel und Körbe, auch bei uns kann man in Dekorationsgeschäften einschließlich des bekannten Möbelhauses aus Schweden Körbe und Kleinmöbel aus Wasserhyazinthe kaufen.

Oft stammt die allerdings auch aus Asien, wo es ähnliche Probleme gibt. Auch der Nilbarsch, dessen Existenz lange als Inbegriff für die Zerstörung des Ökosystems des Sees galt, stellt inzwischen kaum noch ein Problem dar. Er war in den frühen 1950er Jahren von den Kolonialbehörden im See ausgesetzt worden, weil man sich durch ihn bessere Fischereierträge erhoffte, aber der große Raubfisch verursachte das Aussterben der kleineren Seefische. Die einheimischen Fischer konnten die riesigen Fische mit ihren kleinen Booten nicht fangen, und ihre traditionellen Fangfische, wie der Tilapia, wurden immer weniger. Eine kommerzielle Fischindustrie entstand, die den Nilbarsch in Massen fängt, gleich vor Ort verarbeitet und nach Europa ausfliegt, wo man seitdem den sogenannten Viktoriabarsch kaufen kann. Inzwischen wird der Barsch im See aber schon wieder überfischt, und der Viktoriabarsch auf unseren Märkten kommt häufig schon aus Aquakulturen. Im Viktoriasee nehmen die anderen Fischpopulationen wieder zu. Die drei Anrainerstaaten des Sees, Uganda, Tansania und Kenia, versuchen nun gemeinsam, unterstützt von der Weltbank, das Ökosystem des Sees zu stabilisieren und die lokalen Fischer stärker einzubeziehen. Weder Nilbarsch noch Wasserhyazinthe bilden dabei das Hauptproblem, sagt Professor Dickson Owiti, Biologe und Fischzuchtexperte von der Maseno Universität, viel mehr Sorgen bereitet ihm die allgemeine Verschmutzung und Übersäuerung des Sees, die durch die immer dichtere Besiedlung der Uferregionen entsteht, zu Sauerstoffmangel führt und die Fischbestände generell bedroht. Trotzdem: Kisumu, der See und das grüne hügelige Land sind schön und ressourcenreich. Nyanza könnte wohlhabend sein, denn alle Voraussetzungen für eine gute Entwicklung sind vorhanden. Aber ein ökonomisches und politisches Machtzentrum am See hätte die Kreise der etablierten Politik in Kenia gestört, und die lokalen Politiker selbst haben lange Zeit stärker nach Nairobi, dem Zentrum, geblickt, als in ihre eigene Region. Aber man sieht die Resultate eines stärkeren regionalen Engagements. Zudem kamen, seit Kisumu im Jahr 2000 Millennium-Stadt wurde, auch mehr UNESCO-Mittel in die Region. Durch die neuen Medien wie Handy, Fernsehen und Internet hat auch die abgelegenste Gegend in Nyanza ihre Verbindung zur Welt. Die Stadtverwaltung

Kisumus gibt auf ihrer Website der Hoffnung Ausdruck, dass die Zeit der Unterentwicklung für Kisumu und Umgebung bald vorbei sein wird: »Es ist tröstlich, dass in Kisumu, anders als in anderen großen Städten am Viktoriasee, alle diese negativen Tendenzen umkehrbar sind, und zwar mit relativ geringen Investitionen.« Hoffen wir, dass das wahr ist.

Die Wüsten schreiten voran –
der faszinierende, unwirtliche Norden

Auf dem Weg von Nairobi nach Norden, weit hinter den fruchtbaren Hängen des Mount Kenya, führt die Straße durch den kleinen Ort Isiolo. Man sieht es dem geschäftigen Städtchen mit den kleinen Läden, den Markplätzen und *Matatu*-Stationen nicht unbedingt an, dass es einen Außenposten bildet, eine Art Grenzstadt zwischen zwei verschiedenen Welten. Bis hierher gelangen noch die Touristen, denn nahe bei Isiolo liegen zwei kleine, aber berühmte Naturparks Kenias: das Shaaba und das Buffalo Springs Reservat. Von der anderen Seite, von Norden her, kommen die Nomaden auf ihren Streifzügen bis Isiolo, aber nicht weiter.

Schon im kolonialen Kenia galt die kleine Stadt als letzter Außenposten der »Zivilisation«. Hier begann der Northern Frontier District, eine weite, leere Landschaft, die fast zwei Drittel der Gesamtfläche der Kolonie umfasste. Das Colonial Office hatte den gesamten Distrikt zum Sperrgebiet erklärt. Keine Siedler waren hier zugelassen, für ausländische Besucher blieb die Region generell geschlossen. Sie sollte eine Pufferzone bilden gegen die »wilden Stämme« des Horns von Afrika. Ein paar verstreute Garnisonen und Forts, hin und wieder ein isoliertes Verwaltungszentrum, das war alles. Ein weiteres Interesse hatte die Kolonialmacht nicht an dem menschenleeren, trockenen, heißen Land: Allenfalls nutzte sie die Region als eine Art Sibirien in Afrika, als einen Verbannungsort, und schickte Jomo Kenyatta, als er noch als Aufrührer galt, für mehrere Jahre nach Lodwar, einem verlorenen Nest weit im Norden, an der Straße zum Südsudan. Selbst Missionare bekamen erst nach der Unabhängigkeit die Erlaubnis, in diesem riesigen Gebiet, das die nördlichen Gebiete der drei großen ehemaligen Provinzen Rift Valley, Ostprovinz und Nordostprovinz umfasst, ihre Missionsstationen aufzubauen. Italienische Mönche und Nonnen des Consolata-Ordens waren lange Zeit die einzigen Weißen, die sich ständig in der Gegend aufhielten und dort Entwicklungsarbeit betrieben. Viel geändert hat sich seitdem nicht. Die Politiker im Machtzentrum Nairobi haben immer noch wenig Interesse am Norden, wo nichts passiert und wo nichts zu holen ist.

Allerdings führen mehrere internationale Verbindungswege durch das menschenleere Gebiet, die Kenia auf dem Landweg mit dem Südsudan und mit Äthiopien verbinden. Diese Straßen, bisher über weite Strecken bloße Sandpisten, werden zurzeit mit chinesischer Hilfe ausgebaut. Vielleicht wird das dazu beitragen, die Region zu öffnen und ihr den Charakter einer Grenzregion am Rande der Wildnis zu nehmen. Vielleicht werden dann auch die Folgen der kriegerischen Konflikte der Nachbarländer – Südsudan, Norduganda, Somalia und Äthiopien – die Region weniger dominieren, als das heute der Fall ist.

Die Straße von Isiolo in nördlicher Richtung nach Marsabit führt theoretisch weiter bis zum Grenzort Moyale und über die äthiopische Grenze hinweg bis nach Addis Abeba. Man sieht es dem bisher über weite Strecken unbefestigten und selbst mit Geländewagen schwierig zu befahrenden Weg nicht an, dass er ein Teil des Panafrican Highway ist, der auf dem Landwege Kap und Kairo verbindet. Früher war die Straße berüchtigt wegen der Wilderer, die hier ihre Beute durch menschenleere Gebiete über die Grenze nach Äthiopien schmuggelten. Der Norden war besonders reich an Wild, vor allem an Elefanten, die aber wegen der Wilderer heute fast ausgerottet sind. Die Eindämmung des Elfenbein-Schmuggels im großen Stil durch den Kenya Wildlife Service unter Richard Leakey und der Krieg in Äthiopien setzten dem Wildern ein Ende, und gegenwärtig beginnt die Wildpopulation sich wieder zu erholen.

Die westliche Route von Kitale in Westkenia ist bis zur sudanesischen Grenze bereits befestigt und wird regelmäßig von Lastwagen genutzt. Hier befindet sich seit den frühen 1990er Jahren eines der größten Flüchtlingslager Kenias: Kakuma. Über 90 000 Menschen vegetieren hier, Strandgut der Kriege und Konflikte der gesamten Region: Sudanesen, Somalier, Äthiopier, Burundier, Kongolesen, Eritreer und Ugander. Fast alle Bewohner dieses Camps haben eine lange grausame Fluchtgeschichte hinter sich, sie sind traumatisiert und vollständig abhängig von internationaler Hungerhilfe. Auch die Lost Boys of Sudan lebten hier, sudanesische Jungen, die sich, ganz auf sich selbst gestellt, nach der Zerstörung ihrer Dörfer bis in das kenianische Lager durchschlugen. Fast 4000 von ihnen wurden in den USA aufgenommen und erhielten dort eine erhebliche Medienaufmerksamkeit. Mehrere Filme, Biografien und Romane zeichnen ihre schier unglaublichen Fluchtgeschichten nach.

Die östliche Route durch Nordkenia, von Isiolo nach Wajir und weiter zur somalischen Grenze, kann phasenweise nur im Konvoi und mit Geleitschutz befahren werden; zu viele bewaffnete Banden treiben sich in der Region herum. Es ist ein Erbe der Kolonialzeit, dass dieser Streifen Land, in dem Somalis leben, zum kenianischen Staatsgebiet und nicht zu Somalia gehört. Nach der Unabhängigkeit machten von hier aus die sogenannten *Shifta*-Kriege, halb Sezessionskämpfe, halb Raubzüge, die gesamte Region bis hinunter nach Maralal und Isiolo unsicher. Jahrzehntelang herrschte offener Krieg. Auch nachdem es Ende der 1960er Jahre Polizei und Militär gelungen war, die Kämpfe einzudämmen, setzten die Banden ihren Kampf fort, auch untereinander und um des bloßen Überlebens willen. Heute gilt die Region wieder als extrem gefährlich. Regelmäßig kommen Al-Shabaab-Gruppen über die Grenze und terrorisieren die Bevölkerung, kenianisches Militär schlägt zurück und verschont ebenfalls nicht die lokalen Bewohner.

Seit dem Zusammenbruch Somalias zu Beginn der 1990er Jahre entstanden hier auf der kenianischen Seite ebenfalls riesige Flüchtlingslager. Das bekannteste ist Dadaab, kaum mehr als 100 Kilometer von der somalischen Grenze gelegen. Dort sind mehr als 350 000 Flüchtlinge, die meisten davon aus Somalia, in Zelten oder rasch hochgezogenen Hütten untergebracht, ohne dass sich irgendeine Perspektive für sie abzeichnet. Trotz Präsenz der Vereinten Nationen, internationaler Hilfsorganisationen und der kenianischen Polizei, verläuft das Leben im Camp nach eigenen Regeln und mit eigenen Machtstrukturen. 97 Prozent der Bewohner stammen aus Somalia, und es scheint, als hätten die somalischen islamistischen Al-Shabab-Milizen das Heft fest in der Hand. Dadaab ist eine komplette Großstadt in diesem Niemandsland, vollständig abhängig von den internationalen Organisationen der Hungerhilfe, eine moderne Megastadt der Verlorenen.

Es ist Kenias wilder Norden, der nördlich von Isiolo beginnt und in den die Straße nach Marsabit, die A 2, führt: Ein Land von großartiger Schönheit, aber einsam, lebensfeindlich und gefährlich. Je nördlicher man gelangt, umso trockener wird es. Das fruchtbare Land weicht einer hügeligen Dornbusch-Savanne mit gelegentlichem Baumbestand an den Flussläufen und hohen Bergen in der Ferne. Es gibt weite Ausblicke von großartiger, überwältigender landschaftlicher Schönheit, aber der Boden wird im Nordwesten immer karger, bald sieht man nur noch vereinzelte Schirmakazien, dann nur noch hartes Gras mit Inseln von gelbem Sand, und schließlich Wüste. Die *Chalbi*, der Grund eines ausgetrockneten Sees, glüht und flirrt vor Hitze. Sie geht über in eine erkaltete Lavalandschaft mit grotesken vulkanischen Steinformationen ohne jede Vegetation. Hier ist eine der heißesten Regionen der Erde, eine lebensfeindliche Mondlandschaft. Ständig weht ein starker heißer Wind, der einen Aufenthalt im Freien unerträglich zu machen scheint.

Die Reise im offenen Truck in den Nordwesten war eine der schönsten, aber auch anstrengendsten, die ich in Kenia gemacht habe, und zu ihren größten Momenten gehörte der Anblick, den die allmählich abfallende Piste urplötzlich auf ein Tal freigab, in dem unerwartet mitten in der Vulkanwüste eine riesige türkisgrüne Wasserfläche glitzerte: Lake Turkana, der Jadesee, der von seinem österreichischen »Entdecker« Graf Sámuel Teleki von Szék nach dem Kronprinzen Rudolfsee genannt wurde. Er ist der letzte Wüstensee der Welt. Man sollte sich von der beeindruckenden Größe der Wasserfläche (etwa 6400 km²) nicht täuschen lassen: Der See trocknet unaufhaltsam aus. Teilweise ist das ein geologischer Prozess, der bereits seit Jahrtausenden anhält. In geologisch früheren Perioden hatte es noch eine natürliche Verbindung des Sees zum Nil gegeben, was die Existenz des Nilbarschs und der unzähligen Nilkrokodile erklärt, die den See bevölkern. Aber die Dürreperioden der letzten Jahrzehnte und einige größere Bewässerungsprojekte in Äthiopien haben die Wasserzufuhr zum See zusätzlich gefährlich verknappt. Es ist zu befürchten, dass in wenigen Jahrzehnten von der großen Wasserfläche nur noch ein Bruchteil übrig sein wird. Der weiter nördlich, jenseits der kenianischen Grenze gelegene Lake Stefanie ist bereits praktisch trocken.

An Versuchen, den Fischreichtum des Turkanasees nutzbar zu machen, fehlte es in der Vergangenheit nicht. In den 1980er Jahren wurde mit norwegischer Unterstützung ein Fischereiprojekt ins Leben gerufen. Die in der Region lebenden Turkana, nomadische Fischer und Viehzüchter, wurden am See angesiedelt und mit modernen Fischerbooten ausgestattet, um Nilbarsche zu fangen, die dann nach Nairobi transportiert werden sollten. Aber das Fischereiprojekt hielt nie, was es versprach. Es führte nur noch zu einer fast völligen Abholzung der wenigen Bäume, die in der Umgebung des Sees wuchsen. Heute betreiben hier nur noch einige Luos vom Viktoriasee Fischfang, und so enden heute paradoxerweise viele der gefangenen Nilbarsche vom Turkanasee in Kisumu, wo die Nachfrage nach Fisch niemals nachlässt. Eine Lodge mit kleinem Flughafen gibt es auch, sie sollte Touristen und Hobbyfischer anlocken. Aber das Klima ist wohl zu extrem, die Bedingungen sind zu hart für einen angenehmen Urlaub. Und so war dieser Versuch ebenfalls nicht besonders erfolgreich. Wo die Gegend am unwirtlichsten ist, am Ostufer des Turkanasees, liegt die paläontologische Fundstelle Koobi Fora, wo in den 1960er Jahren Richard Leakey Spuren früher Hominiden fand. Fischer und Paläontologen scheinen die einzigen Menschen zu sein, die sich freiwillig in diese Einöde begeben.

Aber das stimmt nicht. Schattenhaft tauchen immer wieder in dieser kochenden Halbwüste Nomaden auf. Man fragt sich, wie sie hier, in dieser Einöde, überleben können? Mehr als eine Million Menschen können es nicht sein, die mit ihren Ziegen, Schafen und Kamelen, seltener Rindern, und mit Eseln, die ihre wenige Habe schleppen, durch das menschenfeindliche riesige Gebiet des ehemaligen Northern Frontier District ziehen, das zwei Drittel des kenianischen Staatsgebiets ausmacht. Wie viele es genau sind, weiß niemand. Zwischen Weidegründen und Wasserstellen legen die Nomaden oft 30 bis 50 Kilometer am Tag zurück. Die Namen der Ethnien, die hier zu Hause sind, die Samburu, Turkana, Rendille, Boran, Pokot, Galla, Somalis usw. findet man in der Bevölkerungsstatistik Kenias nur unter »ferner liefen«, und in der politischen Arithmetik der Hauptstadt spielen sie, vielleicht mit Ausnahme der Somalis, praktisch keine Rolle.

Die ständige Suche nach Nahrung, Feuerholz und Wasser für die Tiere und für sich selbst beansprucht alle Kräfte einer Nomadenfamilie. Ihre Tiere geben ihnen Milch und Blut als Nahrung und Dung als Brennstoff. Gelegentlich können Nüsse oder Beeren gesammelt werden. Mais, Salz, Zucker und Tabak tauschen sie gegen Tierprodukte. Nur unmittelbar wenn Regen fällt, kann gelegentlich auch etwas angebaut werden, wie Kürbisse oder Sorghum. Aber Regen fällt schon lange nicht mehr. Seit den frühen 1960er Jahren werden hier Jahr für Jahr geringere Niederschläge registriert, und gleichzeitig steigen die Temperaturen.

Nach der Unabhängigkeit hat man versucht, das Los dieser Nomaden zu verbessern. Brunnen wurden gebohrt und Wasserstellen angelegt. Heute ist klar, dass sich dadurch zwar der Bewegungsradius einer Nomadenfamilie auf etwa 20 Kilometer verkleinert hat. Die Anstrengung, weite Wege auf sich zu nehmen, ist geringer geworden. Aber viel zu häufig kehrt das Vieh nun an die gleichen Weideplätze zurück, und das empfindliche Ökosystem kann sich nicht mehr regenerieren. Die Folgen sind Überweidung und Bodenerosion, und den Menschen geht es letztlich eher schlechter als besser. Dazu müssen sich die Nomaden auch noch ständiger Überfälle von Viehräubern erwehren.

Viehdiebstahl hat unter Nomaden zwar Tradition, aber früher stahlen junge Männer Vieh, um ihren Mut zu zeigen und sich als Krieger auszuweisen. Heute geht es ums nackte Überleben. Viehraub ist in der gesamten Region eine ständig drohende Gefahr, und nicht selten fallen die Angreifer auch von jenseits der Grenzen ein, um sich dann rasch wieder zurückzuziehen und uneinholbar für ihre Verfolger zu sein, wollen diese nicht einen Grenzkonflikt riskieren. In Dürreperioden können Überfälle geradezu riesige Dimensionen annehmen. So überfielen im September 2009 etwa 400 Pokot eine kleine Siedlung im Samburu Distrikt und töteten 32 Menschen, darunter drei Frauen und acht Kinder. 26 Stück Vieh blieben ebenfalls tot auf der Strecke, der Rest verschwand mit den Räubern.

Manchmal ist es mehr als bloßer Raub aus Mangel. Immer wieder gibt es Berichte, nach denen die Viehdiebe nicht aus eigenem Antrieb handeln, sondern einen Auftrag aus Nairobi bekommen haben. So endet das erbeutete Vieh angeblich nicht in den Herden der Viehdiebe, sondern in den Schlachthöfen der

Hauptstadt oder im Hafen von Mombasa zum Export in die Arabischen Emirate. Getan wird dagegen wenig. Mitunter wird wie 2005 die Armee geschickt, um aufzuräumen, aber um die wirklichen Ursachen kümmert sich kaum jemand. Man versucht, die Konflikte zu entschärfen, indem man unter den Nomaden nach illegalen Schusswaffen fahndet. Denn davon gibt es mehr als genug, vor allem, seit Somalia zu einem der größten unkontrollierten Waffenmärkte weltweit geworden ist. Die Grenze ist durchlässig, und die Nomaden des Nordens, die Turkana, Rendille, Boran und Pokot sind alle bewaffnet. Ein Gewehr ist billiger als ein Stück Vieh. Doch jetzt fühlen sich die kenianischen Nomaden von der Zentralregierung in Nairobi verraten, denn wie sollen sie sich ohne Schusswaffen gegen die gewalttätigen Banden aus Äthiopien, dem Südsudan und Somalia wehren? Die Polizei ist weit weg, und die Armee riskiert ungern Grenzkonflikte wegen des Viehs einiger Nomaden.

Dürre und Hungersnot sind in Kenias Norden endemisch. Die Versorgungslager, in denen internationale Organisationen der Hungerhilfe Nahrungsmittel austeilen, sind längst ständige Einrichtungen geworden, auch wenn das anders geplant war. Seit den 1970er Jahren haben sich mehr als ein Viertel der Nomaden des Nordens im Umfeld solcher *famine relief camps* niedergelassen und sind auf den Status von Bettlern herabgesunken. Diese Menschen haben keine Lebensgrundlage mehr, und die alten Zeiten, in denen sie als Viehzüchter würdig ihren Lebensunterhalt bestreiten konnten, werden nie mehr zurückkehren. Aber eine neue Lebensgrundlage ist noch nicht gefunden. Das Leben dieser Menschen scheint sinnlos geworden, sie fühlen sich überflüssig – die grausame Tragik vieler Nomaden heute weltweit.

Oft, auch in Kenia, wurde versucht, Nomaden sesshaft zu machen und ihnen die Grundlagen des Ackerbaus nahezubringen, damit sie sich besser ernähren könnten und Schulen, Krankenstationen etc. zur Verfügung hätten. Aber die Nomaden folgen dem nur zögerlich, und wenn, dann zerstören sie in den empfindlichen Trockengebieten, in denen sie leben, ihre eigene Lebensgrundlage durch Überweidung und das Sammeln von Feuerholz. Erst in neuester Zeit weiß man das umfassende Wissen von Nomaden um Überlebenstechniken in einer lebensfeindlichen Umwelt zu schätzen. Als *Guardians of the Soil* tragen sie zur Erhaltung des Gleichgewichts empfindlicher Ökosysteme bei. Aber es steht zu befürchten, dass diese Erkenntnis für die Stämme Nordkenias zu spät kommt. Sie können nicht mehr so leben, wie sie das seit Jahrhunderten getan haben. In einer Umwelt, die immer trockener, heißer und lebensfeindlicher wird, wäre das ihr sicherer Tod. Aber was wird aus diesen riesigen Landstrichen werden, wenn hier eines Tages niemand mehr lebt?

Heute erklärt die Regierung, sie bemühe sich, die Desertifikation im Norden zu bekämpfen, die Lebensweise der Nomaden zu fördern und die lokalen Gemeinschaften in ihre Entwicklungsprojekte einzubeziehen. Ein eigenes Ministerium für die Entwicklung der Nordregion wurde schon vor Jahrzehnten eingerichtet. Aber Erfolge lassen auf sich warten.

Doch das absolute Desinteresse am Norden ist Vergangenheit. Unter dem heißen Wüstenboden im Gebiet der Turkana hat man 2013 eine riesige Wasserblase entdeckt. Das Reservoir soll so groß sein, dass es den Wasserbedarf von ganz Kenia für 70 Jahre decken könnte. Und schon seit den 1970er Jahren werden im Grenzgebiet zwischen Kenia und dem Südsudan Ölvorkommen vermutet. Inzwischen hat sich der Verdacht konkretisiert. Seit die Chinesen sich für die Förderung dieses Öls interessieren und auch konkret in die Infrastruktur investieren, ist Nordkenia plötzlich attraktiv. Hier wird die geplante Pipeline beginnen, die dann im neuen Tiefwasserhafen bei Lamu enden soll. Die kenianische Regierung hofft sowohl auf einen Anteil an dem geförderten Öl als auch auf gute Gewinne durch Öltransporte durch ihr Gebiet zu den Häfen des Indischen Ozeans. Ob das aber die Situation der kenianischen Nomaden bessert, ist eine andere Frage.

Kenias Gesellschaft

Der sogenannte Tribalismus

In dem Roman *Abschied von der Nacht* des Schriftstellers Ngugi wa Thiong'o gibt es eine Szene, in der der Farmer Mr. Howland und sein Vorarbeiter Ngotho über die Felder gehen. Sie sprechen zwar miteinander, aber jeder hängt seinen eigenen Gedanken nach. »Sie gingen von Feld zu Feld, ein weißer Mann und ein schwarzer Mann. Ab und zu hielten sie an, betrachteten hier prüfend eine üppig grüne Teepflanze oder rissen da ein Unkraut aus. Beide Männer bewunderten diese Farm. Denn Ngotho fühlte sich verantwortlich für alles, was auf diesem Land geschah. Das schuldete er den Toten, den Lebendigen und den noch nicht Geborenen seines Clans, dass er sich um diese Farm kümmerte. Es war ihr Land. Mr. Howland dagegen hatte immer ein gewisses Gefühl des Triumphes, wenn er durch all dieses Land ging. Er allein war verantwortlich dafür, diese unbewohnte Wildnis gezähmt zu haben.«

Einige Seiten zuvor wird geschildert, wie Ngotho seinen Kindern erzählt, dass Ngai (Gott) das fruchtbare Land zusammen mit allem umliegenden Land ihren ersten Ahnen Gikuyu und Mumbi vermacht habe, bevor der weiße Mann kam und es raubte. Wenige Seiten später ist von einem schwarzen Moses namens Jomo die Rede, der aus England zurückkommen wird, um den Nachkommen Mumbis und Gikuyus das Land aus der Hand der Weißen zurückzugeben.

Ngotho und seine Kinder sind Kikuyu, und ihr schwarzer Moses, Jomo Kenyatta, kam tatsächlich und gab dem Volk das gelobte Land zurück. »Unser größter Schatz«, sagte Kenyatta, »ist unser Land. Das ist das Erbe, das wir von unseren Ahnen erhalten haben. Im Land liegen unser Überleben und unsere heilige Verpflichtung. In diesem Wissen haben wir für die Freiheit unseres Landes gekämpft.«

Die biblische Metaphorik, vermischt mit Schöpfungslegenden der Kikuyu, das Land, das von den Ahnen den Heutigen vermacht und ihnen von bösen Eindringlingen genommen wurde, der schwarze Moses, der sein Volk in die Freiheit führt – zweifellos handelt es sich hier um einen Mythos. Es ist der Gründungsmythos des modernen Staates Kenia. Dieser Mythos Kenias hat jedoch eine entscheidende Schwäche: Das Territorium der jungen Nation nach der Unabhängigkeit war um ein Vielfaches größer als das Gebiet um den Heiligen Berg Kirinyaga (Mount Kenya), wo Gott der Legende nach Gikuyu und Mumbi Land als ewige Verpflichtung gab. Die Menschen, die nun aus der Kolonie entlassen wurden, waren nicht nur Kikuyu, sondern gehörten auch vielen anderen Völkern an. Sollten nun auch diese anderen zu den »Auserwählten« zählen? War auch *ihr* Land eine »heilige Verpflichtung«? »Wir trinken die Milch, die die Kuh am Morgen gibt«, soll Kenyatta zu den anderen einmal gesagt haben. »Für Euch bleibt die Milch des Nachmittags«.

Bald nach der Unabhängigkeit wurden von der Regierung Kenyatta große Um- und Ansiedlungsprogramme vor allem in den weiten fruchtbaren Ebenen des Rift-Valley, aber auch an der Küste initiiert. Es waren fast ausschließlich Kikuyu, die davon profitierten. Die großen ertragreichen Farmen der abziehenden kolonialen Siedler kamen jedoch auch den einfachen Kikuyu nicht zugute. Eine grundlegende Landreform fand nicht statt, auch die kleinen Kikuyu-Siedler blieben arm. Die Filetstücke wurden an Günstlinge des schwarzen Moses Kenyatta verteilt. Und vor allem: Das Land der fruchtbaren Ebenen des Rift Valley, mit dem Kikuyu-Kleinbauern für den Verlust ihres Farmlands im Hochland entschädigt wurden, war nicht »herrenlos«. Bevor die Weißen es sich aneigneten, lebten hier verschiedene Kalenjin sprechende Völker. Doch die erhielten das Land nicht zurück. So wurde, um eine Ungerechtigkeit gut zu machen, eine andere begangen.

Die Menschen, die sich ethnisch und sprachlich zu den Kikuyu zählen, machen etwa ein Fünftel der gesamten Bevölkerung Kenias aus, dazu kommen die sich mit ihnen eng verwandt fühlenden Meru und Embu. Jomo Kenyatta, der erste Präsident des jungen Staates, bezeichnete Kenia, das er wie Groß-Kikuyuland regierte, als »das Haus von Mumbi« – das Haus der ersten

Ahnin der Kikuyu. Würden die Kikuyu, wie ethnische Mehrheiten in manchen anderen Staaten, 80 oder gar 90 Prozent der Bevölkerung ausmachen, hätte eine solche Strategie wahrscheinlich sogar funktioniert, die übrigen Gruppen hätten sich als »ethnische Minderheiten« ein- und unterordnen müssen. Aber so ist es nicht in Kenia. Mit nur 20 Prozent der Bevölkerung bilden die Kikuyu keine Mehrheit im Land, und auch deshalb ließen es sich die anderen Völker von Anfang an nicht gefallen, einfach als Kenianer zweiter Klasse behandelt zu werden. Vor allem die Luos vom Viktoriasee, die etwa 15 Prozent der Bevölkerung ausmachen, wehrten sich. Um ein konkurrierendes Machtzentrum zu verhindern, soll Präsident Kenyatta sich nicht gescheut haben, bewaffnete Kikuyu-Milizen auszubilden. Denn eines war von Anfang an klar: Ethnizität würde in dem jungen Staat eine bestimmende Rolle spielen.

Nach dem Tod des Präsidenten wurden dann die Kalenjin sprechenden Bewohner des Rift Valley, die sich durch die Siedlungspolitik Kenyattas am meisten geschädigt fühlten, fordernder. Der Nachfolger Kenyattas, Daniel arap Moi, gehört den Tugen, einem unbedeutenden kleinen Kalenjin-Hirtenvolk, an, und war gerade deswegen von Kenyatta aufgebaut worden. Seine Hoffnung war, dass Moi der Kikuyu-Vorherrschaft wenig gefährlich werden würde. Aber gerade Moi trieb die ethnische Begründung seiner Macht auf eine gefährliche Spitze. Unter seiner Herrschaft fanden sich die Hirtenvölker des Rift Valley zusammen und bildeten als Kalenjin ein gemeinsames Selbstbewusstsein aus – heute gelten sie mit ca. elf Prozent der Bevölkerung als der viertgrößte »Stamm« Kenias. Den übrigen Kenianern verging bald das Lachen über die »rückständigen« und »ungebildeten«, milchtrinkenden und *Rungu* (Knüppel) schwingenden plumpen Hirten aus der Steppe, saß doch auf dem Höhepunkt der Diktatur Mois auf jedem wichtigen Posten in Kenia ein Kalenjin. Man kam an ihnen einfach nicht mehr vorbei. Wenn man heute durch das Rift Valley fährt, schnurrt der Wagen auf beeindruckend gut ausgebauten Straßen dahin, durch saubere wohlhabende Dörfer und Städte mit Schulen und Krankenhäusern.

Zwar gelang es Moi eine Zeitlang, sowohl die Kikuyu- als auch die Luo-Führer in Schach zu halten, aber je mehr er sich in seiner Position bedroht fühlte, um so mehr begann er, das Rift Valley als ein Rückzugsgebiet für sich und seine Leute zu sehen. Es soll Pläne gegeben haben, für den Fall eines Sturzes seiner Regierung, das Rift Valley zu einer Art unabhängigem Kalenjin-Homeland auszubauen. Ganz gewiss aber wurden heimlich bewaffnete Kalenjin-Milizen aufgebaut. Vorläufer der Sabaot Land Defence Force beispielsweise, die in den blutigen Unruhen nach den Wahlen 2007 Furcht und Schrecken vor allem unter den Kikuyu im Rift Valley verbreitete, bestehen bereits seit den frühen 1990er Jahren, und seitdem gab es regelmäßig blutige ethnische Säuberungen im Rift Valley, die von der Weltöffentlichkeit nur wenig beachtet wurden.

Seit der Unabhängigkeit des Staates Kenia wurden nicht nur ethnische Konflikte geschürt, sondern die Führer der Gruppen bewaffneten ihre Anhänger auch und zeigten so, dass sie blutige Auseinandersetzungen und sogar einen Bürgerkrieg in Kauf nehmen würden, um für sich selbst und ihre »Stammesgenossen« komfortable Positionen zu sichern. Bald war Macht in Nairobi nur für denjenigen zu erreichen, der über eine schlagkräftige und loyale Hausmacht in seiner eigenen ethnischen Gruppe verfügte.

Das betrifft längst nicht nur die Kikuyu und Kalenjin. Auch alle anderen müssen das Spiel mitspielen, wenn sie etwas vom Kuchen abhaben wollen. Und in dem unterentwickelten Land bildet der Staat mit seinen Pfründen noch immer die wichtigste Ressource, die den Ehrgeiz macht- und geldhungriger Individuen anstachelt. Die Führer der Luo, der Kamba, der Luhya, der Kisii und all der anderen Gruppen, die nicht direkt vom Landkonflikt zwischen den Kalenjin und den Kikuyu betroffen sind, bauen skrupellos ebenfalls ihre ethnische Hausmacht aus und rangeln um die besten Stücke des Kuchens Staat. »It's our time to eat« – »Nun wollen wir an die Fleischtöpfe«, so heißt das in Kenia.

Das Gefährliche an einem »tribalen« oder »klientelorientierten« politischen System ist seine eingebaute destruktive Tendenz. Je länger es besteht, umso unwahrscheinlicher werden eine friedliche Entwicklung und ein gesellschaftlicher Zusammenhalt. Jeder ist ja nur an seiner eigenen Gruppe interessiert und konkurriert mit den anderen um die knappen Ressourcen. So führt es langfristig zur Zerstörung und zu Desintegration eines Staates und einer Gesellschaft, die doch gerade zusammenwachsen sollen. Ist dieser Punkt in Kenia jetzt erreicht? Nach den Wahlen 2007 sahen das viele Beobachter so, und seitdem ist die Entwicklung nicht sehr hoffnungsvoll verlaufen.

Aber glücklicherweise steht ein großer Teil der Bevölkerung längst nicht mehr fraglos loyal hinter ihren Stammesführern. Schon lange sind es ja nur die *big men,* die den Kuchen unter sich aufteilen, viel zu lange schon sind die einfachen Kenianer, die *ordinary wanainchi,* immer wieder leer ausgegangen. Aber noch geben viele Kenianer bei den Wahlen ihre Stimme nach ethnischen Gesichtspunkten ab. Die »Stammes«-Führer gehen wechselnde Allianzen ein und verkaufen diese dann an ihre Wähler als die perfekte Lösung für ein besseres Kenia – mal »die« Kikuyu mit »den« Kambas, mal »die« Luos mit »den« Kalenjin. Nach den Wahlen fallen dann solche Allianzen regelmäßig auseinander, und die Karten werden neu gemischt. Zurzeit haben sich gerade »die« Kikuyu mit »den« Kalenjin arrangiert – eine besonders absurde Konstellation. Man fragt sich, wie lange sich die Wähler von solchen fragwürdigen Allianzen noch täuschen lassen.

Leider hat sich der schädliche Virus ethnischer Vorurteile inzwischen tief in die Gesellschaft eingefressen. Es gibt eine latente Aggressivität zwischen den Ethnien, die jederzeit in offene Ablehnung umschlagen kann. Ethnische Stereotypen und Witze sind in Kenia Legion, und leider bleibt es nicht bei einer Art mehr oder weniger harmloser Ostfriesenwitze über geldgierige Kikuyu und nach Fisch stinkende Luos, Luhyas, die ländliche Tölpel sind, bunt und geschmacklos gekleidete Kambas und dumme ungebildete Kalenjin. In Comedies und Fernsehshows, sogar in der Werbung, bilden die unterschiedlichen Akzente der verschiedenen ethnischen Gruppen eine nie versiegende Quelle von Heiterkeit. Aber es gibt auch bösartigere Klischees und gegenseitige Beschuldigungen, die die Atmosphäre vergiften und zu Diskriminierung und Hass führen. Die giftige Saat ist aufgegangen, gesät durch den schiefen Beginn der Staatsgründung, den Egoismus und die mangelnde Weitsicht der politischen Führer sowie den Kampf um knappe Ressourcen. Dass sich die wachsenden Massen verzweifelter Slumbewohner leicht von jedem verführen lassen, der ihnen ein besseres Leben verspricht, macht die Situation nicht besser.

Der 2002 neu gewählte und 2007 nicht ganz korrekt in seinem Amt bestätigte Präsident, Mwai Kibaki, war wieder ein Kikuyu, und der Sieger der Wahlen von 2013, Uhuru Kenyatta, sogar der Sohn des Staatsgründers, der Kenia als einen Kikuyu-Staat entworfen hatte. Für viele alte Kikuyu-Kämpen ein Anlass, sich zurück an den Fleischtöpfen zu fühlen. Die britische Journalistin Michela Wrong, eine profunde Kenia-Kennerin, berichtet geradezu entsetzt von ihrem Besuch in einem Golfclub in Nyeri am Mount Kenya im Jahr 2008, wo ältere Herren Golf spielten, in deren Bewusstsein das eigentliche Kenia an der Grenze zum Rift Valley aufhört. Diese stehen der sogenannten Mount Kenya Mafia nahe, von der gesagt wird, dass sie die staatliche Politik im Sinne der Kikuyu – und im Sinne ihrer eigenen Geldbeutel – aus dem Hintergrund steuere. Auch von Präsident Kibaki war ja bekannt, dass er gern in Nyeri Golf spielte. »Unser Problem ist nur, dass wir nicht genug sind, um zu dominieren«, hörte Michela Wrong und schrieb es später in der *Washington Post,* »aber wir sind den andern weit voraus. Wir arbeiten einfach härter.« So selbstbewusst das klingt, es ist doch nur ein Echo alter, arroganter kolonialer Urteile wie diesem: »Die Kikuyu sind der intelligenteste der afrikanischen Stämme«, schrieb der britische Hauptmann Richard Henry Meinertzhagen, »deshalb werden sie unter europäischer Führung die größten Fortschritte machen, aber auch am empfänglichsten für subversive Tätigkeiten sein.« Leider sind in Kenia auch heute noch einige alte Männer an der Macht, die diesen *colonial mindset* nicht überwunden haben, während es jedem Beobachter von außen eigentlich klar ist, dass auch den alten Kikuyu-Haudegen auf Dauer nichts anderes übrig bleibt, als sich mit den anderen zu arrangieren und ihr »Haus von Mumbi« einzubringen in ein größeres gemeinsames Dorf.

Stadt und Land

Wie überall in Afrika lebt auch in Kenia noch die Mehrzahl der Menschen in ländlichen Regionen. Aber diese Mehrheit ist schmal und wird täglich geringer. Bereits jetzt wohnen fast zwei von fünf Kenianern in Städten oder in deren Umgebung. Nur in der Zentralprovinz und im Rift Valley findet man noch intakte bäuerliche Regionen mit Feldern und Dörfern.

Anderswo können die Menschen sich zwar mit der Feldarbeit ernähren, aber für alle anderen Bedürfnisse als die tägliche Mahlzeit brauchen sie eigentlich ein zusätzliches Einkommen. In einer fernen, vorkolonialen Vergangenheit mag es ja einmal möglich gewesen sein, mit Tauschgeschäften von den kleinen Feldern und dem bisschen Kleinvieh, das man besaß, zu leben. Aber heute sind viele Ausgaben hinzugekommen, ohne die man auch bei einfachster Lebensweise nicht mehr zurechtkommt. Da sind die Schuluniformen, Hefte und Stifte für die Kinder, eventuell auch Schulgebühren oder Solidarbeiträge für die *Harambee*-Schule, Kosten für Strom und Wasser, für Transport, Kleidung und Schuhe, Tee, Zucker, Seife, Öl, Kerosin für den Kocher und für die Lampe, falls man keine Elektrizität hat. Nur noch wenige Kenianer leben in traditionellen grasgedeckten Rundhütten. Solche Hütten werden als Zeichen von Armut und Rückständigkeit gesehen, und man bemüht sich, sie durch rechteckige Betonsteingebäude mit Wellblechdach zu ersetzen. Der traditionelle Aufbau des gesamten Hofes bleibt dabei oft noch erhalten, und auch der traditionelle Getreidespeicher fehlt nicht. Da in vielen Regionen keine vermarktbaren Feldfrüchte angebaut werden, sondern der Ackerbau nur dem Eigenbedarf dient, gibt es auch kaum Förderung und Weiterbildung für Subsistenzfarmer, keine Vermarktungs-Kooperativen oder andere Institutionen, die den kleinen Bauern das befriedigende Gefühl geben könnten, mit ihrer Landwirtschaft einen regelrechten und respektierten Beruf auszuüben. Viele müssen ihr Land verkaufen, um überleben zu können, oder leben von dem Geld, das ihre Kinder oder sonstigen Verwandten, die in der Stadt oder im Ausland leben, ihnen regelmäßig schicken.

In einigen Regionen Kenias haben die Umsiedlungen der Kolonialzeit und später der Regimes Kenyatta und Moi die alten ländlichen Strukturen heftig durcheinander geschüttelt. Nachbarn sprechen nun oft unterschiedliche Sprachen und haben unterschiedliche Gewohnheiten und Werte, so wie das normalerweise in einer Stadt der Fall ist. Ladenbesitzer, Transportunternehmer, Polizisten, Lehrer und Pfarrer kommen hinzu und verstärken die ethnische und soziale Mischung.

So kommt es, dass viele Kenianer – außer den Luos vielleicht – die ländliche Region, in der sie leben, nicht als ihre Heimat, sondern als eine rückständige, weil abgelegene Gegend sehen. Das gilt besonders für die Zentralprovinz. Dort, wo man selbst lebt, ist nichts, denn das eigentliche Leben passiert in der Stadt. Dort gibt es die Jobs, die auf dem Lande fehlen, dort muss man keine langen und mühsamen Wege zurücklegen, dort gibt es überall Strom und Wasser, dort kann man seinen Mais und sein *Sukuma* vom verdienten Geld kaufen und muss es nicht selbst anbauen, dort gibt es eine Perspektive für das eigene Leben, die man auf dem Land nicht mehr findet. So ist es nicht erstaunlich, dass sich immer mehr Menschen in die Städte aufmachen, in der Hoffnung, dort ein besseres Leben führen zu können. Diese Hoffnung wird allerdings oft enttäuscht, und die Zuwanderer landen meist in den Slums und lassen diese immer mehr anschwellen. Auch wenn die Einwohnerzahlen der kenianischen Großstädte die der asiatischen und lateinamerikanischen Mega-Metropolen noch lange nicht erreicht haben, zählt Kenia doch zu denjenigen afrikanischen Ländern, in denen die Landflucht bereits ein erhebliches Ausmaß angenommen hat. Genaue Zahlen zu erhalten ist kaum möglich, weil es einen ständigen Zu- und Wegzug gibt, und in den breiten Slumgürteln um die Städte kann man kaum Statistiken erheben.

Arm und Reich unterscheiden sich in den Städten am krassesten. Sie bestehen ja nicht nur aus den Slums, sondern auch aus weitgedehnten Wohngebieten, den *Estates,* wo die Angehörigen einer neuen Mittelklasse leben. Die Zahl der Menschen, die es geschafft haben, über ein Einkommen zu verfügen, das groß genug ist, um in einer städtischen Umgebung zu überleben, ist in Kenia für ein afrikanisches Land relativ hoch. Es gibt eine komfortabel lebende Mittelschicht, und die wächst ständig. Weil die Ausgaben für das tägliche Leben in der Stadt wesentlich höher sind als auf dem Land, auch bei bescheidenen Ansprüchen, ist es selbst in der Mittelschicht ganz normal, dass beide Eltern einer Familie arbeiten. Das Modell der Hausfrauenehe gibt es in Kenia nicht – oder man kennt es nur als einen westlichen Import. Eine Frau, die einfach nur zu Hause ist und sich um die Kinder kümmert, wird als ungebildet und rückständig angesehen.

Den städtischen Haushalt führt normalerweise eine *Maid,* also eine meist junge Frau, die dafür oft unter haarsträubenden Bedingungen angestellt wird oder, in den nicht so wohlhabenden Haushalten, eine arme Verwandte vom Land, die vielleicht hofft, sich auf diese Weise irgendwann eine Ausbildung leisten zu können oder doch anderweitig an den Freuden des Stadtlebens teilzuhaben. Die Kinder werden schon in jungem Alter in *Boarding Schools* geschickt und kommen nur in den Ferien nach Hause. Solche Internate liegen oft abgelegen in ländlichen Gebieten und haben eine strikte Disziplin. Je nach Status der Schule und dem Schulgeld, über das sie verfügen kann, wird den Schülern viel geboten, vom Fußballplatz bis zum Computerraum, oder es gibt nichts von all dem, und schon die Ernährung kann zum Problem werden, wenn täglich nur Maisbrei mit Bohnen auf dem Tisch stehen. Oft müssen die Schulkinder nachmittags selbst die Hacke in die Hand nehmen und auf den schuleigenen Feldern anbauen, was dann später auf den Tisch kommt.

Die Wahl der richtigen Schule bildet ein unerschöpfliches Gesprächsthema unter den Erwachsenen. Die Nation ist geradezu bildungsbesessen. Eine gute Schulausbildung erscheint vielen Kenianern als der Schlüssel zu einem besseren Leben, und viele Familien würden Land, Vieh und sonstigen Besitz hergeben, um ihre Kinder auf gute Schulen zu schicken. Alle Schulen konkurrieren untereinander, und jedes Jahr zu Weihnachten, wenn die zentralen Examina abgeschlossen sind, werden die Ergebnisse in der Presse, in Radio und Fernsehen veröffentlicht. Jeder Schüler weiß genau, an welcher Stelle er in seiner Klasse steht, wer vor ihm ist und wer nach ihm kommt. Die besten Schüler oder Schülerinnen des Distrikts, der Provinz oder gar der Nation werden zusammen mit ihren strahlenden Eltern in der Presse abgebildet, sie bekommen Stipendien oder können gar ins Ausland gehen, um zu studieren. Für Kenianer kaum vorstellbar, dass es anders sein könnte, aber inzwischen wird diskutiert, ob man das rigide Ranking der Schulen nach den Leistungen ihrer Schüler nicht doch besser aufgeben sollte.

Das Erziehungssystem ist rigide und freudlos; von Kenianern

der älteren Generation kann man oft Klagen darüber hören, dass ihnen ihre Jugend genommen worden sei. Aber es ist recht effizient. Kenia hat eine der niedrigsten Analphabeten-Raten Afrikas, mehr als 85 Prozent der Kenianer können lesen und schreiben. Bis in die 1980er Jahre führten die kenianischen Sekundarschulen zum britischen A-Level, und ein Kenianer konnte daher problemlos in Großbritannien oder auch an jeder deutschen Universität studieren. Heute ist das nach einer Bildungsreform nur mit Zusatzprüfung möglich, aber noch immer stellen Kenianer einen großen Anteil afrikanischer Akademiker, die an ausländischen Universitäten, in Krankenhäusern, Anwaltskanzleien etc. arbeiten, vor allem in Südafrika.

Modernere pädagogische Grundsätze sind natürlich auch an Kenia nicht spurlos vorübergegangen. Heute ist die Erziehung längst nicht mehr so autoritär wie in der vorigen Generation. Verschüchterte Kinder, die sich ängstlich hinter dem Rock der Mutter verstecken, trifft man nicht mehr so oft wie früher. Und stärker als früher sind die Kinder mehrsprachig oder wachsen von Anfang an in der *Lingua Franca* Ostafrikas Kisuaheli auf. Immer öfter haben die Eltern nämlich unterschiedliche Muttersprachen, und die *Maid* oder *Aya*, Kinderfrau, spricht wieder eine andere Sprache. Da liegt es nahe, dass man sich in der Familie in einer gemeinsamen dritten Sprache verständigt. Ein hoffnungsvolles Zeichen, denn Kinder, die so aufwachsen, werden wohl weniger anfällig für Tribalismus sein.

Auf den ersten Blick mag der Kontrast zwischen Stadt und Land schroff erscheinen. Aber er ist es nicht. Kenias Städte sind noch immer eng mit den ländlichen Regionen verwoben. Die meisten Kenianer, die in den Städten leben, wissen genau, woher sie kommen, und sie unterhalten noch alle eine enge Verbindung zum Land. Inzwischen mag es eine Generation der Nairobier geben, also derjenigen, die in der Hauptstadt geboren sind, die Kisuaheli als ihre Muttersprache ansehen, mit ländlichen Regionen meist nur Langeweile, Unbequemlichkeit, Staub in der Trockenzeit und Matsch bei Regen verbinden und sich grundsätzlich als Städter empfinden. Die Zahl dieser Städter wird immer größer, denn die Kenianer sind jung, über zwei Fünftel sind unter 14 Jahre alt. Aber auch sie wissen noch genau, wo ihre Wurzeln liegen, vor allem, wenn sie aus Regionen kommen, in denen, wie in Westkenia, Umsiedlungen, Landvertreibungen und Zersiedelung keine entscheidende Rolle gespielt haben.

Die enge Bindung an das Land wird bleiben, solange die Familie als Großfamilie noch eine Rolle spielt, und der Kitt der Bindung sind Familienfeste. Hochzeiten und Beerdigungen, Kindstaufen und Verlobungen sind nicht denkbar ohne eine Fahrt *home,* aufs Land, wo man herkommt. Aber am deutlichsten wird die enge Verbindung zwischen Stadt und Land zu Weihnachten. Nairobi scheint dann fast ausgestorben, während auf den Ausfallstraßen das Verkehrschaos seinen jährlichen Höhepunkt erlebt und der Fahrplan der Überlandbusse kurz davor ist, zusammenzubrechen. In den Nachrichten werden die täglichen Unfallzahlen durchgegeben, die hoch sind, denn die Busse und *Matatus* sind alle überladen.

Auf dem Lande bringen die Kneipenwirte und Ladenbesitzer ihr Angebot auf Hochglanz: Für sie ist Weihnachten der Höhepunkt des Jahres. Wer es irgend ermöglichen kann, fährt jetzt *home,* auch aus dem Ausland, um das Weihnachtsfest und Neujahr auf dem Land zu verbringen. Schon ist das Schaf gemästet, das am Weihnachtstag geschlachtet werden soll, *to eat Christmas,* wie es heißt. Ungeduldig wartet schon eine Phalanx ländlicher Verwandter auf die Vettern und Cousinen aus der Stadt, von denen sie sich einen Anteil am vermeintlichen städtischen Wohlstand erhoffen. Dann wird gefeiert, was das Zeug hält, und da kommt es manchmal schon vor, dass es nicht mehr genug fließendes Wasser gibt, weil die Verwandten aus der Stadt zu viel geduscht haben, oder dass die Stromnetze überlastet sind – falls es überhaupt Wasser und Strom auf dem Land gibt. Ganz sicher werden die Handynetze arg strapaziert. Dass über Weihnachten auch das Benzin knapp und daher teurer wird, mag auch mit Spekulationen der Konzerne zu tun haben, aber von einer Bierknappheit zu Weihnachten hat man in Kenia bisher noch nichts gehört – bis vor einigen Jahren ausgerechnet in der Weihnachtszeit ein neues Alkoholgesetz verkündet wurde, das das Saufen zum Fest eindämmen sollte: Tagsüber sollten Restaurants und Kneipen Bier nur noch in Verbindung mit einer Mahlzeit ausschenken dürfen. Obwohl eilfertig zur Weihnachtszeit einige »Biersünder« verhaftet wurden, die getrunken hatten, ohne dabei zu essen, scheiterte das Gesetz kläglich. Alles was es erreichte, war, einigen Polizisten die Taschen mit Bestechungsgeldern zu füllen – die sie wahrscheinlich umgehend in Bier umsetzten.

Heiraten und Sterben

Jacobo Ochieng' ist nervös. Seit vier Stunden sitzt er im vollbesetzten *Akamba* Bus, der auf der Straße von Nairobi durch das pechschwarze nächtliche Rift Valley in Richtung Kisumu rast. Auf dem Sitz neben ihm ist sein Onkel bereits eingeschlafen und gibt, wenn er den Kopf dreht, leise Schnarchlaute von sich. Jacobo fingert zerstreut an seinem MP3-Player und rückt seine verrutschte Baggy-Jeans zurecht. Er wird nicht schlafen können. Zu viel hängt ab von dieser Reise: Jacobo ist auf Brautwerbung.

Seine Freundin Grace hat er vor zwei Jahren kennen gelernt. Sie arbeitet als Sekretärin in einem Büro in Nairobi South. Er repariert Autos in einer kleinen Werkstatt, die nur aus einem Holzverschlag, einigen herumstehenden Wracks zum Ausschlachten und verschiedenen Werkzeugen besteht. Beide sind in Nairobi geboren, in der Großstadt zu Hause und verbringen ihre freie Zeit am liebsten mit Freunden in der Disko oder vor dem Fernseher. Jacobos Mutter und Graces Eltern haben längst akzeptiert, dass die beiden ein Paar sind. Seit kurzem leben Grace und Jacobo zusammen in einem kleinen *Guest wing* im Hinterhof eines größeren Einfamilienhauses. Nun erwartet Grace ein Baby, und es ist höchste Zeit, ihre Verbindung auch offiziell werden zu lassen. Wichtiger als die amtliche »Registrierung« der beiden als Eheleute in Sheria House in Nairobi ist dafür diese Reise mit dem Onkel zum ländlichen Sitz der Familie von Grace. Der liegt am Viktoriasee, in der Nähe des kleinen Ortes Yala.

Jacobos Reise aufs Land ist immer noch unumgänglich, auch wenn sie keine unmittelbaren Auswirkungen auf das gemeinsame Leben von Grace und Jacobo haben wird. In Westkenia sind die Zeiten längst vorbei, in denen die auserwählte Braut diskret zum Wasserholen geschickt wird, wenn die Delegation des Bräutigams die Hofstätte betritt, und sie schüchtern hinter den zugeklappten Fensterläden den Verhandlungen lauscht, in denen über ihr Schicksal entschieden wird. Längst gibt es hier in der Provinz Nyanza kaum noch Entführungen unwilliger Bräute. In den abgelegenen Regionen Nordkenias, wo Mädchen oft noch im Kindesalter und gegen ihren Willen verheiratet werden, ist das allerdings eine andere Geschichte.

Hier in Yala, in dem ländlichen, aber nicht mehr traditionell gebauten Haus mit Wasser, Strom und einer Parabolantenne auf dem Wellblechdach wissen alle Beteiligten, dass diese Brautschau nur noch eine Zeremonie ist. Ein unverbindliches Spiel ist sie deshalb aber noch lange nicht. Großeltern, Onkel, Tanten und andere Mitglieder des Familienverbandes sitzen erwartungsvoll auf den ausladenden, mit Lederimitat bezogenen und mit Häkeldeckchen behängten Sesseln des Wohnzimmers, als sich Jacobo und sein Onkel dem Hof nähern. Die beiden haben sich noch in Kisumu mit Limonaden, Zucker und Früchten eingedeckt, denn mit leeren Händen vor der Familie der Braut zu erscheinen, wäre peinlich und würde die Brautwerber von Anfang an in ein schlechtes Licht setzen. Die Begrüßung wird lang und formal. Jacobo weiß, dass er sich zurückhalten muss und ist erleichtert, als der Onkel weitschweifig die Verhandlungen beginnt. Der Onkel ist ein Vetter seines lange verstorbenen Vaters, zu dem Jacobo bisher wenig Kontakt gehabt hatte, aber er hat keinen Moment gezögert, als der junge Neffe mit dem Anliegen einer Brautwerbung zu ihm kam. Für den Onkel war es selbstverständlich, dass er sich bei der Bank, in der er arbeitet, ein paar Tage Urlaub nahm, und auch die Kosten für die Begrüßungsgeschenke trug er.

Ein Mädchen bringt süßen Tee mit Milch. Der Großvater, ein hochgewachsener, trotz seines fortgeschrittenen Alters sehr aufrecht sitzender Mann, murmelt einen Bibelvers. Alle fassen sich an den Händen, schließen die Augen und beten. Dann wendet sich der Großvater an Jacobos Onkel und befragt ihn nach seinen Vorfahren. Umständlich werden nun die gegenseitigen Familienverhältnisse geklärt, bis in die dritte und vierte Generation zurück. Anerkennendes Raunen geht durch die Gruppe der Gastgeber, wenn ein bekannter und gemeinhin anerkannter Ahne identifiziert ist. Die Familie von Jacobos Vater stammt aus der Region um Maseno, das ist nicht weit entfernt, und man muss darauf achten, dass sich hier nicht zwei Menschen verbinden, deren Vorfahren dem gleichen Clan zuzurechnen sind. Aber alles verläuft zur allgemeinen Zufriedenheit, und man kann nun zur Verhandlung um den Brautpreis übergehen. Der ist hier, anders als in anderen Regionen Kenias, noch durchaus real. Jacobo weiß, dass er nicht unter sechs Kühen wegkommen wird, und die Kosten für eine Kuh liegen zurzeit bei gut 14 000 Schilling (ca. 130 Euro). Das ist viel Geld für einen jungen Automechaniker, auch wenn der Onkel wahrscheinlich etwas zuschießen wird. Grace und er werden lange arbeiten müssen, bis der Brautpreis abbezahlt ist, aber die Familie der Braut weiß das und wird nicht zur Eile drängen. Es ist nicht selten, dass die letzte Kuh erst angeliefert wird, wenn das Brautpaar die fünfzig weit überschritten hat und dessen Kinder selbst schon erwachsen sind und heiraten. Jedem Beteiligten ist auch bewusst, dass Jacobo und Grace auch ohne Brautpreis ihr eigenes Leben in Nairobi führen würden. Natürlich wären die Beziehungen zu Graces Familie dann nicht die besten, aber nicht jedem sind die armen Verwandten auf dem Land wichtig genug, um darauf Rücksicht zu nehmen. Für die jungen Städter ist die Brautverhandlung eine Art Loyalitätserklärung gegenüber den Traditionen – für die Verwandten auf dem Land kann sie mehr sein. Denn sie leben mitunter ein karges Leben zwischen Maisfeldern, Bananenstauden und ein paar Hühnern und Ziegen, und die Erwartung, wohlhabende Verwandte aus der Stadt müssten sie unterstützen, steht immer unausgesprochen im Hintergrund. Brautverhandlungen verlaufen deshalb nicht immer so harmonisch und einvernehmlich wie bei Jacobo und Grace, sie können auch zu schweren Konflikten führen.

Eigentlich müsste Grace jetzt erscheinen und würde dann von Jacobo zum Hof seiner Familie geführt, wo sie für die Verwandtschaft ein zeremonielles Essen kocht, als Zeichen, dass das neue Familienmitglied eine gute Hausfrau ist. Vor allem das Kochen für den Ehemann hat einen hohen Stellenwert in der Tradition, so hoch, dass in Dholuo, der Luo-Sprache, die Ausdrücke »sie kocht für ihn« und »sie heiratet ihn« sogar identisch sind. Für Grace und Jacobo spielt das alles keine Rolle mehr. Aber irgendwann, wenn sie es sich leisten können, werden sie ihre Hochzeit richtig groß feiern. Beide sind Mitglied in der anglikanischen Kirchengemeinde in South C, einem Stadtteil Nairobis, und ohne den Segen des Priesters sehen sie ihre Ehe selbstverständlich nicht als vollständig an. Vielleicht wird es einige Jahre dauern, vielleicht ein Jahrzehnt oder mehr, aber irgendwann wird Grace im weißen Brautkleid vor den Traualtar treten, und anschließend werden sie mit allen Freunden und Verwandten in einer gemieteten Gemeindehalle feiern, so wie es sich bei einer richtigen Hochzeit gehört. Ihre dann schon großen Kinder werden die Bier- und Sodaflaschen öffnen und die *Chapati* mit Hühnchen austeilen, und natürlich wird auch ein Fotograf dabei sein, der das Hochzeitsfoto aufnimmt, das später großformatig im Schlafzimmer hängen wird.

Würde man Grace und Jacobo fragen, sie sähen keine Widersprüche in den unterschiedlichen Zeremonien, mit denen sie ihre Ehe besiegeln. Dabei sind die widersprüchlichen Elemente des Familienrechts in Kenia, wie in anderen afrikanischen Ländern auch, allerdings durchaus ein Problem. Die traditionelle Eheschließung mit der Aushandlung des Brautpreises vor der ländlichen Großfamilie kennt nämlich noch die Polygamie, während die großen offiziellen Kirchen sie ablehnen. Zivilrechtlich geschlossene Ehen sind monogam, aber als *customary law* (traditionelles Recht) erlaubte das kenianische Rechtssystem die Polygamie. Ein lange debattiertes und bis zum Schluss kontroverses neues Eherecht soll nun mit diesen und vielen anderen Ungereimtheiten aufräumen, aber zu viele zu unklare und in verschiedenen Bereichen der Gesellschaft zu unterschiedlich gesehene Aspekte – neben der Frage der Polygamie auch das Erbrecht, die Frage des Vermögens und der Stellung der Frau sowie die nach der Einbeziehung islamischen und Hindu-Eherechts und neuerdings auch die Frage nach homosexuellen Eheschließungen – stehen dem immer noch im Wege. Diese Situation führt immer wieder zu unklaren Familienverhältnissen, emotionalen Katastrophen sowie materiellen Ungerechtigkeiten, wenn etwa eine Ehefrau die Rechtmäßigkeit ihrer Ehe nicht nachweisen kann und sie und ihre Kinder damit um ihre materiellen Ansprüche, die aus der Ehe resultierten, gebracht wird. Kein Wunder, dass vor allem viele Frauen auf einer anglikanischen oder katholischen Eheschließung bestehen, die sie zur einzigen rechtmäßigen Ehefrau erklärt. Im Fernsehen hat das Familienministerium Spots geschaltet, die für die Zivilehe werben. Die verbreitet sich auch immer mehr, und viele kenianische Männer, die sich gern damit brüsten, sie seien als afrikanische Männer eben sozusagen naturgegeben polygam, weichen dann eben auf unverbindliche »kleine Freundinnen«, »*ndogo ndogos*«, neben der einen offiziellen Ehefrau aus.

Wahrscheinlich empfinden Jacobo und Grace als junge Städter solche Probleme als unwichtig. Es ist weniger das Rechtssystem als ihr moderner westlicher Lebensstil, der es für sie selbstverständlich macht, dass sie eine monogame Ehe führen werden. Und möglicherweise werden ihre Kinder, wenn sie erst erwachsen sind, gar nicht mehr den Segen der ländlichen Verwandtschaft für ihre Ehe einholen. Auch wenn sein Großvater noch zwei Ehefrauen hatte, kann sich Jacobo eine polygame Familie gar nicht mehr vorstellen, und er weiß genau, dass Grace ihn in dem Moment verlassen würde, in dem sie entdeckt, dass eine andere Frau in seinem Leben eine Rolle spielt. Sie ist selbstbewusst genug, auch ohne Mann durchs Leben zu kommen, und die Zeiten, in denen eine alleinerziehende Mutter schief angesehen wurde, sind ohnehin vorbei.

Jacobo und Grace sehen ein Leben vor sich wie das Leben städtischer Kleinfamilien überall auf der Welt, und es ist schon abzusehen, dass die ländlichen Verwandten und ihre Ansprüche eine immer geringere Rolle in den Lebensplänen der beiden spielen werden. Aber immerhin – sie fanden es noch wichtig genug, sich auf die Traditionen einzulassen. In ihrem Fall war das einfach, denn beide stammen aus der gleichen Region. Schwieriger wird es schon bei den immer zahlreicher werdenden »kulturübergreifenden« Eheschließungen, wie man das politisch korrekt nennt, bei denen Traditionen unterschiedlicher ethnischer Gruppen beachtet werden müssen und es daher leicht passieren kann, dass man in eine peinliche Situation tappt, weil man die Regeln der jeweils anderen Gruppe nicht beachtet oder gar nicht kennt.

Von großer Bedeutung sind die Traditionen, wenn es um einen Todesfall geht. Wie in vielen anderen afrikanischen Ländern sind auch in Kenia Beerdigungen große soziale Ereignisse, die weit über den privaten Charakter einer Familienfeier hinausgehen. Eine Trauerfeier ist eine gewissermaßen öffentliche Angelegenheit, an der die gesamte Gemeinschaft beteiligt ist. Ist der Verstorbene prominent genug, treten möglicherweise auch Politiker aus Nairobi auf der Feier auf und halten Reden von allgemeiner Bedeutung, deren Inhalt man am nächsten Tag in der Presse nachlesen kann. Und wenn ein Politiker stirbt, wie Ende 2014 der populäre Oppositionspolitiker Otieno Kajwang, gerät die Beerdigung leicht zu einer politischen Manifestation.

Sicher, mehr und mehr Verstorbene finden ihre letzte Ruhestätte auch auf Friedhöfen wie dem großen Langata Cemetery in Nairobi, aber viele Tote werden noch immer auf den langen Weg zum ländlichen *home* gebracht. Auf den Ausfallstraßen Nairobis überholt man immer wieder diese gemieteten, mit roten Fahnen oder grünen Zweigen gekennzeichneten und mit Angehörigen voll beladenen *Matatus,* auf deren Dach ein Sarg mit Stricken fest vertäut ist. Oft ist das Ziel dieser Trauergefährte ein Dorf in der Zentralprovinz, aber es sind die ländlichen Gemeinschaften in Westkenia und Nyanza, in denen die Bedeutung der traditionellen Trauerfeiern auf dem Land am größten ist. Hier gibt es noch die von auf Hygiene bedachten Verwaltungsbeamten nicht gern gesehene Sitte, dass Verstorbene auf dem Land der Ahnen, also auf dem Familiengrundstück, begraben werden, nach einer großangelegten Trauerfeier, während der sie tagelang im Haus der Familie aufgebahrt werden. Die Toten auf speziellen, eigens dafür vorgesehenen Totenäckern zu versammeln, wie das in Europa üblich ist, wird als ungehörig und auch ein bisschen unheimlich empfunden. Es wäre, als ob man den Verstorbenen aus dem Kreis seiner Familie verstößt, zu der er auch im Tod noch gehört. Wie könnte man ihn auf irgendein beliebiges Stück Land, zusammen mit völlig Fremden, verbannen! Gewiss würde der *spirit* des Verstorbenen keine Ruhe finden und die Lebenden belästigen und verfolgen!

Stirbt jemand aus Westkenia oder Nyanza in Nairobi, verbreitet sich die Neuigkeit schnell und erreicht Verwandte und Freunde sowohl in der Stadt als auch auf dem Land, in der Heimat des Verstorbenen. Hier wie dort bilden sich sofort Beerdigungskomitees, um die Feierlichkeiten zu organisieren. Die städtische Wohnung des Verstorbenen füllt sich nach und nach mit Freunden und Verwandten, die ihr Beileid bekunden. Stilles In-sich-Gekehrtsein ist dabei nicht, wie bei uns, ein Ausdruck von Trauer. Die Hinterbliebenen, vor allem die Frauen, lassen ihren Emotionen freien und geräuschvollen Lauf. Mit einem kurzen stillen Händedruck der Trauergäste ist es ebenfalls nicht getan, man lässt sich nieder, nimmt einen gezuckerten Milchtee oder eine Limonade entgegen und harrt erst mal aus. Indem man darauf achtet, dass die nächsten Angehörigen keine Minute allein bleiben müssen, bezeugt man seine Solidarität. Wer dem Toten und seiner Familie wirklich nahe steht, bleibt, bis der Sarg unter der Erde ist – und fährt auch mit aufs Land.

Hat sich die Wohnung mit Trauergästen gefüllt, beginnt eine Sammelaktion, um die Kosten des Leichentransports in die ländliche Heimat und die der Trauerfeier abzudecken. Von den versammelten Gästen wird erwartet, dass jeder, je nach finanziellem Vermögen, wenigstens einige Schillinge beisteuert, damit die Familie des Verstorbenen finanziell nicht zu sehr belastet wird. Unter Umständen kann es Tage dauern, bis die erforderliche Summe zusammen gekommen ist. Erst dann setzt sich der Transport in Bewegung. Ein frühes Verlassen des Trauerhauses, möglicherweise ohne einen eigenen Beitrag geleistet zu haben, würde unangenehm auffallen.

Inzwischen ist im ländlichen *home* das Grab bereits ausgehoben. Verwandte, Freunde, Nachbarschaft, eigentlich alle, die in der Nähe wohnen, sind auf dem Hof versammelt. So sind ländliche Beerdigungen mit Hunderten von Trauergästen keine Seltenheit. Tee und Sodas werden verteilt. Es gibt gedruckte Karten mit dem Programm der Trauerfeier, manchmal auch Buttons mit dem Foto des Verstorbenen. Still geht es nicht zu bei solchen Trauerfeiern. Lautsprecher beschallen den Hof mit lauer Musik und signalisieren den umliegenden Höfen, dass hier eine Beerdigung stattfindet. Auch dunkle Trauerkleidung kennt man nicht, und ein europäischer Beobachter könnte leicht auf die Idee kommen, dass es sich hier einfach um eine Party handelt, vor allem, wenn abends das Bier fließt und die jüngeren Leute zu tanzen beginnen. So wie man den Tod betrauert, so feiert man auch das Leben. Die Gemeinschaft, die der Tote verlassen hat, versichert sich ihrer ungebrochenen Existenz, die auch dem Toten dann so etwas wie ein ewiges Leben garantiert – in der Erinnerung der Gemeinschaft, zu der er oder sie auch im Tod noch gehört. Sobald der Sarg mit dem Verstorbenen eingetroffen und aufgebahrt ist, hält der Priester eine Predigt, und nach ihm sprechen die nächsten Verwandten, einer nach dem anderen, von ihren persönlichen Erinnerungen an den Verstorbenen. Diese Reden dauern oft Stunden. Wenn der Sarg dann in die Erde versenkt worden ist, gibt es Essen. Vielleicht wurde ein Ochse geschlachtet, ganz sicher aber ein Schaf oder eine Ziege, und man sitzt noch lange zusammen. Das traditionelle Ritual der Luo, Teru Buro, in dem Männer mit Masken eine wilde Jagd aufführen, um böse Geister zu vertreiben, wird nur noch selten und nur für besonders angesehene Verstorbene aufgeführt. Erst nach zwei, drei Tagen wird sich das gemietete *Matatu* mit den Angehörigen aus der Stadt auf den Rückweg machen, und die Nairobier werden wieder ihren normalen Alltagsbeschäftigungen nachgehen.

Besonders in Nyanza sind solche Beerdigungen wichtige soziale Ereignisse. Hier trifft man Verwandte und Bekannte, die man oft jahrelang nicht gesehen hatte, hier erneuert man alte soziale Beziehungen und knüpft neue. Einer Beerdigung fernzubleiben, kann man sich kaum leisten, möchte man in der Gemeinschaft akzeptiert sein. Die Gemeinschaften und Clanorganisationen der Luo beschäftigen sich intensiv mit der Vorsorge für Beerdigungen. In fremder Erde begraben zu werden, ist für viele von ihnen noch heute eine erschreckende Vorstellung. Deshalb gibt es überall, wo Luos leben, Sterbekassen, die den Transport ihrer verstorbenen Mitglieder in deren ländliche Heimat gewährleisten, selbst wenn dazu ein teurer Flug gebucht werden muss.

Dabei kann es durchaus zu Kontroversen darüber kommen, was denn unter fremder Erde zu verstehen ist und wer denn überhaupt das Recht hat, seine Angehörigen zu beerdigen. In den 1980er Jahren machte der Fall des prominenten Rechtsanwalts S. M. Otieno Schlagzeilen, eines Luo, der mit einer Kikuyu namens Wambui verheiratet war. Nach seinem Tod wollte die Witwe ihren verstorbenen Mann auf der gemeinsamen Farm in den Ngong Bergen bei Nairobi begraben, aber der Clan, dem ihr Mann angehört hatte, bestand auf einer Beerdigung in Nyanza auf dem Land seiner Ahnen. Ausgerechnet ein britischer Richter war damals mit dem Fall befasst und gab dem Clan Recht. Sein Argument: In einem Fall, in dem das moderne Zivilrecht keine Aussage macht, müsse nach dem traditionellen Gewohnheitsrecht gehandelt werden. Die Clanangehörigen zogen triumphierend mit den sterblichen Überresten des Anwalts nach Nyanza, die Witwe ging leer aus. Wochenlang wurde in den Bars und den *Matatus* über den Fall diskutiert, die Presse überbot sich mit immer neuen Storys zu dem Thema, und mindestens zwei Bücher wurden seitdem darüber geschrieben.

Solche Themen bewegen die Menschen in Kenia, und gäbe es eine *yellow press,* wäre sie sicher voll von derartigen Geschichten. Hier ist noch ein Aufflackern von alten religiösen Vorstellungen zu spüren, die nicht vom Christentum hinweggefegt wurden. Für einen Kenianer sind die Toten nicht einfach tot, sondern bleiben bei einem als freundliche oder gekränkte Geister, solange das Grab in der Nähe liegt und es noch jemanden gibt, der sich an die Toten erinnert.

Eine *Jua-Kali*-Nation?

Wie der Sozialwissenschaftler Kenneth King berichtet, stoppte der damalige Präsident Daniel arap Moi Mitte der 1980er Jahre seinen Autokonvoi unplanmäßig am Kamukunji, dem großen, ungepflasterten Platz im Osten Nairobis. Das war an sich nichts Außergewöhnliches, Moi liebte es, hin und wieder am Straßenrand anzuhalten und etwa an einem Kiosk eine Cola zu trinken, dem verblüfften Besitzer einige gute Ratschläge zu erteilen und dann unter Hinterlassung mehr oder weniger großzügiger Geldgeschenke mit seinem Konvoi weiter zu brausen. Das war seine Art von Populismus.

Diesmal hatten ihn die Feuer und das Hämmern der Schmiede, die aus alten Ölkanistern Töpfe und Pfannen herstellten, angezogen. Die Männer verrichteten die schwere Arbeit im Freien und hatten nicht einmal ein einfaches Dach, um sich vor der Witterung zu schützen, geschweige denn eine Werkstatt. Sie waren auch keine gelernten Schmiede, die hier ihr Handwerk ausübten, sondern einfach Arbeitslose, die die Herstellung von Küchengerät aus Altmetall für sich als Einkommensquelle entdeckt hatten. Moi zeigte sich beeindruckt von ihrer harten Arbeit unter der heißen (*kali*) Sonne (*jua*) und versprach, die Schmiede mit einfachen Werkstätten auszustatten, bevor er wieder in seinen Luxus-Mercedes einstieg und davonbrauste.

Die schöne Geschichte porträtiert nicht nur den Diktator als guten König, sondern prägte auch fortan das Image der *Jua Kali*: ungelernte, unausgebildete Männer ohne Arbeit, die nicht aufgeben, sondern sich irgendwo im städtischen Gebiet, sei es am Straßenrand, auf einem freien Platz oder unter einer Brücke, niederlassen und dort ein Handwerk betreiben, ohne es je gelernt zu haben und ohne auch nur das geringste Kapital zu besitzen. Sie bearbeiten Metall, tischlern einfache Möbel, löten Lampen aus alten Konservendosen, reparieren Autos. Die Fähigkeiten dazu haben sie sich selbst beigebracht, die Werkzeuge selbst gebaut. *Jua Kali* – der Ausdruck steht für Menschen, die es geschafft haben, durch ihre Kreativität und harte Arbeit nicht nur sich selbst ein Einkommen zu sichern, sondern auch in einem sinnvollen Recyclingprozess aus den Abfällen der Industriegesellschaft brauchbare Gegenstände zu schaffen.

Moi war nicht der einzige, der sich beeindruckt zeigte. Zu dieser Zeit begannen Theoretiker der internationalen Entwicklungspolitik diesen informellen Sektor zu entdecken. Statt großer Prestigeprojekte wurden von Entwicklungshilfe-Organisationen nun immer stärker die Förderung von Kleinhandwerk und Kleinhandel und von ungelernten Kleinunternehmern propagiert, von Sektoren, die früher kaum beachtet worden waren, weil sie scheinbar nichts zur messbaren Wirtschaftsleistung eines Landes beitrugen. Bald wurden nun in Europa und den USA afrikanische Lampen aus Konservendosen, Spielzeugautos aus Draht und Taschen aus Plastiktüten Mode, und auch die Kunstgalerien begannen mit Recyclingkunst aus Afrika zu handeln. Kenia war, wie so oft, auch hier ein Pionierland, und der kenianische Begriff *Jua Kali* setzte sich eine zeitlang weltweit durch als Bezeichnung für den informellen Sektor einer Volkswirtschaft oder, wie man heute eher sagt, für die Mikro-Wirtschaft.

Ein genauerer Blick auf den Sektor zeigt, dass er viel breiter ist, als die Schmiede in Kamukunji vermuten lassen. *Jua Kali* sind auch die Frisöre, die unter einer aufgespannten Plastikplane den Kunden die Haare scheren, die *Mama Mbogas*, die ihre schweren Gemüsekörbe zu den Märkten schleppen, die Kinder, die kleine selbst gedrehte Tütchen mit Erdnüssen verkaufen, die Straßenhändler, die zwei Monate alte Zeitschriftenausgaben auf dem Bürgersteig der Tom Mboya Street zum Verkauf ausbreiten, die Schneiderin, die ins Haus kommt, um die Schuluniform für den kleinen Sohn zu nähen, der junge Mann, der in einer Wellblechhütte Computer updated und Handys repariert ... Schaut man von der Stadt in die ländlichen Gebiete, dann sind auch die Frauen, die Mais und *Sukuma* am Straßenrand anbauen, weil sie keine eigenen Felder besitzen, *Jua Kali*, oder die Mädchen, die an den *Matatu*-Stops den Passagieren Teller mit süßen Bananen ans Fenster halten, oder die jungen Männer, die mit ihren Fahrradtaxis *(Boda-Boda)* auf Passagiere warten ...

Zählt man all dies zusammen, dann ist es die Mehrheit der Kenianer, die, weil sie über keinen offiziellen Arbeitsplatz verfügt, kreativ werden muss, um irgendwie das Geld für ihren Lebensunterhalt zusammen zu bekommen. Sie alle arbeiten im *Jua-Kali*-Sektor. Mehr Frauen als Männer sind im *Jua-Kali*-Geschäft. Die Wirtschaftsleistung all dieser Menschen taucht in keiner Statistik auf, geht nicht ins Bruttoinlandsprodukt ein, und sie selbst können auf keinerlei Sicherheiten zurückgreifen, weder auf eine Sozial-, noch auf eine Krankenversicherung. Das Stückchen Land, auf dem sie ihre Werkstatt eingerichtet haben, kann ihnen jederzeit weggenommen werden. Die meisten haben keine Buchführung und kein Bankkonto, Steuern zahlen sie sowieso nicht, und Geschäfte werden bar auf die Hand getätigt.

Ökonomen nennen so etwas Schattenwirtschaft. Aber wenn, wie in Kenia, über 90 Prozent aller selbständig erarbeiteten Einkommen dem *Jua-Kali*-Sektor zuzurechnen sind, dann ist die Schattenwirtschaft längst ein wichtiger Wirtschaftssektor geworden. Der *Jua-Kali*-Sektor absorbiert in Kenia die Hälfte der jährlich neu auf den Arbeitsmarkt drängenden jungen Menschen und beschäftigt insgesamt etwa ein Drittel der Arbeitskräfte, mit einer geschätzten Wachstumsrate von 12 bis 14 Prozent.

Regierungen von Entwicklungsländern lieben diesen informellen Sektor normalerweise nicht. Er ist schwer kontrollierbar, generiert keine Steuereinnahmen, und vor allem sehen die roh aus Holz, Wellblech und Plastiktüten zusammengezimmerten Kioske unordentlich aus, verschandeln das Stadtbild und geben dem ganzen Land eine Aura von Armut und Unterentwicklung. Kenias Regierungen, auch der Moi nachfolgende Präsident Kibaki, haben dagegen schon früh die Bedeutung des Sektors erkannt und in verschiedenen Absichtserklärungen dessen Förderung deklariert. Bereits 1985 wurde das Bildungssystem, das bisher mit dem britischen identisch war, reformiert. Wichtigstes Element der Reform war die Einbeziehung praktischer Fähigkeiten in den Schulbetrieb, die junge Kenianer befähigen sollte, später ihre eigenen informellen Geschäfte zu eröffnen. So haben heute die Schüler der Primarschulen auch praktische Fächer wie Schneidern, Gärtnern oder Tischlern. Erklärte Absicht der Regierung ist, *Jua-Kali*-Handwerker auszubilden und *Jua-Kali*-Werkstätten zu fördern, um sie allmählich in den formalen Sektor, also aus der Schattenwirtschaft in die offizielle Wirtschaft, zu überführen.

Das klingt alles sehr schön, wurde aber leider nie so umgesetzt, wie es sich in den Verlautbarungen liest. Die Abgrenzung der Zuständigkeiten zwischen den verschiedenen Ministerien, die die schönen Absichtserklärungen umsetzen sollten, war nie ganz klar, und vor allem fehlte es an gutem Willen der Politiker. In den Städten ist Land als Baugrund eine Goldgrube. Ein Filetstück nach dem anderen wechselt den Besitzer – oft unter fraglichen Umständen –, um ein weiteres Immobilien-Spekulationsobjekt zu errichten, von denen es in der Stadt schon so viele gibt. So ist schnell wieder ein Markt verschwunden, und die Kleinwerkstätten werden an den Stadtrand abgedrängt. Letztlich scheint den Politikern trotz anderslautender Erklärungen ein modernes, glitzerndes Stadtbild doch wichtiger als die Lebensgrundlage von Menschen, deren Arbeitsplatz der Markt oder die einfache Werkstatt ist. So ist der Staat für die *Jua-Kali*-Handwerker und -Händler bis heute eher ein Feind denn ein Unterstützer. Die *Jua-Kali*-Handwerker und -Händler fürchten nichts so sehr wie die Bulldozer und die Schikanen der Polizei, die immer wieder ohne ersichtlichen Grund Lizenzen sehen wollen, Werkstätten schließen und die überhaupt die Handwerker behandeln wie Bettler und Diebe. Auch das Bankensystem stellt sich nur zögerlich auf die Bedürfnisse dieser großen Gruppe der kenianischen Bevölkerung ein. Lange war die Einrichtung eines Bankkontos in Kenia so teuer, dass nur ein kleiner Bruchteil der Bevölkerung sich diesen Luxus überhaupt leisten konnte. Das ändert sich inzwischen, und seit kurzem spielt auch die Vergabe von Mikrokrediten an Kleinunternehmer eine Rolle.

Wer im *Jua-Kali*-Bereich arbeitet, der arbeitet hart. Trotzdem wird sein Einkommen in den meisten Fällen kaum zum Unterhalt einer Familie ausreichen, und tritt etwas Unerwartetes ein, wie Krankheit, Diebstahl oder die Demolierung der Werkstatt, dann fällt das Einkommen bis auf weiteres überhaupt aus. Die Lebens- und Arbeitssituation der *Jua-Kali*-Arbeiter ist prekär. Sie befinden sich immer am Rand der absoluten Armut. Schätzungen zufolge müssen 40 bis 50 Prozent aller Kenianer mit weniger als zwei US-Dollar pro Tag auskommen, obwohl die meisten von ihnen hart arbeiten. »Kenia wird zunehmend zu einer *Jua-Kali*-Nation!«, entsetzte sich ein Autor auf der Kenia-Website der Friedrich-Ebert-Stiftung. Von 465 000 Arbeitsplätzen, die im Jahr 2006 neu entstanden, seien fast 90 Prozent im informellen Sektor angesiedelt. *Jua Kali* sei die normale Arbeitssituation der Kenianer geworden.

Dabei hat der Sektor keine klaren Grenzen. Viele Kenianer, die über einen normalen Arbeitsplatz verfügen, betreiben noch dieses oder jenes *business* nebenbei, sie halten Hühner und verkaufen die Eier, sie handeln mit *african-print*-Stoffen aus Uganda, sie reparieren Autos und vieles mehr. Sich Geschäftsideen auszudenken, ist bis weit in die Mittelklasse hinein mehr als ein Spiel – es bleibt die einzige Möglichkeit, ein zu geringes Gehalt aufzubessern. Und für diejenigen, die vollständig im informellen Sektor arbeiten, ist *Jua Kali* heute kein Grund mehr, verlegen zu werden, sondern es ist eine Quelle von Stolz. *Jua Kali* sind das eigentliche Rückgrat der kenianischen Wirtschaft. Der Sozialwissenschaftler Kenneth King fand ein Schild an einer Werkstatt, auf dem zu lesen war: »It was *jua kali* type people who helped rebuild Germany after the last war!« – »Es waren Leute wie die *Jua Kali*, die nach dem Zweiten Weltkrieg halfen, Deutschland wieder aufzubauen.«

Harambees und *Chai kidogo* – Kenias »Zivilgesellschaft«

Mary Wasige war schockiert und untröstlich. Sie arbeitete als Hausangestellte bei uns, als wir noch in einem kleinen kolonialen Häuschen in Kileleshwa, einem Stadtteil von Nairobi, wohnten. Wie es üblich war, gehörte zu dem Haus ein winziges Gartenhaus, *Servants Quarter* genannt, in dem Mary wohnte.

Mary gehörte zu unserem Haushalt, sie kümmerte sich um unseren kleinen Sohn und saß abends oft vor dem Haus, um ein Schwätzchen mit den *Maids* benachbarter Häuser zu halten. Am Wochenende zog sie ein frisches weißes Kleid und ein gestärktes Kopftuch an und besuchte erst den Gottesdienst und dann die Frauengruppe ihrer Kirchengemeinde. Das versäumte sie nie.

Aber seit diesem Tag war nichts mehr, wie es war. Am Vormittag, als wir zur Arbeit gefahren waren und sie mit dem Kleinkind beim Frühstück saß, überwanden Diebe die hohe Mauer um das Grundstück, drangen in unser Wohnhaus ein und räumten aus, was immer sie mitschleppen konnten. Sie wussten genau, wo sie was finden würden, und sie wussten auch, dass niemand im Haus war, nur Mary. Es musste der *Watchman* gewesen sein, der die Diebe informiert hatte. Tatsächlich war der, ein Massai aus Tansania, seitdem spurlos verschwunden. Drei Männer hatten Mary gepackt und mit einer Krawatte gefesselt; sie waren mit Macheten bewaffnet. Dann wurde sie ins Badezimmer gesperrt und konnte nur hilflos mit anhören, wie die Wohnung fast vollständig leergeräumt wurde. Wo unser kleiner Sohn in dieser Zeit war, wissen wir bis heute nicht. Aber ihm ist nichts passiert.

Als die Diebe schließlich mit ihrer Beute abgezogen waren und Mary sich befreit hatte, entdeckte sie, was sie befürchtet hatte: Auch ihr *Servants Quarter* war durchwühlt worden, und die Diebe hatten entdeckt, wo Mary ihren gerade ausgezahlten Monatslohn versteckt hatte: unter den Dachsparren.

Damals, in den frühen 1990er Jahren, begann Nairobi der nigerianischen Kapitale Lagos den Ruf als gefährlichste Stadt Afrikas streitig zu machen – Johannesburg, das sich später dieses zweifelhaften Titels rühmte, war noch nicht auf der Bildfläche der allgemeinen Wahrnehmung erschienen. Täglich passierten damals in Nairobi Raubüberfälle, täglich wurden Autos gekidnappt. Das böse Wort von *Nai-Robbery* machte die Runde.

Die Polizei kam und konnte leider nichts tun. Sie wusste zwar, es war die gleiche Bande, die seit Jahren diese Gegend von Nairobi terrorisierte, sie wusste, von wo aus sie operierten. Man kannte genau die Verstecke in Maisfeldern der Umgebung, und man wusste auch, in welchen kleinen Geschäften in Nairobis Osten das Diebesgut zum Kauf angeboten wurde. Dort solle er doch regelmäßig vorbeischauen, riet man meinem Mann. Wenn er seinen Fernseher oder seine Stereoanlage eindeutig identifizieren könne, habe man eine Handhabe und werde das Diebesgut selbstverständlich sofort konfiszieren. Ansonsten bedauere man, aber man stünde der wachsenden Kriminalität hilflos gegenüber.

Wir waren schockiert, aber Mary war verzweifelt. Ihr Geld war weg, fast ein vollständiger Monatslohn! Was sollte sie nun ihrer Mutter nach Kakamega schicken, die dort ihre beiden Kinder Jennifer und Gordon betreute? Und mehr noch: Wir konnten uns von dem Verdacht nicht frei machen, dass die Polizisten mehr wussten, als sie sagten, dass sie vielleicht sogar ihre Hand mit im Spiel hatten und selbst von dem Diebstahl profitierten. Bis heute ist die kenianische Polizei berüchtigt für solche Dinge. Bedrückt besuchte Mary die Frauengruppe ihrer Kirchengemeinde, wie an jedem Samstag.

Zwölf Frauen gehörten zu Marys Frauengruppe, alles Hausangestellte, kleine Händlerinnen oder Kiosk-Besitzerinnen. Keine hatte viel Geld, jede hatte ihre eigenen Sorgen, und die Gruppe war für alle eine wichtige Stütze. Hier konnten sie ihre täglichen Probleme besprechen und sich gegenseitig Mut machen. Und mehr als das: Die Frauengruppe bedeutete für jedes Mitglied eine finanzielle Absicherung, sie diente als Kreditanstalt und als Sparkasse. Bei jedem Treffen zahlte jede Frau einen kleinen Betrag in eine gemeinsame Kasse, und wenn eine brauchbare Summe zusammen war, beschlossen alle Frauen gemeinsam, wer von ihnen diesmal in den Genuss der gesamten gesparten Summe kommen solle. Mit dem ausbezahlten Betrag konnte dann jeweils eine Frau etwas anschaffen, was sie sich sonst nie hätte leisten können, ein paar Küken vielleicht, um später Eier zu verkaufen, oder einen *Jiko,* einen Holzkohle-Kocher, um *Mandazis,* süßes Fettgebäck, zu backen und zu verkaufen. So half die Solidarität der Frauengruppe jedem einzelnen Mitglied, finanziell zu überleben.

An diesem Tag gab es für die Frauen keine lange Diskussion: Diesmal musste es Mary sein, die das Geld aus der Kasse erhielt. So könnte ihr wenigstens ein Teil ihres Verlustes ersetzt werden. Weil die zurückgelegte Summe in der Kasse zu diesem Zeitpunkt noch nicht genügend angewachsen war, um Marys

Verlust zu kompensieren, veranstalteten die Frauen eine spontane Sammelaktion, ein *Harambee*. Jede von ihnen gab so viel Geld in die Kasse, wie sie entbehren konnte, und am Ende konnte Mary überglücklich und erleichtert mit fast der gleichen Summe nach Hause gehen, wie ihr Monatslohn betragen hätte.

Ich muss sagen, als sie mir von ihrer Frauengruppe erzählte, fühlte ich mich fast wieder versöhnt mit dieser verdammten kenianischen Gesellschaft, mit der ich nach dem Überfall doch arg gehadert hatte. Es gab also nicht nur Diebe und Wachmänner, die ihre Arbeitgeber an Diebesbanden verrieten, nicht nur eine Polizei, die im besten Fall nicht handelte, im schlimmsten Fall mit den Dieben unter einer Decke steckte, es gab auch dies: Frauen, die sich solidarisch, selbstlos und sehr effizient gegenseitig weiterhalfen.

Harambee ist ein kenianisches Schlüsselwort. Ursprünglich ein Anfeuerungsruf der Hafenarbeiter in Mombasa, wenn sie gemeinsam eine schwere Last bewegen mussten, wurde der Begriff nach der Unabhängigkeit von Jomo Kenyatta in den Rang einer Losung für die gesamte Gesellschaft erhoben. *HA-RAM-BEE!* rief Kenyatta nach jeder Rede und schüttelte den Fliegenwedel, den er als Zeichen seiner Würde stets bei sich trug. So verstanden muss man den Begriff etwa mit Solidarität übersetzen, denn eine solidarische Gesellschaft, in der jeder für den anderen eintrat, war es, die Kenyatta aufzubauen versprach. Es ist ja nur zu bekannt, dass er selbst und seine Clique sich nicht an seine eigenen Ansprüche hielten, aber für die Gesellschaft Kenias hat der Begriff bis heute eine große Bedeutung. Er ziert als Wahlspruch das Wappen des Landes, und die Fußball-Nationalmannschaft nennt sich *Harambee-Stars*. *Harambee,* das wird einem jeder Kenianer versichern, ist etwas speziell Kenianisches.

Immer, wenn in einer kenianischen Familie eine größere Ausgabe ansteht, wird ein *Harambee* veranstaltet. Da ist die alte Mutter, die dringend operiert werden muss, der Sohn, der an einer ausländischen Universität studieren soll, das Schulgeld für die jüngste Tochter, das nicht aufgebracht werden kann, und da sind natürlich die hohen Kosten der Beerdigungen. Für all das gibt es *Harambees*. Wer eine Einladung zu einem *Harambee* erhält, kann kaum absagen, ohne sich die schiefen Blicke der anderen zuzuziehen, und er wird sich auch nicht davor scheuen, seine Verpflichtungen gegenüber Verwandten und Freunden zu erfüllen.

So kommen alle, sitzen auf den eigens angemieteten Plastikstühlen im Haus oder auf einer Wiese vor dem Haus, nippen an Tee oder Sodas, und der *Guest of Honour* oder der *Master of Ceremonies* hält eine lange Rede über die Wohltätigkeit von Spenden. Er ist die Schlüsselfigur der Veranstaltung, denn von seinem Geschick wird es abhängen, ob am Ende des Tages eine nennenswerte Summe zusammengekommen sein wird. Große Schüsseln werden aufgestellt, die Gäste reihen sich in eine lange Schlange ein, und jeder legt etwas in die Schüssel. Die Höhe jeder Spende wird öffentlich verkündet und bringt jedem Spender je nach Größe der Summe respektvolles Murmeln ein. Um der Angelegenheit mehr Drama zu verleihen, werden manchmal auch kleine Spielchen inszeniert. So wird etwa ein Hühnchen versteigert, und die Anwesenden überbieten sich mit der Höhe der gespendeten Gelder, die ihnen nichts einbringen als soziales Ansehen. Auch weniger aufwendige *Harambees* sind möglich. Man muss nicht eigens eine Veranstaltung organisieren. Früher ließ man kleine Quittungsblöckchen drucken, mit denen Verwandte und Freunde ausgestattet wurden, die dann jeweils in ihrem Bekanntenkreis um Spenden warben. Heute wird per *M-Pesa* über das Handynetzwerk Geld überwiesen. So können oft erhebliche Summen in kurzer Zeit zusammenkommen.

Die Nützlichkeit von *Harambees* war natürlich von Anfang an auch den Politikern bewusst. Mit öffentlichen *Harambee*-Veranstaltungen wurden in der Moi-Zeit ganze Schulen finanziert oder Straßen gebaut. Politiker spreizten sich mit großen Reden auf solchen Versammlungen und legten dicke Schecks in die Schüsseln, nicht ohne sicherzustellen, dass ihre potentiellen Wähler das auch gebührend zur Kenntnis nahmen. Aber man konnte davon ausgehen, dass viele der großspurig von Politikern gespendeten Schecks gar nicht gedeckt waren oder nach der Veranstaltung wieder aus den Schüsseln gefischt wurden. Auch sogenannte Zwangs-*Harambees* häuften sich. Da wurde dann die gesamte Belegschaft einer Firma zusammengerufen, und es kam vor, dass allen Angestellten des öffentlichen Dienstes eine bestimmte Summe gleich vom Gehalt abgezogen wurde, ohne ihre Zustimmung abzuwarten. Die großangekündigten Projekte, die dann mit solchen Geldern finanziert werden sollten, ließen in der Regel auf sich warten. Meist verschwand das »gespendete« Geld in dunklen Kanälen. Solcher Missbrauch hat die Institution des *Harambee* deutlich in Misskredit gebracht. Zerstört hat er sie nicht. Öffentliche *Harambees* gibt es seitdem kaum noch, aber im privaten Bereich sind sie nach wie vor populär. Ohne sie wären viele Dinge in Kenia auch gar nicht möglich.

Mary Wasikes Frauengruppe oder *Harambees,* mit denen Projekte finanziert werden können, die die finanziellen Möglichkeiten der einzelnen Beteiligten normalerweise übersteigen, zeigen, dass in der kenianischen Gesellschaft eine Kultur der gegenseitigen Verantwortung und Solidarität tief verwurzelt ist. Korruption und Gewalt, über die man so viel in den Medien lesen kann, sind nur die eine Seite dieser Gesellschaft. Es gibt auch diese andere. »Warum«, fragt ein kenianischer Menschenrechtler, »dulden wir bloß diese ungeheure Korruption auf politischer Ebene, wenn wir doch in der Lage sind, in unserem Alltagsleben solche wunderbaren Institutionen der Solidarität und gegenseitigen Hilfe aufzubauen und mit Verantwortungsbewusstsein und Ehrlichkeit aufrecht zu erhalten?« Kenia war lange Jahre eine Diktatur, aber bestimmte Elemente von Mitbestimmung und Solidarität der Bevölkerung sind niemals zerstört worden.

Die Kenianer sind selbstbewusste Bürger. Das zeigt sich auch auf der politischen Ebene. Selbst unter dem Diktator Moi als die Kandidaten von der Staatspartei KANU vorselektiert wurden, fanden es die Politiker nötig, sich mit großen Gesten und schwungvollen Schaureden auf lokalen Rallyes vor dem örtlichen Publikum ihres Wahlkreises zu präsentieren. Dabei konnte es durchaus zu heftigen und kontroversen Diskussionen über regionale oder lokale Probleme kommen, lediglich bestimmte Themen, wie etwa Kritik am Präsidenten, waren tabu.

Heute kommen die *big shots,* die Minister und Mitglieder des Parlaments, auf ihren politischen Auftritten in Tuchfühlung mit den einfachen *wanainchi.* Sicher, alles läuft nach einem inszenierten Ritual ab; die Minister oder Parlamentarier reisen im Mercedes mit Bodyguards an und sitzen, nach einer peinlich genauen Sitzordnung, die ihrem gegenwärtigen Einfluss entspricht, auf Stühlen unter einem Schattendach, das Volk kommt zu Fuß und sitzt oder steht im Freien, unter der heißen Sonne. Die soziale Distanz ist gewahrt, aber nicht die physische. Die Politiker brauchen die Tuchfühlung mit ihren Wählern, denn heute ist es wieder wie ganz zu Anfang des unabhängigen Staates: Wer sich nicht um seinen Wahlkreis kümmert, wird gnadenlos abgewählt.

In den frühen 1990er Jahren gab es die großen Manifestationen auf dem Kamunkuji-Platz in Nairobi. Das war die große Aufbruchszeit der kenianischen Zivilgesellschaft. Aber auch vor der Entstehung der Demokratisierungsbewegung war die kenianische Gesellschaft keine amorphe Masse, mit der die Politiker verfahren konnten, wie sie wollten. Die Reformer der 1990er Jahre fingen nicht bei Null an, und das war ihnen auch bewusst. Die erste große Oppositionsbewegung FORD nannte sich »Forum for the Restauration of Democracy«. Ihre Intention war, die Partizipation der Kenianer in Staat und Gesellschaft zurückzugewinnen, die durch jahrzehntelange Manipulationen korrupter Politiker verloren gegangen war.

Bis in die 1970er Jahre hatte die Gewerkschaftsbewegung über eine erhebliche Macht verfügt, die sie heute Schritt für Schritt wiederzugewinnen sucht. Fest angestellte und ausgebildete Facharbeiter bildeten in Kenia von Anfang an eine kleine Minderheit; Gelegenheitsarbeiter oder Subsistenzbauern lassen sich schlecht organisieren. Aber bestimmten Berufsgruppen gelang es doch, erheblichen Einfluss in Kenia auszuüben, so in den 1960er und 1970er Jahren die Dockarbeiter, auf die sich Tom Mboya stützte, und bis heute die Matatu-Besitzer, ohne die der öffentliche Verkehr zusammenbricht. Ein Matatu-Streik in Nairobi ist in der Lage, die gesamte Stadt in kurzer Zeit ins Chaos zu stürzen. Auch professionelle Berufsgruppen wie die Lehrer und die Ärzte haben mächtige Berufsorganisationen (Kenya National Union of Teachers KNUT und die Kenya Medical Practitioners, Pharmacists and Dentists' Union KMPDU) und sind in der Lage, mit ihren Streiks erheblichen Druck auszuüben. Die machtvolle Kooperativen-Bewegung nach skandinavischem Vorbild, die es einmal gab, war in der Moi-Ära zerstört worden, aber inzwischen spielen Kooperativen wieder eine wichtige Rolle in Kenia. Mehr als 7000 »Savings and Credit Cooperative Organization« (SACCO) waren 2009 registriert, die meisten davon im Banken- und im Transportsektor, aber auch zur Finanzierung von Immobilien, Start-Ups junger Unternehmer und Ausbildungen. Ein eigenes Ministery of Cooperative Development and Marketing soll die Kooperativen überwachen und fördern. Im landwirtschaftlichen Sektor setzen sich mehr als 3000 Selbsthilfegruppen für eine bessere Vermarktung der Farmprodukte ein. Und auch die vielen kirchlichen Organisationen sollten nicht übersehen werden, die ihren Mitgliedern, aber auch der gesamten Gesellschaft, Plattformen der Selbstverständigung bieten. Man kann soweit gehen zu sagen, dass es in Kenia durchaus eine mächtige Tradition von Selbstorganisation, ja Selbstbehauptung gegenüber der politischen Klasse gibt. Deshalb war es auch gar nicht erstaunlich, dass während der Proteste der 1990er Jahre in scheinbar kürzester Zeit eine aktive und differenzierte Zivilgesellschaft mit einer ständig wachsenden Zahl von Organisationen entstand, auf die sich sehr schnell alle Hoffnungen konzentrierten.

Heute, 20 Jahre später, ist diese Hoffnung etwas verblasst, aber gestorben ist sie nicht. Die Zivilgesellschaft hat eine Reihe von geradezu charismatischen Führerpersönlichkeiten hervorgebracht, wie z.B. Gitobu Imanyara, Koigi wa Wamwere, Willy Mutunga oder John Khaminwa, aber diese auch immer wieder verloren, weil sie ins Exil gingen, einige vielleicht auch, weil sie sich kaufen oder einschüchtern ließen. Aber andere spielen durchaus noch eine wichtige Rolle im öffentlichen Leben Kenias, sitzen im Parlament oder an den Gerichtshöfen und Universitäten, oder in einer NGO. Schlimm erging es dem kenianischen Vorsitzenden von Transparency International, John Githongo, der nach den Wahlen von 2002 im Auftrag des Präsidenten eine Anti-Korruptions-Instanz auf höchster Ebene aufbauen sollte, seine Sache ernst nahm und beim Recherchieren auf einen Sumpf von Betrug und Korruption stieß, der geradewegs auf den Präsidenten selbst und seine Umgebung verwies. Über 16 Prozent des Staatshaushalts war unter dem Namen einer Scheinfirma Anglo Leasing außer Landes geschafft worden. Nachdem Githongo diese ungeheure Tatsache publik gemacht hatte, konnte er gerade noch rechtzeitig ins

Ausland fliehen. Die britische Journalistin Michela Wrong hat seine Geschichte aufgeschrieben – ihr Buch mit dem Titel *It's Our Time to Eat* (etwa: »Jetzt sind wir dran. Korruption in Kenia.«) wurde in englischsprachigen Ländern ein Bestseller.

Heute ist John Githongo wieder zurück in Kenia und setzt seinen Kampf gegen die Korruption fort. Die ist in Kenia leider noch immer ein *Way of Life*. Was die Großen in großem Maßstab praktizieren, das tun die Kleinen mit ihren kleinen Möglichkeiten. Die dezent aufgehaltene Hand mit dem gemurmelten *chai kidogo* (»etwas Kleines für meinen Tee«) gehört noch immer zum Geschäft, und wer sich einen Pass ausstellen lassen will, einen Strom- oder Wasseranschluss beantragen oder einen Geschäftsauftrag bekommen will, tut noch immer gut daran, *kitu kidogo* (»etwas Kleines«) für die entsprechenden Sachbearbeiter oder Geschäftspartner beiseite zu legen. Besonders berüchtigt ist in dieser Hinsicht die Polizei, deren zahlreiche Straßensperren nicht immer nur dazu dienen, die Verkehrssicherheit der Fahrzeuge zu kontrollieren, sondern auch eine sichere Einnahmequelle bilden. 2002, als nach Mois Abgang eine neue Regierung versprochen hatte, die Korruption zu bekämpfen, soll es vorgekommen sein, dass die Passagiere von *Matatus* ihren Fahrer zwangen, dem Verkehrspolizisten sein *kitu kidogo* zu verweigern, und den Gesetzeshüter anzeigten. Das sarkastische Lied »Nchi Ya Kitu Kidogo – Land der kleinen Bestechungen« des Sängers und Songschreibers Eric Wainaina war damals ein Hit, der in allen Kneipen gespielt wurde. Leider ist dieser löbliche Gerechtigkeitseifer heute schon wieder Geschichte – nicht zuletzt, weil die neue Regierung selbst sich als Meister der Korruption zeigte.

Trotzdem – es ist nicht alles hoffnungslos. Die mehr als 20-jährige Auseinandersetzung um eine neue Verfassung kann man wohl als eine Erfolgsgeschichte bezeichnen. In welchem Land wurde schon, wie in Kenia, ein aufwendiger Diskussionsprozess unter allen Bürgern initiiert, um die Meinung aller über einen neuen Verfassungsentwurf zu erfahren? Jeder neue Entwurf wurde in der Presse abgedruckt, man konnte ihn im Internet herunterladen. Anfang der 2000er Jahre, als es eine Zeitlang so aussah, als wäre man ganz kurz vor dem Ziel, zogen freiwillige Helfer mit dem Entwurf einer neuen, besseren Verfassung über Land und beriefen auch in den abgelegensten

Regionen Versammlungen ein, in denen dieser Entwurf diskutiert wurde – von Menschen, die sonst ihren Mais anbauen oder ihre Kühe über karges Land treiben und von den Spitzfindigkeiten der Juristen nichts verstehen, aber sehr wohl Spezialisten ihrer eigenen Lebenssituation sind. Leider wurde der Verfassungsentwurf, der das Resultat dieses Prozesses war, damals von Präsident Kibaki verfälscht, weil er seine eigene Macht nicht genügend gewahrt sah. Aber die Kenianer lehnten dann diesen vom Präsidenten eigenmächtig veränderten Entwurf mit einer klaren Mehrheit in einem Referendum ab. Erst 2010 wurde ein weiterer Entwurf in einem neuen Referendum angenommen. Mit der neuen Verfassung besteht die Chance, dass es diesmal gelingt, dem Land eine von allen akzeptierte konstitutionelle Basis zu geben. Ein Allheilmittel wird die neue Verfassung natürlich nicht sein, aber sie dezentralisiert die staatliche Macht stärker und hat klare Regeln, *Checks and Balances* – ein Fortschritt gegenüber der früheren Situation.

Staat und Gesellschaft stehen sich bis heute in Kenia feindlich gegenüber. Die Unterstützung für demokratische Prinzipien und eine solidarische Gesellschaft in Kenia ist immer noch hoch, aber ist die kenianische Zivilgesellschaft stark genug, den Kampf gegen einen ausbeuterischen und destruktiven Staatsapparat und dessen selbstsüchtige Vertreter zu gewinnen? Das ist eine der großen Zukunftsfragen.

Religion und Kultur

Nyama Choma – Stammtisch-Politik und die Macht der Medien

Bei Sonnentergang füllen sich in Nairobi die Kneipen. Für die Wohlhabenderen sind es die eleganten Bars der großen Hotels, die als Treffpunkt dienen, die Ärmeren hocken in den lauten, heruntergekommenen Schuppen in der River Road und den angrenzenden Straßen östlich der Tom Mboya Road, und alle dazwischen drängen sich in den Clubs und Biergärten, wo der Duft von auf dem Grill brutzelnden *Matumbo* (Innereien) lockt und der Sound von Rappern und *Benga*-Musik von den Bildschirmen in den Raumecken plärrt. Und nicht nur in der Hauptstadt ist das so. Jede Stadt, jedes Dorf, jede Shopping Center genannte Ansammlung von kleinen Läden um eine *Matatu*-Station auf dem Land hat ihre *Nyama Choma*-Bar, am besten gleich mehrere. *Nyama Choma,* deutsch: Grillfleisch, das mit einer ordentlichen Menge Bier hinuntergespült werden muss, ist eine Institution, ist Kult in Kenya, und die entsprechenden Bars sind nicht gerade ein einladender Ort für Vegetarier oder Anti-Alkoholiker.

Gleich am Kneipeneingang steht hinter einer Theke, die meist durch Gitter oder Maschendraht gegen eventuellen Diebstahl gesichert ist, ein riesiger Grill. Vor dem Grill hängt rohes Fleisch: ganze Lammschenkel, halbe Ziegen, Rippchen und was das Herz sonst noch so begehrt. Auf Anfrage sind oft auch frische Nieren oder Leberstücke zu bekommen, und eben *Matumbo*, das als Köstlichkeit gilt und keineswegs, wie bei uns die Kutteln, billig zu haben ist. Man wählt kennerisch sein Stück Fleisch, und während man am Tisch erst mal dem Bier zuspricht, wird dieses fachmännisch gegrillt, dann in mundgerechte Stücke zerlegt und mit *Ugali* (Maisbrei) und *Kachumbari*, einer scharfen Mischung aus frischen Zwiebeln, Tomaten und *Pili-Pili* (Chili), serviert. Jetzt geht es richtig los, das Fleisch schafft eine gute Grundlage für noch mehr Bier, und mit der Zahl der leer getrunkenen Flaschen, die in der Mitte des Tisches wie Trophäen gesammelt werden, steigt die Lautstärke der Biertrinker. Beim Bier ist man patriotisch. Nur das irische Guinness, in der Substanz ähnlich wie das traditionelle Maisbier *Busaa*, konnte als ausländische Marke auf dem kenianischen Markt reüssieren, die südafrikanische Castle-Brauerei, die das halbe südliche und östliche Afrika mit ihrem Produkt überschwemmt, musste sich aus Kenia enttäuscht zurückziehen. Der Kenianer trinkt kenianisches Bier, allem voran *Tusker* mit dem eingängigen gelb-schwarzen Elefanten-Logo.

Nyama Choma ist ein männlicher Kult, um nicht zu sagen *macho*, und erinnert sehr stark an eine kenianische Version des deutschen Stammtischs. Frauen sind allerdings nicht ausgeschlossen, sie können auch mitdiskutieren und dem Bier zusprechen wie alle anderen, aber viele von ihnen ziehen Limonaden oder den süßen Cider Kingfisher vor, oder – noch grausamer – eine Mixtur aus Sprite und Guinness. Dass sich eine Gruppe Frauen ohne Männer um Bier und Ziegenfleisch versammelt, ist seltener, kommt aber auch mal vor und wird von niemandem schief beäugt. Aber es gilt eben noch der alte Macho-Spruch, nach dem Männer, die zusammensitzen, ernsthaft diskutieren, während Frauen nur klatschen. Denn natürlich geht es bei den Diskussionen um das liebste Thema aller Kenianer: um Politik.

Nach dem Schock der Gewalttaten um die Wahlen 2007/2008 ist man vielleicht ein bisschen leiser geworden, desillusioniert von den Machtkämpfen ums *State House,* die auch nach fast zwei Jahrzehnten Demokratisierungsversuchen nicht weniger korrupt und skrupellos geworden sind. Aber die alte Leidenschaft lässt sich nicht auf Dauer unterdrücken, sie hat sich auch nicht während der Moi-Ära bezwingen lassen und hat durch die nun 20 Jahre andauernde Demokratisierungsbewegung immer wieder neuen Auftrieb erhalten. Als der Diktator Anfang der 1990er Jahre endlich gezwungen wurde, Parteien zuzulassen, gab es kein Halten mehr. Man sagte damals, dass drei Kenianer, die zusammensitzen, vier Parteien gründen. Noch nach den Wahlen 2007 gab es so viele Parteien, dass die Regierung sich gezwungen sah, durch ein strengeres Parteiengesetz ihre Zahl zu reduzieren; bis auf etwas mehr als 30 Parteien hat sie die Zahl auch drücken können. Allerdings sind alle diese Parteien, auch die großen, nicht viel mehr als Wahlvereine zur Unterstützung eines bestimmten Kandidaten, und die meisten sind ethnisch geprägt. Im Zentrum der Politik stehen noch immer eher Personen als politische Visionen, aber gerade das führt eher zu Identifikationen als ein abstraktes Programm. Hier, am Kneipentisch, gehen die Diskussionen aber über die »Stammes«grenzen hinweg, auch der Kellner mischt sich vielleicht ein, und am Ende schimpfen alle einhellig auf die korrupte politische Klasse.

Es gibt sicher wenige Länder auf dem afrikanischen Kontinent, deren Bewohner besser politisch informiert und interessiert sind als die Kenianer. Das war schon zu Zeiten Mois so. Der hatte mit allen Mitteln versucht, freie Meinungsbildung zu unterdrücken, und doch nur erreicht, dass die Gerüchteküche immer wieder hochkochte und skurrile Blüten trieb. Um sich verlässlich über Hintergründe der Politik im eigenen Land zu informieren, hörte man damals BBC aus London. Als dann die Pressezensur gelockert wurde, kam ein politisches Magazin nach dem anderen auf dem Markt und wurde den Straßenverkäufern aus den Händen gerissen. Dass die Beiträge lang und kompliziert waren, oft kaum verständlich für einen Laien wie die scharfsinnig argumentierenden Artikel der Zeitschrift der Anwaltsvereinigung *Law Monthly*, störte offenbar niemanden. Im Gegenteil, am Stammtisch argumentiert man gern in juristischen Verrenkungen.

Mit der Einführung der digitalen Medien explodierte dann die Medienszene. Heute verschwinden die staatlichen Medien wie KBC (Kenya Broadcasting Corporation), die früher einmal das Monopol hatten, in der Vielfalt privater Medien. Hinter den beiden großen Zeitungen, *East African Standard* und *Daily Nation*, steht jeweils ein Medienkonzern, der neben einer Reihe von anderen Print-Medien in Kisuaheli und Englisch die beiden großen privaten Fernsehstationen KTN (Kenya Television Network) und Nation TV betreibt, die, vielleicht abgesehen von den abgelegenen Regionen, überall in Kenia empfangen werden und auch teilweise livestream per Internet zu empfangen sind. Die mächtigen Politiker halten hohe finanzielle Anteile an den Medienkonzernen, Moi etwa, und erst neulich hat sich die Kenyatta-Familie in Standard Media eingekauft. Der kritischen

Meinungsvielfalt hat das bisher kaum Abbruch getan. Dazu kommen ausländische Stationen wie BBC, CCN, Al Jazeera und südafrikanische Nachrichtensender, dazu eine Vielfalt von Unterhaltungs-, Musik- und Sportkanälen, die per pay-tv oder Parabolantenne zu empfangen sind. Über unzählige Internet-Portale und Blogs verständigen sich Kenianer in aller Welt in einem immerwährenden Diskussionsprozess über die Zukunft ihres Landes.

Natürlich besitzt längst nicht jeder einen Fernseher oder gar einen Computer. Die meisten können sich kaum die tägliche Zeitung leisten, aber auch sie sind nicht ausgeschlossen von der Medienöffentlichkeit. Internet-Cafés gibt es überall. Zugang zu einem Radio hat wohl jeder, und so hören alle die unzähligen FM-Radiostationen. Die senden Nachrichten, *call-in*-Programme, Diskussionen und vor allem Musik nicht nur in Englisch und Kisuaheli, sondern auch in den regionalen Sprachen. Sie sind wichtige, im Ausland vielleicht oft unterschätzte Meinungsmacher, denn sie erreichen auch die einfachen Leute auf dem Land, sogar diejenigen, die Analphabeten sind. Aber die stärkste Rolle spielt die neue Intensität von Kommunikation durch SMS und Handy. Praktisch jeder in Kenia, auch der Slumbewohner oder der Massai-Hirte, besitzt ein Handy, und Telefonkarten sind bezahlbar für viele. Kleinbauern, die früher den Marktbedingungen hilflos ausgeliefert waren, sind heute gut über die Preisschwankungen in allen Landesteilen informiert und können sich entsprechend darauf einstellen. Transportunternehmer kennen den Straßenzustand auf ihren Strecken, Taxifahrer müssen nicht mehr stundenlang an Straßenecken stehen und auf Kundschaft warten, man kann sie rufen. Selbst Geldüberweisungen lassen sich mit dem effizienten System *M-Pesa* über Handys abwickeln.

Aber das Handy bietet auch ein politisches Forum. Im Vorfeld und während der Wahlen 2007 schwirrten immer wieder neue SMS in die Telefone derjenigen, die sich dem Netzwerk der Oppositionspartei angeschlossen hatten, in denen über Wahlfälschungen, über Unruhen und Einschüchterungsversuche in allen Teilen des Landes berichtet wurde: »Landsleute! Dieses Ungeheuer Wahlfälschung weigert sich zu verschwinden! 3 (Mitglieder) des eigens ausgebildeten Wahlfälscher-Teams der

Administration Police wurden gestern in Mbita getötet, und einer in Homa Bay! Ein Hubschrauber ist in Kisii gelandet, angeblich mit Stimmzetteln. Und im Ngong Hills Hotel kauft Njenga Waruige Stimmen! Lasst uns Nein sagen zu dieser Ungerechtigkeit! Lasst uns unser Land zurückfordern!«

Wenn also der Satz irgendwo zutrifft, dass die Medien die vierte Gewalt in einer demokratischen Gesellschaft sind, dann in Kenia. Und wenn es zutrifft, dass Medien auch eine aufklärerische Funktion haben, dann ebenfalls in Kenia. Das heißt aber nicht, dass sie ungefährdet sind. Die Medien kämpfen einen erbitterten Kampf mit der etablierten Politik. Als die Präsidentengattin Lucy Kibaki spät abends im Nachthemd entrüstet in die Büros des *East African Standard* stürmte, weil die Zeitung über sie negativ berichtet habe, konnte man das als skurrile Einlage der eigenwilligen und resoluten First Lady belächeln. Aber kurz zuvor hatte eine Spezialeinheit der Polizei die Redaktion gestürmt und die Computer zerstört.

Alarmiert vom Grad der Mobilisierung der Kenianer während der Wahlen 2007 versuchte die Regierung zur Jahreswende 2008/2009 ein neues Mediengesetz durchs Parlament zu peitschen, mit dem die in den 1990er Jahren gewonnene Meinungsfreiheit teilweise wieder aufgehoben werden sollte. Sie hatte nicht mit dem breiten und entschlossenen Widerstand gerechnet, auf den sie dann traf. Als der Nationalfeiertag *Jamhuri Day* am 13. Dezember 2008 wie immer feierlich im *Nyayo*-Stadion begangen werden sollte, konnte der Präsident seine Rede nicht zu Ende halten. Eine aufgebrachte Menge hielt Plakate und trug T-Shirts, deren Aufschriften Meinungs- und Pressefreiheit forderten. Mutige Aktivisten wie der Comedian Walter Mong'are, die Radiojournalistin Caroline Mutoko von KISS FM oder Jayne und Mwalimu Mati von der Anti-Korruptions-Internet-Plattform Mars Group wurden verhaftet und kamen erst nach mehreren Tagen frei, nachdem keine Anklage gegen sie erhoben werden konnte. Aber im Januar 2009 wurde der oppositionelle Journalist Francis Nyaruri ermordet, weil er korrupten Machenschaften auf die Spur gekommen war. Es gibt – noch – keine neuen repressiven Mediengesetze, aber wenn man einem mächtigen *big man* auf die Füße tritt, gibt es kein Erbarmen. Das macht das Leben der Journalisten noch gefährlicher,

weil es so unberechenbar ist. Und wenn das neue Sicherheitsgesetz vom Dezember 2014 nicht vom Obersten Gerichtshof
gekippt wird, wird es bald mit der Meinungsfreiheit in den Medien vorbei sein.

Jeder sein eigener Prophet

Maina Njenga verteilt Bibeln an seine Anhänger. Der ehemals
mächtige Führer der gefürchteten *Mungiki*-Sekte, die seit den
1990er Jahren in den Slums von Nairobi, aber auch unter den
Kikuyu der Zentralprovinz Angst und Schrecken verbreitet
und dann bei den Unruhen von 2007/2008 eine schreckliche
Rolle gespielt hatte, war 2009 überraschend aus der Untersu-
chungshaft freigekommen, wo er wegen 29-fachen Mordes
saß. Überraschend? Eigentlich nicht, denn er hatte gedroht,
bei einem Prozess gegen ihn Namen zu nennen, Namen von
Politikern, Geschäftsleuten und sonstigen einflussreichen Personen, die die blutigen Aktivitäten seiner Sekte nicht nur geduldet, sondern sogar aktiv unterstützt und finanziert hatten,
weil sie ihren Interessen dienten. *Mungiki,* meist junge Männer mit Dreadlocks wie einst die Mau Mau, hatten nicht nur
bei den Gewaltausbrüchen nach der Wahl 2007, sondern
schon lange vorher und auch danach mit äußerster Grausamkeit in den Slums von Nairobi und den kleinen Orten der Zentralprovinz gewütet. Sie hatten Schutzgelder erpresst und waren bei Nichtbezahlen nicht davor zurückgeschreckt, ihre
Opfer zu köpfen, hatten Frauen erschlagen, weil sie lange Hosen statt Röcken trugen, und hatten Nicht-Kikuyu zwangsweise beschnitten. In manchen Regionen am Mount Kenya
wurde die Bedrohung zeitweilig so groß, dass die Dörfler sich
ihrerseits bewaffneten und Milizen zur Selbstjustiz griffen,
was wiederum Befürchtungen auslöst, die Gewalt dort könne
außer Kontrolle geraten. Inzwischen kennt man den Namen
von mindestens einem Politiker, der sich während der Unruhen nach den Wahlen 2007/2008 der Mungiki bedient hatte.
Im August 2014 warf nämlich die Chefanklägerin des Internationalen Gerichtshofs, Fatou Bensouda, Uhuru Kenyatta öffentlich vor, er habe nicht nur Maina Njenga für sein Schweigen gut bezahlt, sondern auch sämtliche Mungiki-Mitglieder,

die als Zeugen vor den Internationalen Gerichtshof geladen waren, entweder ermorden lassen oder sie anderweitig zum Schweigen gebracht. Die Anklägerin wird wissen, wovon sie spricht, aber da die kenianische Regierung sich weigerte, Einblick in die Konten Kenyattas zu gewähren, konnte sie schließlich keine Beweise vorlegen. Das zuständige kenianische Gericht war nicht so hartnäckig wie der Internationale Gerichtshof und stellte sehr schnell bedauernd fest, dass es leider nicht genügend Beweise gebe, um Maina Njenga anzuklagen. Seine Frau wurde allerdings im Januar 2010 von Unbekannten ermordet. Ihn aber ließ man frei, und in einem der sechs palastähnlichen Häuser, die er, der selbsternannte Champion der Armen, sich in der Zentralprovinz gebaut hatte, gab er ein Interview. Er habe, so sagte er, im Gefängnis endlich einmal genügend Zeit und Ruhe gehabt, die Bibel gründlich zu lesen. Nun kenne er den richtigen Weg. Er sei nun *saved*, gerettet, ein Christ. Dem sanften Mann, der da auf dem Sessel vor der Reporterin saß, sah man nicht an, dass er eine Sekte führte, die das Christentum bisher als kolonial ablehnte und von sich behauptete, zu den traditionellen Glaubensvorstellungen der Kikuyu zurückgehen zu wollen.

Nun konnten die Kenianer also im Fernsehen verfolgen, wie Njenga, von Hunderten meist jugendlichen Anhängern bejubelt, Gewalt und Tribalismus abschwor, wie er Bibeln an die Menge verteilte und versichert, von nun an den Gesetzen des »universalen« Gottes, und nicht mehr *Thaai,* dem Gott der Kikuyu, zu gehorchen. Neben ihm stand im weißen Spitzenkleid Margaret Wanjiru, damals Mitglied des Parlaments und selbsternannte Bischöfin ihrer eigenen Kirche, der *Jesus is Alive Ministries* (JIAM), und heizte die Stimmung an.

Ein Sieg der christlichen Forderung der Nächstenliebe über einen destruktiven atavistischen Kult? Das Ende von Terror und Gewalt am Mount Kenya? Oder vielleicht nur ein Deal der *Big Men* mit dem Führer einer Sekte, deren Gewalttaten den Politikern, die einst geglaubt hatten, *Mungiki* als willfähriges Instrument für ihre Zwecke nutzen zu können, über den Kopf gewachsen waren? Die Reporterin jedenfalls schließt den Fernsehbericht über den emotionalen Gottesdienst mit dem nüchternen Satz: »Die Kenianer bleiben skeptisch«.

Die Skepsis mag berechtigt sein. Die Gewalttaten von Gangs, die sich immer noch zu den *Mungiki* rechnen, haben seitdem nicht aufgehört, wenn der Sekte auch jetzt eine einheitliche Führung fehlt. Maina Njenga selbst hat inzwischen verkündigt, dass er sich auch in der Politik zu Höherem berufen fühle, und lässt sich zusammen mit prominenten Politikern ablichten.

Das Muster der Bekehrung, das hier öffentlich als großes Medienspektakel inszeniert wurde, ist jedem Kenianer vertraut. Es wiederholt sich tausendfach im privaten Rahmen, es gehört zum kenianischen Alltag wie der gezuckerte Milchtee oder das grüne Blattgemüse *sukuma wiki*. In einer Gesellschaft, die die Bewältigung von Lebensproblemen für den Einzelnen nicht gerade einfach macht, in der Armut, Gewalt, Krankheit und Tod zum Alltag gehören, aber gleichzeitig Familie und Clan immer weniger Halt geben, ist der christliche Glaube für viele zu einem Notanker geworden. Dass man sonntags in die Kirche geht, ist für Kenianer selbstverständlich, ganz gleich, ob sie auf dem Land oder in der Stadt leben, ob sie arm oder wohlhabend sind. Aber weder die protestantischen Kirchen mit ihren eintönigen Hymnen noch die katholische Kirche mit ihrer steifen Liturgie können den emotionalen Bedürfnissen vieler Kenianer genügen. Eher sind das schon die neuen charismatischen Kirchen, deren medienbewusste Prediger aus den USA kommen, die sich über einen großen Zulauf freuen können, aber eine Erweckungsbewegung gibt es auch innerhalb der anglikanischen, der größten Kirche in Kenia.

Mühelos könnte ich solche Fälle aus meinem Bekanntenkreis aufzählen: Die junge Frau, deren Mann abends in der Kneipe mit zweifelhaften Mädchen das für den Haushalt bestimmte Geld vertrinkt statt nach Hause zu kommen, der Angestellte, der seinen Job verliert und nun nicht mehr weiß, wie er sein gerade erworbenes Haus abbezahlen soll – sie haben nicht die Möglichkeit wie bei uns, professionelle Lebensberatung in Anspruch zu nehmen. Es gibt kaum Psychologen oder psychologische Selbsthilfegruppen, aber es gibt die Kirche. Und so kommen die junge Frau oder der Angestellte eines Tages mit sanftem Gesichtsausdruck und strahlenden Augen nach Hause und erklären, Gott habe sie nun angenommen, und sie würden ab sofort ihr Leben ändern. Das Erstaunliche daran ist, dass es funktioniert. Der Ehemann der jungen Frau hört aus Respekt auf, sein Geld mit Mädchen in Kneipen durchzubringen und erklärt sich ebenfalls für *saved,* der arbeitslose Angestellte diszipliniert sich, hört auf zu klagen und zu trinken und macht sich ernsthaft auf die Suche nach alternativen Einkommensmöglichkeiten. Es wird nicht mehr geklagt, nicht mehr getrunken, und Korruption kommt auch nicht mehr in Frage. Wer eine Gruppe von Kenianern abends zu einer Party einlädt, muss immer darauf gefasst sein, dass einige von ihnen aufgehört haben, Bier zu trinken und den ganzen Abend vor einer Cola sitzen. Sie sind *saved* und daher, wie man sagt, *Tea-totaller.*

Heute, im Medienzeitalter, hat die Erweckungsbewegung ihre Fernseh-Stars, bis vor kurzem Dr. Margaret Wanjiru. Mit interaktiver Website, einer eigenen Zeitschrift *(Faith Digest),* zahlreichen Büchern, einer Bibelschule und einem Mikro-Finanzierungsprojekt spielte sie gekonnt auf der Klaviatur der Medien. Einmal die Woche predigte sie im Fernsehen zur besten Sendezeit (»The Glory is Here!«), temperamentvoll, mit ausladenden Gesten und einer Beweglichkeit, die man ihrem doch sehr fülligen Körper gar nicht zugetraut hätte. Wenn die Kamera einen Schwenk über das Publikum fuhr, sah man gut gekleidete Männer und Frauen mit verzücktem Blick, einige in Tränen. Dabei waren ihre Predigten ziemlich inhaltsleer; es ging hauptsächlich um ein immer wiederholtes »Ja, Du bist etwas wert!«, »Ja, Du kannst es schaffen, weil Gott auch Dich liebt!«

Wahrscheinlich lag hier das Geheimnis der cleveren Geschäftsfrau Gottes. Sie verkaufte Selbstvertrauen, mit einer spirituellen Stütze. Der deutsche Sektenprediger Reinhard Bonnke hatte vor gut 20 Jahren noch Tausende von Kenianern mit Wunderheilungen in den Uhuru-Park gelockt – da wankten Lahme ohne Krücken und Blinde wurden sehend. Margaret Wanjiru dagegen wusste wahrscheinlich sehr gut, dass sie mit solchen platten Wundergeschichten keinen Erfolg haben würde. Ihre Klientel war die gebildete, aufgeklärte Mittelklasse. Aber auch deren Mitglieder haben emotionale und spirituelle Bedürfnisse, und die bediente sie eben.

Ein weiterer erfolgreicher charismatischer Prediger, David Owuor, hat kürzlich den Finger auf eine Wunde gelegt und heftige Diskussionen ausgelöst. In ihrem religiösen Eifer, so Owuor,

seien die Kenianer zu leichtgläubig. Nicht jedem seiner Prediger-
kollegen, verkündete er, sei es um das Seelenheil seiner Gemeinde
zu tun. Es gebe viele, denen es nur auf schnöden materiellen
Gewinn ankäme. Pseudo-Apostel, lügende Prediger und falsche
Propheten würden sich als Agenten Gottes ausgeben und die
Gläubigen, die sich von ihnen geistige Führung erhofften, bloß
um ihre mühsam errungenen Ersparnisse bringen. Wohl wahr.
Da kann man nur hoffen, dass Owuor selbst, dessen Bild ver-
zückt von riesigen elektronischen Werbetafeln in Nairobi herab
lächelt, zu den ernsthafteren Gottesmännern gehört, und woher er den riesigen Geländewagen hat, den er fährt, fragt man
dann lieber nicht. Die Gläubigen sollten das aber tun, denn inzwischen treiben es einige der heiligen Männer und Frauen immer toller. Im November 2014 gab es einen Skandal um den
Prediger Victor Kanyari, der Schauspieler dafür bezahlte, von
»Wundern« zu berichten, nur nach einem Vorschuss für das
Seelenheil der Gläubigen betete und gutaussehenden jungen
Damen einen Sonderservice unter vier Augen anbot. Ein Sturm
von Entrüstung ging durch das Land. Der Attorney General
verkündete, die Kriterien zur Registrierung von Kirchen zu ver-
schärfen und betrügerische religiöse Organisationen sofort zu
verbieten. Die Reaktion der Organisationen der offiziellen Kirchen Kenias, wie der Kenya Episcopal Conference oder dem
National Council of Churches of Kenya, war gemischt, aber
dass da etwas geschehen muss, ist allen klar.

Charismatische Bekehrungen haben Tradition in Kenia, und
religiöse Gruppen der einen oder anderen Art sind tatsächlich
allgegenwärtig. Das Alltagleben hat immer auch eine religiöse
Dimension. Was der städtischen Mittelschicht die amerikani-
sierten charismatischen Kirchen sind, sind für die weniger ver-
westlichte und weniger gebildete Landbevölkerung Sekten und
synkretistische Kirchen, die traditionelle Glaubenselemente und
christliche Lehren zu versöhnen suchen.

Über 8000 unterschiedliche Kirchen und Sekten sollen in Kenia registriert sein, von den nicht registrierten freien Gruppen
gar nicht zu reden. Sie bieten allen etwas, den Jungen und den
Alten, den Gebildeten und den Ungebildeten. Der Höhepunkt
der Erweckungsbewegung und der Sekten- und Kirchengrün-
dungen lag in den 1980er und 1990er Jahren, als Kenia in den

langen Jahren der Moi-Diktatur wirtschaftlich am Boden lag, die Menschenrechte mit Füßen getreten wurden und es kaum eine Möglichkeit gab, Kritik frei zu äußern. Ansammlungen von mehr als drei Personen mussten polizeilich gemeldet werden und wurden meist nicht genehmigt, außer religiösen Versammlungen. Da äußerten sich Unzufriedenheit, Frustration und einfach auch materielle Not am ehesten religiös.

Obwohl sich die politische anders als die soziale Situation in Kenia inzwischen merklich entspannt hat, existieren solche Gruppen weiter, und immer wieder kommen neue hinzu. Jeder kann seine spezifische *Roho*-Kirche (Geist, Seele, Erweckung) finden, alle Altersgruppen, in Stadt und Land. Die Gruppen nennen sich etwa African Church of the Holy Spirit, African Eden Roho Society, African Israel Church Niniveh, Christian Holy Ghost Church in East Africa, Lost Israelites of Kenya. Einige sind vom Weltkirchenrat als Kirchen anerkannt, andere gelten als synkretistische Sekten, und wieder andere wollen christliche Werte durch traditionelle religiöse Vorstellungen nicht nur ergänzen, sondern ersetzen. Manche bestehen nur aus ihrem Gründer und dessen erweiterter Familie. Allen aber ist gemeinsam, dass im Zentrum der Kulte, die sie entwickeln, die persönliche Erweckung steht, die Ausgießung des Heiligen Geistes, das Zeugnis-Ablegen und In-Zungen-Reden. Im Schutz der Gruppe geben sie dem Individuum ein Ventil, seine aufgestauten Emotionen, Frustrationen und Ängste auszusprechen, zu schreien oder zu tanzen, manchmal in Ekstase. Als »Wiedergeborene« *(born again)* folgen die Gläubigen danach den oft rigiden moralischen Anforderungen ihrer Kirche, einem Regelwerk, das ihnen Halt gibt. Oft geben sich die Angehörigen einer Sekte durch gemeinsame Kleidung zu erkennen, eine Kopfbedeckung oder spezielle Gewänder, die manchmal nur zum Gottesdienst, manchmal aber auch ständig getragen werden.

Anhänger der Roho Israel Church hüpfen und tanzen jeden Sonntag mit flatternder orange-weiß-grüner Fahne und Trommeln, mit weißen, grün und orange dekorierten Kopfbedeckungen zu ihrem Gebetsplatz unter einem Thorn Tree neben einem modernen Einkaufszentrum, wo sie unbeeindruckt von dem Verkehrsgewühl ringsum ihren Gottesdienst abhalten. Die Mitglieder der African Church of the Holy Spirit schreiten gravitätisch in weiß-roten Roben mit großen Kreuzen unter großen Fahnen zu ihrem Gebetsplatz, der, wie es im traditionellen Afrika üblich war, ebenfalls im Freien liegt, unter einem heiligen Baum. Den fantastischsten Anblick aber bieten wohl die Angehörigen der Legio Maria, die sich erst in den 1960er Jahren von der Katholischen Kirche gelöst hat, und hauptsächlich unter den Luo verbreitet ist. In ihrem Kult nimmt die Sekte traditionelle Glaubenselemente auf, und der Gründer Simon Ondete wird in seinem Heimatort Got Kwer in einem Schrein als Messias verehrt. Sonntags ziehen dort die Anhänger der Legio Maria – etwa 90 000 sollen es in Kenia insgesamt sein – in einer langen Prozession zum Gottesdienst, weihrauchschwingende, quasi biblische Gestalten in bodenlangen fließenden Gewändern in satten Farben, blau, dunkelrot, violett, rosa, smaragdgrün. Sie wirken, als seien sie geradewegs den farbenprächtigen frommen Heiligenbildchen entstiegen, die in manchen katholischen Gottesdiensten verteilt werden. Angeführt werden sie von einem veritablen Bischof mit Mitra und ausladend geschwungenem Bischofsstab, einem Rosenkranz am Gürtel und einem funkelnden, überdimensionierten goldfarbenen Kreuz. Seine Gefolgsleute schleppen sich an übermannsgroßen Holzkreuzen ab wie Jesus auf dem Weg nach Golgatha. Seit Simon Ondetes Tod 1991 gibt es allerdings immer wieder Auseinandersetzungen um die Führung der Sekte, also den Papst der Legio Maria. Bei einer Zusammenkunft in Nairobi im Juli 2009 kam es sogar zu Handgreiflichkeiten, bei denen die würdigen Gestalten aufeinander einprügelten, so dass die Polizei einschreiten musste. Aber der Einfluss der Sekte unter den Luo ist so groß, dass sogar Premierminister Raila Odinga bei einem Besuch der Sekte in dem bekannten farbenprächtigen Ornat auftrat.

In der Region um den Mount Kenya dagegen gibt es seit Mau Mau immer wieder geheime Bünde und Bewegungen, die religiöse, traditionelle und politische Elemente verbinden und sich selbst in der Widerstandstradition des Mau Mau sehen. Die Generäle des antikolonialen Kampfes, allen voran Dedan Kimathi, sind in dieser Region noch gut in Erinnerung und werden auch von jüngeren Kikuyu so verehrt, wie sie im offiziellen Kenia vergessen sind. Das hat viel zu tun mit persönlicher Suche nach Identität, hat aber auch eine politische Dimension. Seit der Kolonialzeit hat sich im gesamten östlichen und südlichen Afrika politischer Widerstand immer wieder in Prophezeiungen und Kulten manifestiert. So war nicht erstaunlich, dass sich auch im Umfeld der ersten Multi-Party-Wahlen 1992, als die Versammlungsfreiheit eingeführt wurde und alle möglichen Vereine, Bünde und Bewegungen auf der Bildfläche erschienen, um sich als politische Parteien registrieren zu lassen, eine politische Kikuyu-Gruppe namens The Tent of the Living God von sich reden machte, die dem Christentum abschwor und sich auf traditionelle religiöse Kikuyu-Werte rückbesann. *Thaaism* nach dem Kikuyu-Gott *Thaai* nannten sie ihre Glaubensrichtung. Hier liegen auch die Wurzeln der *Mungiki*-Sekte (*Mungiki* – »die Massen«, »das einfache Volk«), die aus der Verarmung und Perspektivlosigkeit junger Kikuyu entstand und dann zu einer Terror-Gruppe degenerierte. Zurzeit findet man immer wieder Berichte von Auseinandersetzungen von *Mungiki*-Anhängern mit Angehörigen der *Akorino*-Sekte, die alle Elemente einer Jugendkultur aufweist. Die Akorinos verstehen sich, anders als die *Mungiki,* als christlich, haben aber ebenfalls viele Elemente von Kikuyu-Traditionen aufgenommen. Die Mitglieder tragen weiße Turbane und sind bekannt für ihre religiöse Musik und ihren Tanz. Der Rapper Allan Aaron ließ in seinem Video »Wi Mutheru« (»You are Holy« – Du bist heilig) weißgekleidete *Akorino*-Tänzer als Background-Dancers auftreten. In der kenianischen Presse wurde das kontrovers diskutiert, der Song aber wurde ein Hit, der eine USA-Tournee Aarons ermöglichte.

Natürlich sind nicht alle Kenianer Anhänger von solchen synkretistischen Sekten und Kirchen, was sich schon an den zahlreichen Witzen zeigt, mit denen man sich über deren Anhänger lustig macht. Aber generell ist man schon offen für Prediger aller Art. In Nairobis Jewanjee Garden etwa, einem kleinen Park mitten im Verkehrsgewühl an der Moi Avenue, ließen sich jahrelang in der Mittagspause die Prediger nieder, stellten sich in ihren wallenden Gewändern in Positur, schwangen ihre Bibeln und übertrumpften sich gegenseitig in lautstarken Beschwörungen und religiösen Gesängen, von einem zahlreichen Publikum händeklatschend animiert. Lautsprecheranlagen, die die Predigten früher bis weit über die Moi Avenue dröhnen ließen, dürfen sie heute nicht mehr aufstellen. Aber immer noch kommen viele, die sich mittags nicht das übliche halbe Weißbrot und die Fanta leisten können, zur Unterhaltung hierher, wo es wenigstens geistliche Nahrung gratis gibt.

Man sollte sich nicht wundern, wenn man in Kenia immer wieder gefragt wird, welcher christlichen Konfession man denn angehöre. Eine Antwort, man sei gar nicht gläubig, wird ganz sicher mit höflichem Befremden zur Kenntnis genommen. Ein säkularisiertes Land kann man Kenia also nicht gerade nennen.

So traditionalistisch viele der Kirchen und Sekten auch orientiert sind, so erleichtern sie es vielen Menschen auf der anderen Seite doch, sich an solche Erscheinungen der modernen Gesellschaft zu gewöhnen, die sie ohne christliche Überhöhung ganz sicher ablehnen würden. So ist, wie in zahlreichen anderen afrikanischen Ländern auch, in Kenia eine umfangreiche Gospel-Musik-Industrie entstanden, deren Stars rocken und rappen wie in der weltlichen Musikszene, aber eben zu christlichen Texten. In Interviews schwören sie Drogen und Sex ab und empfehlen einen christlichen Lebenswandel. Jugendliche, deren fromme Eltern ihnen nie den Besuch eines weltlichen Rockkonzerts oder einer Diskothek gestatten würden, dürfen die Musik ihrer Stars anhören, wenn die Texte als geistliche Musik deklariert sind. So kommt es vor, dass säkulare Stars zu Gospel wechseln, weil sie dort mehr ihrer DVDs und CDs verkaufen können, und sogar Politiker benutzen Gospelsongs in ihren Wahlkampagnen. Die südafrikanische Musikshop-Kette Gospel Direct macht inzwischen auch in Kenia gute Geschäfte. Hallelujah!

Geister und *Night Runner* – vom sogenannten Aberglauben

Im Januar 2010 trafen wir bei Einbruch der Dunkelheit zum jährlichen Besuch unserer Farm im ländlichen Nyanza ein. Die tropische Nacht fiel herein, ehe wir uns versahen, und in das Sirren und Fiepen der Grillen und Zikaden mischten sich urplötzlich andere Geräusche. Jemand trommelte in der Ferne, dann schrie ein ganzer Chor greller Stimmen, und es gab laute, scheppernde Geräusche, so als schlüge jemand mit aller Kraft auf Metalltöpfe. Der Lärm schwoll an, näherte sich und schien unmittelbar hinter den Feldern nebenan zu entstehen, ebbte dann wieder ab und war weiter entfernt zu hören, nur um wie eine Welle immer wieder näher zu kommen und sich wieder zu entfernen.

Nur bei uns war Stille. Was war das? Joseph, der Farmgehilfe, klärte mich auf. »Das ist eine Welle des Bösen, die über das Land zieht. Sie nähert sich den Hofstätten, und deren Bewohner lärmen, was sie können, um die bösen Geister zu vertreiben. Die Welle zieht weiter, aber auch vom nächsten Gehöft wird sie vertrieben. So kann das Unheil bei uns nicht Fuß fassen und muss weiterziehen.«

Willkommen in Nyanza. Die Region hat den Ruf, noch immer im Glauben an traditionelle Magie befangen zu sein. Das ist sicher insofern richtig, als es eine Region ist, die von kolonialen Erschütterungen relativ wenig behelligt worden ist, so dass sich traditionelle Lebensweisen und Glaubensinhalte stärker erhalten konnten als anderswo. Aber es ist auch ungerecht, denn nicht nur in Westkenia, auch anderswo findet man magisches Denken und den Glauben an Geister – an der Küste, wo die aus dem islamischen Kulturbereich stammenden Djinns eine Rolle spielen, in der ehemaligen Ostprovinz oder in der Zentralprovinz – ganz zu schweigen von den nomadischen Stämmen Nordkenias. Wer länger in Kenia lebt, wird sich immer auf die eine oder andere Art mit magischem Denken auseinandersetzen müssen. Es ist gut, sich dann klarzumachen, dass wir alle nicht wissen, woher wir kommen und wohin wir gehen, und dass auch viele Menschen in Mitteleuropa weniger aufgeklärt sind als man denken würde – denn wie war das noch mit der schwarzen Katze, die vor uns die Straße überquert?

Der erste Besuch bei meiner Schwiegermutter war ein unvergessliches Erlebnis. Die alte Dame wohnte in einer *Dala,* einem traditionellen Gehöft in der Nähe von Maseno, einer Provinzstadt am Viktoriasee. Ihr Haus, das Elternhaus meines Mannes, war westlich gebaut aus Betonsteinen, mit rechteckigem Grundriss und Wellblechdach. Innen waren die Wände mit Ölfarbe bunt gestrichen, Familienbilder hingen an den Wänden, es gab eine ausladende Sitzecke mit Häkeldecken auf den Polstern. Maseno liegt unmittelbar am Äquator, und die Dunkelheit fiel ganz plötzlich herein wie eine schwarze Decke, unter der alles, aber auch alles verschwindet. Es war eine wolkige Nacht, kein Stern blinkte am Himmel, auch der Mond leuchtete nicht. Die

Schwärze war so ungeheuer schwarz, wie sie es nur in Afrika auf dem Lande sein kann. Nichts war zu sehen, absolut nichts, auch nachdem das Auge sich an die Dunkelheit gewöhnt hatte. Strom gab es damals in dieser Gegend noch nicht, und der schwache Schein von Kerosinlampen umliegender Häuser konnte die massive Dunkelheit entweder nicht durchdringen, oder war, wie bei uns, hinter hölzernen Fensterläden und verrammelten Türen verborgen. Bei uns war die Tür noch extra mit einem vorgelegten Holzbalken verstärkt, als Schutz vor Dieben – oder vielleicht vor sonst noch jemandem?

Meine Schwiegermutter war eine gläubige Christin, sie war *saved*, um genau zu sein, und mein Mann erklärte mir, sie wolle nun zu mir predigen. Die alte Dame setzte sich auf ihr Sofa, schlug die Bibel auf und begann, mit laut erhobener Predigerstimme zu mir zu sprechen. Sie sprach Kisuaheli, eine Fremdsprache für sie, obwohl sie wusste, dass ich diese Sprache damals genausowenig sprach wie ihre Muttersprache Dholuo. Ihr Sohn musste jeden Satz für mich übersetzen. Aber sie war sich nicht sicher genug, ob sie im Englischen das sagen können würde, was sie mir mitteilen wollte. Schnell merkte ich, dass im Mittelpunkt ihrer Predigt ihre eigene Lebensgeschichte stand, in der sie einen Ausfluss der Gnade Gottes sah, und tatsächlich war diese Geschichte anrührend genug. Ohne die Vorstellung, sie spräche gar nicht über sich, sondern über Gottes Werke und über sich selbst als Werkzeug Gottes, hätte sie es nicht gewagt, mir ihr Leben zu erzählen.

Am Schluss musste ich noch Psalm LXXVII lesen. »Die Wasser sahen Dich, Gott, und ängstigten sich, und die Tiefen tobten. Die dicken Wolken gossen Wasser, die Wolken donnerten, und die Strahlen fuhren daher. Es donnerte im Himmel, Deine Blitze leuchteten auf dem Erdboden, das Erdreich regte sich und bebte davon.« Da saß die alte Dame, hoch aufgerichtet, im Gesicht eine altmodische Lesebrille, die sie irgendwie weise aussehen ließ, von unten beleuchtet vom schwachen Licht der Kerosinlampe, und da draußen, hinter der verrammelten Tür, war diese unsagbare große afrikanische Dunkelheit. Plötzlich wusste ich, warum die Tür verrammelt werden und warum dieser Gott, vor dem selbst die Natur erbebte, beschworen werden musste. Wer weiß, was da draußen, in dieser Dunkelheit, lauerte?

Draußen, in der Nacht, herrschen die Geister. Die menschliche Wirklichkeit ist sozusagen untergegangen bis zum nächsten Morgen, es herrscht eine andere Zeit, die Zeit der Toten. Im traditionellen Afrika denkt man sich die Zeit nicht als eine Linie, die aus einer dunklen Vergangenheit in eine offene Zukunft läuft. Man hat eine eher räumliche Vorstellung. Das Hier und Jetzt, die Welt der Lebenden, ist eine kleine Insel in einer zeitlosen anderen Welt, einer Welt, die die Menschen nicht beherrschen. Aus dieser anderen Welt kommen die Neugeborenen, und die Toten fallen wieder in sie zurück. Solange sich noch jemand an sie erinnert, umgeben sie als Geister die Behausungen der Menschen, beschützend oder feindlich, je nachdem, wie die Lebendigen ihr Andenken pflegen. Später, wenn sie in der Ungenanntheit, im Vergessen, versunken sind, werden sie unberechenbar, und die Nacht ist voll von ihnen.

Die Dunkelheit ist die Zeit der Furcht, aber sie ist auch die Zeit der Geschichten, der Phantasie, der Mythen und Legenden. Früher versammelten sich die Kinder in der *siwndhe,* im Haus der Großmutter, und hörten die Geschichten, die nur sie erzählen konnte, denn sie war dieser anderen Welt schon nahe. Und sie wusste, warum und seit wann die Menschen sterben müssen, warum sie dazu verdammt sind, auf den Feldern zu arbeiten, um leben zu können, und auch, wie der große Viktoriasee mit seinem Fischreichtum entstand. Aber sie wusste auch, wie es jungen Mädchen geht, die arrogant jeden Freier verschmähen, oder denjenigen, die die kranken, schwachen oder behinderten Menschen verlachen. Aus der Dunkelheit kam auch die Moral, kamen die Regeln, die das Leben der Lebendigen ordneten.

Viele Jahre später, die Schwiegermutter war lange gestorben, zogen wir auf die Farm, in unser Haus auf dem Grundstück der *Dala.* Wie in Kenia üblich hatten wir einen *Watchman,* einen Wachmann, der sich die Nächte in der Dunkelheit um die Ohren schlagen musste, um potentielle Einbrecher abzuhalten. Ein anstrengender Job, und auch ein schwieriger, psychologisch gesehen, wenn man sich die Bedeutung der Dunkelheit vor Augen führt. Aber wir hatten den Bann gebrochen, etwas zumindest, denn inzwischen gab es Strom, und überall auf dem Grundstück waren Lampen angebracht, die auf Bewegungsmelder reagierten.

Dennoch klopfte unser Wachmann eines Nachts aufgeregt an unser Fenster und bestand darauf, hereingelassen zu werden. Er hatte eine haarsträubende Geschichte zu erzählen. Am schmiedeeisernen Grundstückstor sei urplötzlich, aus dem Nichts, eine Frauengestalt aufgetaucht, ein junges Mädchen, ziemlich hellhäutig und mit einem Kopftuch wie eine Muslima. Sie habe darauf bestanden, dass sie den *Watchman* kenne, und wollte eingelassen werden. Als der, starr vor Angst, sich weigerte, habe sie sich abgewandt und sei in Richtung Fluss fortgegangen, mitten in die Dunkelheit hinein, in der sie verschwand. Dem Wachmann standen die Haare vom Kopf ab, als ob er elektrisiert worden sei. Niemand von uns wagte, hinauszugehen und nachzusehen, ich auch nicht.

Am nächsten Tag zog der Wachmann Erkundigungen ein. Ja, die Frau sei bereits mehrmals nachts erschienen. Einmal habe sie sich von zwei kleinen Mädchen den Weg zu einer bestimmten *Dala* zeigen lassen. Die Mädchen seien ihr vorausgegangen und hätten die Schritte der Frau hinter sich gehört, aber immer wenn sie sich umgewandt hätten, sei da niemand gewesen. Auch den kleinen Mädchen hätten die Haare vom Kopf abgestanden, als ob sie elektrisiert worden seien. Man wisse auch, wer die junge Frau sei. Die Tochter eines älteren Paares aus der Nachbarschaft sei in die Stadt gegangen und dort gestorben. Als man den Eltern die Leiche brachte, war sie schon so verwest, dass es unmöglich war, sie, wie das üblich ist, im Haus für die Beerdigung aufzubahren und die üblichen Totenrituale an ihr zu vollziehen. Die Tote lag also tagelang ungeschützt im offenen Grab, bis die Beerdigung vorbei war. Sogar Regen soll auf die Leiche gefallen sein. Dieser respektlose Umgang mit der Verstorbenen habe sie um ihre Ruhe gebracht. Inzwischen seien die alten Eltern ebenfalls gestorben, so dass sie auch kein zu Hause mehr habe, an das sie sich wenden könne, und nun irre sie ruhelos umher, immer auf der Suche nach einer *Dala,* die sie aufnehme.

Früher wusste man, was in einem solchen Fall zu tun sei. Das Opfer einer Ziege oder eines Schafs hätte den Geist der Toten ganz sicher besänftigt. Aber heute ist das nicht mehr möglich. Alle Mitglieder der Gemeinschaft verstehen sich als Christen, die ein solches heidnisches Ritual nicht dulden dürfen. Das traditionelle Gegenmittel ist ihnen genommen, aber die Angst vor den Geistern, vor Magie und Hexerei bleibt. Das führt zu einem Gefühl von Hilflosigkeit und Ausgeliefertsein, das man als guter Christ nicht einmal offen zeigen darf. Und es kommt vor, dass solche Angst und Hilflosigkeit in einer Orgie von Gewalt explodiert, vor allem, wenn Menschen arm und verzweifelt sind und wenig Bildung genossen haben. Die grausame Verfolgung angeblicher Hexen hat in den letzten Jahren auf dem gesamten afrikanischen Kontinent zugenommen, so auch in Kenia. Erst im Mai 2008 wurden in Kisii in Westkenia elf ältere Leute, acht Frauen und drei Männer, aus ihren Häusern getrieben und dann verbrannt, weil sie angeblich schwarze Magie praktiziert hätten. Sozialpsychologen glauben, dass in schwierigen Umbruchszeiten Zukunftsangst und Orientierungslosigkeit zu einer irrationalen Dämonenangst und zur Suche nach Sündenböcken führen, die in Hexenjagden münden, wie das im Europa der frühen Neuzeit auch der Fall war.

Aber es sind nicht nur die Geister der Toten, die in der Nacht umherirren. Da sind die Diebe, die sich vor der Dunkelheit nicht fürchten, aber auch andere menschliche Wesen, die ihren Spuk treiben. In Nyanza gibt es, so versichert man mir, zum Beispiel *Night Runners (Jajuok)*. Tagsüber sind das ganz normale Mitglieder der Gemeinschaft, meistens Männer, die Frau und Kinder haben und einem ordentlichen Beruf nachgehen, manchmal auch Frauen. Nachts, wenn die Zeit der Vernunft aufgehoben ist und die Zeit der Geister beginnt, werfen sie ihre Kleider von sich und rennen splitternackt nach draußen, treten gegen Türen und werfen Gegenstände aufs Dach, was auf Wellblechdächern einen ziemlichen Lärm erzeugt. Sie richten keinen Schaden an, sondern haben einfach ihren Spaß daran, die Leute zu verschrecken und am Schlafen zu hindern. Später kehren sie nach Hause zurück und sind wieder ganz normale Menschen, von deren nächtlichen Aktivitäten niemand etwas ahnt. Mir wurde immer wieder versichert, dass *Night Runners* tatsächlich existieren. Ich habe sogar einen Internet-Blog gefunden, in dem diskutiert wurde, ob *Jajuok* vielleicht eine speziell in Westkenia verbreitete Geisteskrankheit sei. Die einzige Stimme, die dafür plädierte, dass es sich eher um dämonische Besessenheit handele, gehörte einem Amerikaner, der behauptete, eine Videoaufnahme von einem *Night Runner* zu besitzen.

Es muss nicht immer destruktiv sein, aber in Kenia lebt man mit dem Übernatürlichen. Die Geister, die *spirits*, gehören zum Leben genauso wie die Toten. Niemand macht eine große Sache daraus. Vor einigen Jahren fand man in der Zentralprovinz eine verletzte Python-Schlange. Das seltene Tier wurde in den Schlangenpark am Nationalmuseum in Nairobi gebracht, um gesund gepflegt zu werden. Damit war die Sache aber alles andere als erledigt. Vielen Luos war völlig klar, dass es sich hier um *Omieri* handelte, die heilige Schlange aus dem Viktoriasee, tatsächlich also um einen *spirit*. Es wurde als eine Sache von höchster Wichtigkeit angesehen, die kranke Schlange sofort zum See, also in ihre Heimat, zurückzuführen. Tagelang beherrschte *Omieri* die Schlagzeilen der Presse, bis Kenya Wildlife Services tatsächlich das Tier in das Kisumu-Museum überführte, wo ebenfalls ein Schlangenpark existiert, in dem sie versorgt werden konnte. Später ließ man das Tier frei.

Schlangen sind überhaupt besondere Tiere. Sie stehen immer im Verdacht, eigentlich ein Geist zu sein. Oft verstecken sich die Tiere, angelockt von Mäusen und anderem Ungeziefer, in den Dachkonstruktionen traditioneller Hütten, und da hört dann der Spaß auf. Speikobras, Puffottern und schwarze Mambas gehören zu den giftigsten Schlangen überhaupt und können nicht in einer menschlichen Behausung geduldet werden. Die Bewohner sehen oft keine andere Möglichkeit, als den gefährlichen Hausgenossen zu erschlagen, aber wohl ist ihnen dabei nicht. Vor zwei Jahren lag auf der Asphaltstraße vor dem Eingang zu unserer *Dala* eine tote Schlange. Das heißt, es war ehemals eine tote Schlange gewesen, jetzt war es nur noch die plattgedrückte Haut mit einem zerquetschten Kopf, und jeden Tag wurde sie platter. Jemand hatte das tote Tier mit Absicht auf die vielbefahrene Straße gelegt, so dass Autofahrer, die die Stelle passierten, nicht anders konnten, als ein weiteres Mal mit den Reifen über den platten Kadaver zu fahren. Wie konnte da der *spirit* noch sicher sein, wer es tatsächlich war, der ihn getötet hatte? Hunderte von Autofahrern kann auch der mächtigste *spirit* schließlich nicht verfolgen. Eigentlich ein clevere Idee, um einem Geist eins auszuwischen!

»Who can *bwogo* me?«
Literatur, Musik und populäre Kultur

Sport, Musik, Politik, Tanz und Gebet – das interessiert die Kenianer. Früher hat man sich, wie wohl überall im traditionellen
Afrika, auch Geschichten am abendlichen Feuer erzählt, aber
diese alte Kultur existiert längst nicht mehr. Auch auf dem Land
ist der Sprung zu Filmen, Videos, Fernsehen oder Radio vollzo-
gen, und brasilianische oder philippinische Seifenopern, amerikanische Serien oder indische *Bolly-* und nigerianische *Nolly-
wood*-Filme haben die alten Geschichten ersetzt.

Eine Buchkultur ist in Kenia dagegen eigentlich nicht entstanden. Hin und wieder schreibt jemand ein politisches Buch
oder eine Biografie, aber Schriftsteller, die Romane und andere
fiktionale Texte veröffentlichen, sind rar. Das war nicht immer
so, in den 1970er und 1980er Jahren gab es hoffnungsvolle
Ansätze. Damals krempelte der junge Universitätsdozent und
Schriftsteller Ngugi wa Thiong'o zusammen mit zwei Kollegen
die Englischabteilung der Universität von Nairobi um: Nicht
mehr britische, also koloniale, Literatur wie Shakespeare und
Byron sollte gelehrt werden, forderte er, sondern Literatur afrikanischer Schriftsteller, etwa die Romane des Nigerianers Chi-
nua Achebe. Die afrikanistisch gesinnten Rebellen hatten Erfolg.
Heute heißt die Abteilung der Universität einfach Department
of Literature, und niemandem würde mehr einfallen, hier noch
klassische britische Literatur als vorbildlich hinzustellen. Ngugi
wurde ein weltweit berühmter Schriftsteller, dessen Romane
heute nicht nur am Literature Department, sondern an allen
kenianischen Schulen Pflichtlektüre sind.

Als Ngugi allerdings begann, statt in Englisch in seiner Muttersprache Kikuyu zu schreiben und mit Bewohnern seines Hei-
matdorfs eine Laien-Theatergruppe aufzubauen, die kritische
Theaterstücke probte, zog das den Zorn des damaligen Diktators Moi auf sich und hatte für Ngugi einen langen Gefängnis-
aufenthalt ohne Prozess zur Folge. Nach seiner Freilassung ging
er ins Exil und schrieb von dort aus erfolgreich für ein weltwei-
tes Publikum, immer zuerst in Kikuyu, das er dann selbst ins
Englische übersetzte. In den 1980er Jahren wurde er sogar als
ein möglicher Kandidat für den Nobelpreis gehandelt, aber der

ging dann nach Nigeria an Wole Soyinka. Ngugi ist heute Literaturprofessor in Kalifornien, und seine Vorstellung von einer authentischen afrikanischen Literatur, die nur in afrikanischen Sprachen geschrieben werden könne, beeinflusst bis heute die akademischen Diskussionen. In Kenia genießt er noch immer großen Respekt, seine Romane wie *Verbrannte Blüten* oder *Matigari* kennt hier jeder. Aber es ist fraglich, ob ihr vorherrschendes Thema, der Kampf um die Unabhängigkeit von der englischen Kolonialmacht, von einer jüngeren Generation noch als aktuell empfunden wird. Ngugi ist noch zu Lebzeiten ein Klassiker geworden.

Lange wurde in Kenia Literatur als eine rein akademische Angelegenheit verstanden, die an die Universitäten gehöre. In akademischen Journalen, die sich mit afrikanischer Literatur befassen, ist immer wieder zu lesen, Ostafrika sei heute eine literarische Wüste; der ersten Generation, die einen Ngugi hervorgebracht habe, sei keine jüngere Literatengeneration nachgefolgt.

Diese Behauptung stimmt allerdings nur bedingt. Schon in den 1980er Jahren gab es auch außerhalb der Universitäten Romanautoren, nur – die schrieben anders. Am bekanntesten, auch international, wurde Meja Mwangi mit seinen sozialkritischen realistischen Romanen wie der Nairobi-Trilogie, deren erster Teil, *Nairobi, River Road,* auch in Deutschland viel gelesen wurde. Mwangi interessierte sich nicht für afrikanische Authentizität und die Ursprünglichkeit ländlichen Lebens, sondern für die miserablen Lebensumstände in den Städten. Er schrieb bewusst einfach und drastisch. Später experimentierte er mit Genres populärer Literatur wie dem Abenteuer- und Kriminalroman, nicht immer erfolgreich, und versuchte sich auch an Filmdrehbüchern. Heute konzentriert er sich auf deftige Dorfgeschichten mit sozialkritischem Anspruch. Wie sein ebenfalls nicht-akademischer Schriftstellerkollege David Maillu, der früh für sich in Anspruch nahm, für die Massen zu schreiben, hatte er erkannt, dass in dem akademischen Ghetto der Universitäten gar keine lebendige Literatur entstehen konnte.

Auch Mukoma wa Ngugi, ein Sohn Ngugi wa Thiong'os, gehört inzwischen zu den führenden Schriftstellern Kenias, auch wenn er hauptsächlich von den USA aus schreibt. Er begann in den 1990er Jahren, als populäre Romane um Liebe, Sex und Crime die Szene beherrschten. Britische Verlage nahmen dies als neue Tendenz erfreut auf und gründeten eigene Reihen für populäre Literatur, aber die Leserschaft blieb gering. Das ist auch kein Wunder, denn wer Krimis, Fantasy und Abenteuergeschichten lesen möchte, dem stehen ja Unmengen kommerzieller englischsprachiger Massenliteratur aus England und den USA zur Verfügung, deren Qualitätsstandards kenianische Produktionen nie erreichen können. *Airport literature* nennt man solche Bücher in Kenia, weil sie vor allem in den internationalen Buch- und Zeitschriftenläden am Flughafen und neuerdings auch in den Supermärkten zu erhalten ist.

Die Zahl der Kenianer, die sich für solche Literatur interessiert, ist allerdings ziemlich klein. Kenianer lesen kaum Bücher zur Unterhaltung oder gar zur Bildung. Nicht umsonst nennt sich die große Buchhandelskette in Nairobi Text Book Center, denn *Text Books* sind Lehrbücher, mit denen man sich an Schulen und Universitäten beschäftigt, und da gehört im Verständnis des durchschnittlichen Kenianers die Literatur hin. Die intellektuelle Literaturszene ist nach wie vor dünn, die akademische Literaturkritik längst an ausländische Universitäten abgewandert, etwa nach Südafrika. Buchverlage in Kenia sind allerdings nicht, wie in vielen anderen afrikanischen Ländern, völlig ausgestorben, wenn auch die Szene dominiert wird von großen britischen Verlagen wie Heinemann und MacMillan. Alle Verlage wollen vor allem am Schulbuchgeschäft teilhaben. Neun von zehn der in Kenia verlegten Bücher sind Lehrbücher, und vielleicht ist das ja auch in Ordnung für ein Land, in dem die Bildung der wichtigste Schlüssel für die Zukunft ist.

Also doch eine literarische Wüste? Nein, ganz so ist es auch wieder nicht. In den 1970er und 1980er Jahren war das potentielle Publikum eine verschwindend kleine, aber westlich gut gebildete Elite. Das hat sich heute geändert, dank eines, alles in allem, erfolgreichen Bildungssystems. Wie gesagt haben 85 Prozent der Kenianer Lesen und Schreiben gelernt, und wenn man auch noch immer mit einer großen Gruppe von sekundären Analphabeten rechnen muss – also Menschen, die zwar einmal Lesen gelernt haben, diese Fertigkeit in ihrem Leben aber niemals anwenden –, hat sich dadurch auch die Zahl der potentiellen Leser stark vergrößert. Mehr Kenianer beteiligen sich am kulturellen Leben, und dementsprechend verändert sich auch dessen Charakter. Bücher können sich die meisten Kenianer gar nicht leisten, sie stöhnen schon über die Kosten der Lehrbücher, die sie für ihre Kinder anschaffen müssen. Wo die meistverbreitete Lektüre die Zeitung ist, wird sich auch Literatur in den Zeitungen finden. So war es auch lange Zeit. Generationen von Kenianern fanden sich wieder in den Kolumnen von Whispers, alias Wahome Mutahi, der jede Woche in der Sonntagsausgabe der *Daily Nation* in unnachahmlichem satirischen Ton von den Problemen berichtete, die ihm und seiner Frau, Thatcher genannt, im Alltag so begegneten. Ganz Kenia kugelte sich vor Lachen, denn obwohl Mutahi Kikuyu war und das auch gar nicht verbarg, waren die Situationen, die er schilderte, doch allen Kenianern vertraut.

Heute spiegeln sich die mehrfachen, oft auch widersprüchlichen Identitäten der modernen Kenianer auch in der Literatur. Am deutlichsten ist das in bei Binyavanga Wainaina, dessen Vater Kikuyu und dessen Mutter eine ugandische Tutsi ist. Sein Text über seine Rückkehr nach Kenia nach langem Aufenthalt in Südafrika, *Discovering Home,* wurde 2002 mit dem renommierten literarischen Caine Prize for Africa ausgezeichnet. 2011 erschien seine Autobiografie *One day I will write about this place* (Eines Tages werde ich über diesen Ort schreiben) und wurde in viele Sprachen übersetzt, darunter auch ins Deutsche. Wainaina ist heute international anerkannt als einer der führenden afrikanischen Intellektuellen, er hat eine feste Kolumne in einer südafrikanischen Wochenzeitung, und sogar *Die Zeit* hat schon mindestens einen Artikel von ihm gedruckt. »Ich bin ein In-Between«, sagt Wainaina von sich selbst, und das ist wahr nicht nur im ethnischen Sinne. Ende 2013 erklärte er öffentlich mutig: »I am a homosexual, Mum« und löste damit auf dem konservativen und oft homophoben afrikanischen Kontinent eine Lawine aus.

Wainaina ist auch die treibende Kraft hinter dem bewusst unakademischen Projekt *Kwani?* (»Ist was?«; www.kwani.org) – Zeitschrift, Website, Kulturveranstalter –, in dem auch Kurzgeschichten, Glossen und Erzählungen junger Autoren veröffentlicht werden. Eine weitere Preisträgerin ist schon daraus hervorgegangen: Yvonne Adhiambo Owuor erhielt den Caine

Prize im Jahr 2003. Auch sie sucht, wie viele der jüngeren Schriftsteller auf dem afrikanischen Kontinent, in der Literatur einen Ausdruck ihrer hybriden Identität. Afrikanische oder kenianische Authentizität, wie sie noch Ngugi anstrebte, ist nicht ihr Ziel, auch wenn sich ihr neuestes, 2014 erschienenes Buch *Dust* (Staub) mit der dramatischen und blutigen Geschichte Kenias in der zweiten Hälfte des 20. Jahrhunderts beschäftigt.

Populär bei jüngeren Kenianern sind Poetry Slams und Rap Festivals. An Schulen, ausländischen Kulturzentren wie dem Goethe Institut, aber auch an Literaturabteilungen der Universitäten werden immer wieder solche Events angeboten, manche auch international, wie 2013 an der Universität von Kisii in Westkenia. Die Popularität solcher performativer Literatur ist leicht zu erklären, denn das eigentliche Medium einer im Entstehen begriffenen modernen, multiethnischen kenianischen Kultur ist nicht die Literatur, sondern die Musik. Musik ist die wichtigste populäre Ausdrucksform, und auch sie hat sich gewandelt von ethnischen Traditionen zu vielfältigen globalen Einflüssen, die etwas Neues, genuin Kenianisches, entstehen lassen.

Die kenianische Musiktradition ist so vielfältig wie die Regionen Kenias, aber die traditionellen Musikeinflüsse, wie *Nyatiti*- (ein Saiteninstrument der Luo) oder *Suahili*-Musik und *Ta'arab,* blieben nicht auf ihre Herkunftsregion beschränkt. Ausländische Einflüsse waren schon immer stark. In den 1980er Jahren übten Musiker aus Kinshasa großen Einfluss aus auf die *Benga*-Musik, die von der Region um den Viktoriasee her ganz Kenia eroberte und auf Elementen traditioneller Luo-Musik basiert. Viele Musiker, die in Nairobi reüssierten, kamen ursprünglich aus Tansania, wie Remmy Ongala, der unvergessene Meister.

Musik gab den täglichen Sorgen und Hoffnungen Ausdruck und war deshalb schon immer subversiv. In den 1980er Jahren konnte man an den *Matatu*-Stationen Musikkassetten in Kikuyu, Luhya und Luo kaufen, mit denen man sich von der Polizei besser nicht erwischen lassen durfte, was ihrer Beliebtheit keinen Abbruch tat. In Westkenia und Nyanza, wo traditionell zur *Nyatiti* Spott- und Preislieder gesungen wurden, fand man Musikkassetten, die sich ganz tagespolitisch etwa über die Aktionen des Bildungsministers oder die Korruption im Land lustig machten oder etwa die Leistungen des Fußballklubs Gor Mahia priesen. In der Zentralprovinz wurde die regionale Musiktradition eher durch amerikanische Country- und Bluegrass-Musik ergänzt. Kenny Rogers und Dolly Parton erfreuten sich größter Popularität, und populäre Sänger wie Joseph Kamaru traten mit Cowboyhut auf – bis heute noch eine beliebte Kopfbedeckung bei älteren Kikuyu, während ältere Luos Arbeiter-Schirmmützen à la Bert Brecht bevorzugen.

Jüngere Leute aus ganz Kenia tragen heute allerdings eher Baseballkappen. Seit den 1980er Jahren wendeten sie sich zunehmend von afrikanischen Musiktraditionen ab, die mit Weltmusik und Crossover gleichzeitig in Europa immer populärer wurde. In der Disko-Szene Nairobis war Michael Jackson der King. Bands wie »Them Mushrooms« spielten leichte, tanzbare Musik und waren damit auch über Kenia hinaus erfolgreich. Inzwischen gibt es kenianische Stars, die auf internationalen Bühnen erfolgreich sind mit Fusionen aus traditionellen Elementen und Rock, Pop und R&B, wie Eric Wainaina, der über eine klassische Musikausbildung verfügt und eingängige Songs mit Elementen aus Kikuyu- und Luo-Traditionen produziert, Suzanna Owiyo, die Balladen im Stil von Tracy Chapman singt, und Ayub Ogada, dessen harmonische und melancholische *Nyatiti*-Songs Mainstream sind und schon den musikalischen Background zu verschiedenen internationalen Afrika-Filmen abgegeben haben.

Heute haben Reggae und Rap die kenianische Musikkultur erobert. Während die frühen Hip-Hop-Sänger noch ihre amerikanischen Vorbilder in Stil, Kleidung und Sprache kopierten, begannen Hip-Hopper etwa ab der Mitte der 1990er Jahre mit Raps zu experimentieren, in denen sich verschiedenartige Musikelemente und Songthemen vermischen und Sprachelemente aus Sheng, Kisuaheli, Kikuyu, Dholuo gemixt wurden. Unter Einfluss von Reggae-Elementen entwickelte sich ein genuin kenianischer Rap, der schnell zu *der* Ausdrucksform junger urbaner Kenianer wurde – quer zur ethnischen Herkunft oder sozialen Schicht. Durch die zahlreichen Radio-Musiksender kann man kenianischen Rap überall hören, selbst in den Läden und *Matatus* der entlegendsten Landesteile. Der Rapper Hardstone sampelte 1996 in »Uhiki« ein traditionelles Kikuyu-Lied mit

Marvin Gayes »Sexual Healing«, der Rapper Mighty King Kong kam von ganz unten, war ein Straßenkind in Kisumu und dazu seit einer Polio-Erkrankung körperlich behindert. Auch weibliche Rapper gibt es in der Szene, wie bei der Band Necessary Noize, die mit einer Frontfrau auftritt. Immer steht der Stolz, Afrikaner zu sein und im eigenen – synkretistischen – Idiom zu rappen, im Vordergrund, auch wenn ein Rapper vom Ausland aus operiert, wie etwa Wawesh.

Eng verknüpft ist die Rapper-Szene mit der *Matatu*-Kultur Nairobis. Auch Comedians wie die Gruppe Redykyulass, die es schon in den frühen 1990er Jahren wagte, sich über die gesamte politische Klasse lustig zu machen, stammen aus dieser Szene. Ein absoluter Renner aber wurde im Vorfeld der Wahlen 2002, die das Ende der Diktatur Mois brachten, der Song »Who can *bwogo* me?« (ein Luo-Ausdruck, der so viel heißt wie: »Wer kann mir schon was wollen«?) des Duos Gidi Gidi Maji Maji. Dieser Rap entwickelte sich zur Hymne der Regenbogen-Koalition, der Oppositionspartei New African Rainbow Coalition (NARC), der es schließlich gelang, einen Wahlsieg über den Diktator herbeizuführen. T-Shirts mit dem Victory-Zeichen und der Aufschrift *unbwogable* (»unbeugsam«) waren damals heiß begehrt, und die Wortbildung ist seitdem ein fester Bestandteil des kenianischen Sprachschatzes geworden.

Die urbane Generation, die zu ihrer synkretistischen Identität steht und stolz darauf ist, hat ihre Ausdrucksform gefunden. In Internet-Blogs tauschen sich Kenianer aus aller Welt untereinander und mit Nicht-Kenianern aus – der Cyber-Space hat keinen Raum mehr für kleinteiligen Regionalismus. So erklärt Kagi in einem Blog einem unwissenden Europäer kenianische Jugendkultur folgendermaßen: »Hi Ren, unsere populäre Kultur ist fast genauso wie die des Westens. Alles, was dort geschieht, haben wir hier auch. Zum Beispiel Rap-Musik, nur dass wir sie *Genge* oder *Kapuka* nennen. Wir tragen Jeans, T-Shirts, baggy-Hosen, *Bling*, Stiefel etc., wir essen Fast Food und sehen uns amerikanische Fernsehserien an. Alles klar?«

Nachwort: Vorsichtiger Optimismus

Wieder sitze ich in dem etwas betagten, ruckelnden Bus von Nairobi nach Kisumu. Ich habe nur noch einen Sitz im hinteren Teil bekommen. Irgendetwas scheint mit den Stoßdämpfern nicht zu stimmen. Jedes Mal, wenn der Bus über eines der vielen Schlaglöcher fährt, schlägt es heftig von unten auf meine Wirbelsäule, und ich mache einen unfreiwilligen Hüpfer, so dass ich fast mit dem Kopf an das Wagendach anschlage. Vor mir sehe ich die Rücken meiner Mitreisenden. Sie dösen vor sich hin. Manchmal zirpt ein Handy, dann bewegt sich jemand, hält sein Telefon ans Ohr und beginnt ungeniert laut zu reden, meist in einer Sprache, die ich nicht verstehe. Draußen wirbelt gelblicher Staub, vermischt mit dem dunkel graublauen Qualm aus Auspuffrohren. Penetranter Benzingeruch dringt ins Businnere. Hinter dem Straßenstaub kann ich braune und grüne Felder erkennen, flache Gebäude und Shopping Centers, unordentliche, hastig errichtete Markstände aus Plastikplanen und krummen Holzpfählen. Große Reklametafeln, die für Waschmittel werben, für Salatöl und Mobiltelefone. Über allem ein unverschämt blauer Himmel. Freu Dich, Du bist in Kenia!

Bald werde ich in Nyanza sein. Es ist fast so, als würde ich nach Hause kommen. Dabei hatte ich mir schon geschworen, nie wieder zu kommen, damals, nach den Wahlen 2007. Den Moment, als nach Tagen ängstlichen Wartens und düsterer Ahnungen Mwai Kibaki offiziell zum Sieger und damit für weitere vier Jahre zum Präsidenten ausgerufen wurde, werde ich nie vergessen. Wir verfolgten damals die Life-Wahlberichterstattung in unserem Haus bei Maseno im Fernsehen. Es war die Zeit der kurzen Abenddämmerung, als der Wahlausgang verkündet wurde – ein gefälschter Wahlausgang, das war offensichtlich. Sofort, unmittelbar, gleichzeitig, brach in allen umliegenden

Gehöften ein Geheul aus, als sei jemand gestorben. Die Dunkelheit fiel herein, der Strom flackerte kurz auf und erstarb, um die gesamte Nacht nicht wiederzukommen. Wir fummelten an der Kerosinlampe herum, mein Schwager versuchte, mit seinem Mobiltelefon seine Familie in Ngong bei Nairobi zu erreichen. Jemand kam aufgeregt herein und rief: Kisumu brennt! Kommt und seht! Wir rannten auf den Balkon und sahen im Osten einen rötlichen, flackernden Schein: der kleine Ort Yala. Im Südwesten flammte der Himmel schwefelgelb: Kisumu.

Empörte und aufgebrachte Wähler zogen in der Nacht durch die Straßen der Stadt am Viktoriasee, zündeten Häuser an und plünderten Geschäfte. Polizei und – das Gerücht hält sich hartnäckig – zu Hilfe gerufene Militäreinheiten aus Uganda eröffneten das Feuer. Mehr als 100 Menschen kamen in dieser Nacht in Kisumu ums Leben, alle Zivilisten. Am nächsten Morgen zog ein langer Flüchtlingsstrom die Straße herauf. Straßensperren brannten, Autofahrer wurden angehalten von aufgebrachten jungen Männern, die Macheten und brennende Holzscheite schwangen. Den Blick dieser Männer werde ich nicht mehr vergessen. Mein Mann versuchte, mit ihnen zu sprechen: Wir sind doch genauso enttäuscht wie ihr! Wir banden grüne Zweige zum Zeichen unserer Friedfertigkeit ans Auto und klebten das Wahlplakat der Orange Democratic Movements (ODM), der Partei Odingas, wieder an den Ersatzreifen, gaben es aber bald auf, überhaupt zum Markt zu fahren. Mehrere Tage konnten wir das Haus nicht verlassen und hörten die Schüsse, sahen die Feuer aus der Ferne.

Im kaum 150 Kilometer entfernten Eldoret wüteten bewaffnete und gut organisierte Stammesmilizen, vergewaltigten, brandschatzten und hielten Busse und *Matatus* an, um jeden, dessen Name auf seinem Ausweis bewies, dass er nicht zum »richtigen« Stamm gehörte, herauszuholen und zu ermorden. Als sich das Inferno nach einer Woche beruhigte, war von mehr als 1200 Toten und mehreren 100 000 Vertriebenen die Rede. Kenia befand sich am Rande eines Bürgerkriegs.

Trotzdem war ich im nächsten Jahr wieder da. Kenia hatte sich beruhigt, der Druck internationaler Diplomatie unter Führung von Kofi Annan hatte einen fragilen Frieden gebracht, aber gelöst war nichts. Weder waren die Hintermänner, die die brandschatzenden und mordenden Milizen aufgehetzt und bewaffnet hatten, benannt, gefasst und bestraft worden, noch hatte man sich wirklich darum gekümmert, die vielen Menschen, die aus ihren Häusern vertrieben worden waren, wieder anzusiedeln. Diesmal sah ich vom Bus aus im Staub des Rift Valley die weit hingezogenen weißen Zeltlager der Vereinten Nationen sowie unbebaute Felder, deren Besitzer sich nicht mehr nach Hause getraut hatten. Ein Jahr später waren die Zeltlager geschrumpft, aber nicht verschwunden, und die zwangsweise aneinander gebundene Große Koalition der ehemaligen Gegner im Wahlkampf bastelte halbherzig und viel zu langsam an Systemreformen, bis die nächsten Wahlen kamen. 2013 gelang es den alten Kräften, die Machtfrage für sich zu entscheiden. Heute sitzen sie sicherer denn je im Sattel. Der Internationale Gerichtshof in Den Haag, der versprach, die Menschenrechtsverletzungen von 2007/2008 aufzuklären, musste aufgeben. Die Auseinandersetzung um eine Gesellschaft, die allen ihren Mitgliedern Rechtssicherheit, ein Einkommen, von dem man leben kann und ein menschenwürdiges Leben ermöglicht, ist in eine neue Phase getreten. Und im Moment sieht es nicht so gut aus.

Aber es geht immer weiter. Geht es auch voran, irgendwie?

Der ruckelnde Bus mit seinen kaputten Stoßdämpfern auf der Straße voller Schlaglöcher kommt mir vor wie ein Sinnbild Kenias. Die Fahrt ist nicht angenehm, man wird ordentlich durchgeschüttelt, die Unfallgefahr ist groß. Manchmal scheint es nicht weiter zu gehen, aber dann gibt es wieder einen Schub. Manchmal hat man den Verdacht, dass der Busfahrer die Richtung verloren hat. Kommt man überhaupt noch voran? Der Bus hat jetzt die waldreichen Abhänge des Mau-Escarpment verlassen und fährt durch die hellgrünen hügeligen Teeplantagen bei Kericho. Rechts und links kleine Orte, überall die unvermeidlichen Marktstände und Shopping Centers, ab und zu eine Rinderherde, die den Weg versperrt. Ein schönes Land, auch jenseits der spektakulären Naturschauspiele, die ausländische Touristen anziehen. Wenn ich das so sehe, habe ich doch wieder die Hoffnung, dass dieses Land, dass die Menschen, die ich da durch die verschmierten Busfenster sehe, stärker sind als eine kleine Clique machthungriger und skrupelloser Politiker. Meine lange Beziehungsgeschichte mit Kenia hat mich davon überzeugt, dass die Entscheidung hauptsächlich bei den Kenianern selbst liegt.

Ich lehne mich in meinem Sitz zurück, als der Bus in Kisumu einfährt. Ja, ich bin doch optimistisch. Und ich werde nächstes Jahr wieder in diesen ruckelnden Bus steigen. Da bin ich mir sicher.

Anhang

Literaturempfehlungen

Kolonialismus und Klassiker der Afrikaromantik

Adamson, Joy: Frei geboren. Reinbek 1969. Die Geschichte der Löwin Elsa zwischen Freiheit in der Steppe und Freundschaft mit den Menschen ist *der* Klassiker der afrikanischen Tiergeschichten. 1966 verfilmt.

Blixen, Karen (auch: Isak Dinesen): Jenseits von Afrika (dt. auch: Afrika, dunkel lockende Welt). Zürich 1986 (neue Übersetzung: Zürich 2010). Der Klassiker der Afrikaromantik. Ein melancholisches Erinnerungsbuch über die Schönheit der afrikanischen Landschaft, subtiler und differenzierter als der gleichnamige Kult-Film mit Meryl Streep und Robert Redford (1982), der aber ebenfalls sehenswert ist! Meryl Streeps sehnsuchtsschwere Stimme »Ich hatte eine Farm in Afrika …« ist ebenso Kult wie »Schau mir in die Augen, Kleines …«

Fox, James: Weißes Verhängnis. Reinbek 1988. Ein Kriminalroman, der mit sarkastischem schwarzem Humor das dekadente Leben des britischen Hochadels in der Kolonie Kenia beschreibt. 1986 verfilmt. In der deutschsprachigen Version »Die letzten Tage von Kenia« geht leider der Sarkasmus verloren, der zur »Vergangenheitsbewältigung« des Kolonialismus in Großbritannien unbedingt dazugehört!

Hemingway, Ernest: Schnee am Kilimandscharo. Reinbek 1952. 1952 verfilmt mit Gregory Peck und Ava Gardner, in einer Nebenrolle Hildegard Knef.

Hemingway, Ernest: Die grünen Hügel Afrikas. Reinbek 1953. Ebenfalls ein Klassiker.

Markham, Beryl: Westwärts mit der Nacht. München 1993. Die Autobiografie der Flugpionierin, Pferdezüchterin und Großwildjägerin ist ein etwas anderes Buch der Afrikaromantik. War in den 1980er Jahren Kult in der amerikanischen Frauenbewegung. In England und den USA zweimal verfilmt.

Wood, Barbara: Rote Sonne, schwarzes Land. Frankfurt am Main 1989. Der vielleicht bekannteste einer unübersehbaren Zahl von Unterhaltungsromanen zum Thema Kenia.

Zweig, Stefanie: Nirgendwo in Afrika. München 1995. Die lesenswerte autobiografische Geschichte der jüdischen Familie Redlich, die vor den Nationalsozialisten nach Kenia flieht und in der britischen Kolonie ein neues Leben aufbauen muss, ist einer der besseren deutschen Beiträge zum Thema Afrikaromantik. Der Film von Caroline Link (2002) war ein internationaler Erfolg und gewann den Golden Globe als bester ausländischer Film.

Auf dem Weg zur Unabhängigkeit, Befreiungskampf

Kahiga, Sam: Dedan Kimathi. The Real Story. Nairobi 1990. Romanbiografie des bekanntesten Mau-Mau-»Generals«.

Kenyatta, Jomo: Facing Mount Kenya. London 1938. Die berühmte Darstellung der Traditionen der Kikuyu, die deren Identität begründete.

Klose, Fabian: Menschenrechte im Schatten kolonialer Gewalt. Die Dekolonisierungskriege in Kenia und Algerien 1945–1962. München 2009. Historische Darstellung unter Berücksichtigung der neuesten Debatten um Postkolonialismus.

Mboya, Paul: The Challenge of Nationhood. Speeches and Writings. London 1970. Ein Politiker der ersten Stunde, der eine andere Vision von Kenia hatte.

Mwangi, Meja: Kariuki und sein weißer Freund. Göttingen 1991. Jugendbuch. Die Geschichte der Freundschaft des jungen Kikuyu Kariuki mit dem weißen Farmerssohn Nigel zurzeit des Mau Mau schildert die Ungerechtigkeiten des Kolonialismus und den Befreiungskampf aus der Sicht zweier Kinder. Dieses Buch kann man bei einem Keniabesuch gut Kindern oder Jugendlichen in die Hand geben. Deutscher Jugendbuchpreis 1992.

Odinga, Oginga. Not Yet Uhuru. Nairobi/London 1967. Autobiografie des großen Gegenspielers Kenyattas. Ein aufschlussreiches Zeitdokument, das Kenia aus der Perspektive der Luos zeigt.

Rosberg, Carl G. Jr.; Nottingham, John: The Myth of Mau Mau. Stanford 1966. Immer noch ein Klassiker der Geschichtsschreibung zu Mau Mau.

Ruark, Robert: Uhuru. Berlin 1962. Der berühmte Roman des britisch-amerikanischen Autors und Hemingway-Bewunderers erzählt den Mau-Mau-Krieg als spannende Abenteuergeschichte.

wa Thiong'o, Ngugi: Abschied von der Nacht. Berlin (Ost) 1969 und Wuppertal 1986.

wa Thiong'o, Ngugi: Freiheit mit gesenktem Kopf. Berlin (Ost) 1971 und Olten 1979. Die berühmten Mau-Mau-Romane des bekanntesten kenianischen Dichters befassen sich mit dem schmerzhaften Übergang zur Unabhängigkeit aus der Sicht der Kikuyu.

wa Thiong'o Ngugi: Träume in Zeiten des Krieges. Eine Kindheit. Frankfurt am Main 2012.

wa Thiong'o Ngugi: Im Haus des Hüters. Jugendjahre. München 2013. Zweibändige Autobiografie des Schriftstellers über Kindheit und Jugend zur Zeit von Mau Mau und Ausnahmezustand.

Reisebücher und journalistische Berichte

Aus der großen Zahl drei besonders empfehlenswerte:

Bitala, Michael: Der Löwe im Keller des Palastes. Ostafrikanische Erfahrungen. Wien 2003. Der Afrika-Korrespondent der *Süddeutschen Zeitung* schreibt unprätentiös und beobachtet genau und mit Einfühlungsvermögen.

Hillaby, John: Die Reise zum Jadesee. Frankfurt am Main 1965. Wieder ein Klassiker: Expedition zum Turkanasee zu einer Zeit, als Nordkenia noch als »unberührtes« Land gelten konnte.

Trojanow, Ilija: In Afrika. Mythos und Alltag. München 1993. Der Schriftsteller wuchs in Kenia auf und reist mit offenem Blick durch das Land.

Gesellschaft, Politik und Religion in Kenia heute

Romane und Erzählungen

Mutahi, Wahome: How to be a Kenyan. Nairobi 2001. Eine Sammlung seiner witzigsten Glossen.

Mukoma wa Ngugi: Nairobi Heat (2011), Black Star Nairobi (2013), Melville international Crime. Nairobi-Krimis des Sohns von Ngugi.

Mwangi, Meja: Die achte Plage. Wuppertal 1997. Eine handfeste und tapfere Krankenschwester nimmt den Kampf gegen Aids in einem ländlichen Gebiet auf. Eine deftige Dorfgeschichte und gleichzeitig ein Aufklärungsbuch gegen die Seuche.

Mwangi, Meja: Big Chiefs. Wuppertal 2009. Parabel auf die Zerstörung Afrikas durch die Gier der »Big Men«.

Mwangi, Meja: Nairobi, River Road. Wuppertal 1982, Zürich 1997. Der sozialkritische Roman, der farbig und fast etwas schnoddrig das Leben am Rande des Existenzminimums in Nairobi beschreibt, gilt als *der* Nairobi-Roman schlechthin.

Oduor, Yvonne Adhiambo: Dust. New York 2014. Erster Roman der Caine-Preisträgerin 2003.

wa Thiong'o, Ngugi: Der Fluss dazwischen. Berlin (Ost) 1970, München 1984. Im Mittelpunkt des ersten Romans Ngugis steht der

Konflikt zwischen Übertritt zum Christentum und Mädchenbeschneidung als Zeichen traditioneller Lebensweise, ein zentraler Konflikt für die Kikuyu bis in die 1960er Jahre.

wa Thiong'o, Ngugi: Der gekreuzigte Teufel. Frankfurt (M) 2013. Sozialkritischer Roman mit grotesken Elementen, den Ngugi im Gefängnis schrieb.

wa Thiong'o, Ngugi: Matigari. Wuppertal 1991. In dieser Parabel auf Unterdrückung und Befreiung zieht ein ehemaliger Mau-Mau-Kämpfer als Wanderprediger durchs Land. Unter seiner Führung erheben sich schließlich die Massen gegen ihre Unterdrücker, die korrupten und gierigen Politikercliquen. Diktator Moi ließ 1987 sämtliche Kopien des Romans in kenianischen Buchhandlungen beschlagnahmen.

wa Thiong'o, Ngugi: Verbrannte Blüten. Berlin (Ost) 1980, Wuppertal 1982. Anhand der Geschichte des Dorfes Ilmorog zeigt Ngugi, dass sich Korruption und Ausbeutung der Armen von der Kolonialzeit bis zur Gegenwart nicht verändert haben.

wa Thiong'o, Ngugi: Wizard of the Crow. Nairobi 2009. Das monumentale Alterswerk Ngugis ist eine Parabel über die Zerstörungskraft absoluter Macht in Afrika.

Wainaina, Binyawanga: »Eines Tages werde ich über diesen Ort schreiben«. Heidelberg 2013. Biografischer Roman des vieldiskutierten Schriftstellers, in dem seine multikulturelle Identität im Mittelpunkt steht.

Sachbücher und politische Bücher

Cohen, David William; Atieno-Odhiambo, E.S.: Siaya. The historical Anthropology of an African Landscape. London/Nairobi 1989. Eine Geschichte der Landschaft am Viktoriasee, die Natur, Politik, und die Traditionen der Menschen, ihre Kultur und ihre Gefühle verbindet. Noch immer sehr lesenswert.

Cohen, David William; Atieno-Odhiambo, E.S.: The Risks of Knowledge. Investigations into the Death of the Hon. Minister John Robert Ouko in Kenya. Athens (Ohio) 2004. Studie zu dem wohl brutalsten politischen Mord in der Ära Moi. Wirft ein Licht auf den täglichen Horror in dieser Phase.

Cohen, David William; Atieno-Odhiambo, E.S.: Wer begräbt S.M.? Politik des Wissens und Soziologie der Macht in Afrika. Münster 2001. Wie immer großartige Studie des Autorenduos über die macht- und sozialpsychologischen Hintergründe der Saga um die Beerdigung des Luos S.M. Otieno, der eine Kikuyu geheiratet hatte.

Hempstone, Smith: Der unbequeme Botschafter. Als Diplomat in Afrika.

Bad Honnef 2007. Autobiografischer Bericht des raubeinigen US-Botschafters zur Zeit der Demokratisierungsbewegung der frühen 1990er Jahre, bei der er kräftig mitmischte. Als Zeitdokument aufschlussreich.

Hoorweg, Jan u. a. (Hg.): Kenya Coast Handbook: Culture, Resources and Development in the East African Littoral. Münster 2000. Geballte Informationen über Kenias Küstenprovinz.

King, Kenneth: Jua Kali Kenya: Change & development in an informal society. 1970–1995. London 1996. Anschauliche und lesenswerte Studie über Kenias informellen Wirtschaftssektor am Beispiel einer Gruppe von Handwerkern.

Lemasolai Lekuton, Joseph: Facing the Lion. Kindheit und Jugend eines Massai in der afrikanischen Savanne. Wuppertal 2007. Ein Massai erzählt sein Leben.

Maathai, Wangari: Afrika, mein Leben. Erinnerungen einer Unbeugsamen. Köln 2008. Autobiographie der Friedensnobelpreisträgerin und Gründerin des Greenbelt-Movements. Lebendig und sehr lesbar geschrieben. Gibt einen guten Einblick in Alltag, Politik und Gesellschaft Kenias. Sehr empfehlenswert.

Mair, Stefan: Kenias Weg in die Mehrparteiendemokratie. Von Uhuru über Harambee und Nyayo erneut zu Uhuru. Baden-Baden 1994. Schon etwas ältere, aber immer noch informative Analyse des politischen Systems Kenias.

Monbiot, George: Nomadenland. Der Überlebenskampf der Nomaden Ostafrikas. München 1996. Ein absolut empfehlenswertes Buch des engagierten britischen Journalisten über das langsame Sterben der Nomaden in Kenia und dessen Ursachen. Schön und aufwühlend zugleich.

Obama, Auma: Das Leben kommt immer dazwischen. Stationen einer Reise. München 2012. Autobiografie der Schwester Obamas, die lange Zeit in Deutschland lebte.

Obama, Barack: Ein amerikanischer Traum. Die Geschichte meiner Familie. Frankfurt am Main 2008. Der amerikanische Präsident auf der Suche nach seinen kenianischen Wurzeln. Großartig geschrieben! Wenn er nicht Präsident geworden wäre, wäre Schriftsteller durchaus eine Möglichkeit gewesen.

Ogude, James u. a. (Hg.): Urban Legends, Colonial Myths: Popular Culture and Literature in East Africa. Trenton N. J. 2007. Essays über die kenianische Populärkultur aus dem Umfeld des sozialwissenschaftlichen Forschungsinstituts der Wits Universität, Johannesburg (Südafrika). Etwas akademisch, trotz des Themas.

Press, Robert M.: Peaceful Resistance. Advancing Human Rights and Democratic Freedoms. Hampshire 2006. Studie über den langen friedlichen Kampf um Demokratisierung in Kenia.

Thielke, Thilo: Kenia. Reportagen aus dem Inneren eines zerrissenen Landes. Frankfurt am Main 2008. Zusammenstellung der Berichte des *Spiegel*-Korrespondenten über die Gewaltausbrüche nach den Wahlen. Schockierend und brutal, aber leider ohne jede Hintergrundanalyse.

Wrong, Michela: Jetzt sind wir dran. Korruption in Kenia. Die Geschichte des John Githongo. Marburg 2010. Die britische Journalistin schreibt nach Interviews des aus Kenia geflohenen Leiters der Antikorruptionskommission die haarsträubende Geschichte von Korruption und Selbstbereicherung in der Ära Kibaki. Das Buch ist ein Bestseller in Großbritannien.

Filme und TV

Wolves at Westgate. Kenia 2013. Dokumentation vom John-Allan Namu des Fernsehsenders KTN. Zeigt die erschreckende Unfähigkeit und Korruption der kenianischen Behörden und ist gleichzeitig ein Beispiel für den hohen Standard des kenianischen investigativen Journalismus. https://www.youtube.com/watch?v=8Zvon2eualE

Nairobi Half Life. Ein Film von Tosh Gitonga. Produziert von Tom Tykwer. Kenia/Deutschland 2012. Preisgekrönter Film über das Leben im Slum. Nach dem Roman von Francis Imbuga, Betrayal in the City (1976).

Informative Websites

Auswärtiges Amt: www.auswaertiges-amt.de/DE/
Laenderinformationen/00-SiHi/Nodes/KeniaSicherheit_node.html

Webseite des CIA (Central Intelligence Agency –
US-Amerikanischer Geheimdienst) mit Länderinformationen:
www.cia.gov//library/publications/resources/the-world-factbook/geos/ke.html

Das *Hamburger Institut für Afrikakunde* ist der beste Ausgangspunkt für diejenigen, die sich akademisch mit Kenia befassen möchten:
www.giga-hamburg.de/index.php?file=iaa.html&folder=iaa

Website der *kenianischen Botschaft* in Berlin:
www.embassy-of-kenya.de

Selbstdarstellung des Landes durch das Kenya Tourism Board:
www.magicalkenya.com

Die beiden großen Tageszeitungen *Daily Nation* und *East African
Standard* sowie die regionale (auch in Uganda und Tansania verbreitete) Wochenzeitung *The East African* sind fast vollständig
im Internet zu lesen:
www.nation.co.ke
www.standardmedia.co.ke
www.theeastafrican.co.ke

Die drei großen Fernsehsender KTN, Citizen TV und Nation TV sind
livestream zu empfangen:
http://www.standardmedia.co.ke/ktn/live
http://www.citizentv.co.ke
http://ntv.nation.co.ke/live/

Die drei großen privaten *Fernsehsender* Nation TV, Kenya Television
Network und Citizen TV laden regelmäßig Newsclips auf Youtube, so
dass die wichtigsten Beiträge der Nachrichtensendungen vom Ausland
aus zu verfolgen sind:
www.youtube.com/results?search_query=nation+tv+kenya&aq=0
www.youtube.com/results?search_query=Kenya+Television+Network
&aq=f
www.youtube.com/user/kenyacitizentv

Eine Auswahl der *kenianischen Radiostationen* kann über Internet
empfangen werden: www.surfmusic.de/country/kenya.html

Von den zahlreichen *kenianischen Menschenrechts- und zivilgesell-
schaftlichen Organisationen* sei hier nur die sehr informative
Website der Mars Group erwähnt:
https://www.facebook.com/pages/Mars-Group-Kenya/124081967962

Überblick über die *entwicklungspolitische Arbeit der Bundesregierung*
in Kenia: www.bmbf.de/de/1563.php

Das Länder-Informationsportal der *Deutschen Stiftung für
internationale Weiterbildung und Entwicklung* ist äußerst
informativ: www.liportal.inwent.org/kenia.html

Die *politischen Stiftungen der deutschen Parteien* sind alle aktiv in
Kenia. Die auf ihren Websites veröffentlichten Berichte sind wichtige
Informationsquellen für die politische und soziale Situation im Land.
Friedrich-Ebert-Stiftung: www.fes.de/in_afrika/pl_ken.htm

Friedrich-Naumann-Stiftung: www.africa.fnst-freiheit.org/liberal-partners-in-africa/kenya

Hanns-Seidel-Stiftung: www.hss.de/internationale-arbeit/regionen-projekte/afrika/kenia.html

Heinrich-Böll-Stiftung: www.boell.de/weltweit/afrika/afrika-1750.html

Konrad-Adenauer-Stiftung: www.kas.de/Kenia/

Rosa-Luxemburg-Stiftung: www.rosalux.de/weltweit/afrika/ostafrika/regionalbuero-daressalam.html

Für diejenigen, die noch *Reiseliteratur* suchen: Das Portal des Goethe-Instituts Johannesburg stellt deutschsprachige Romane, Jugendbücher und Reiseberichte zum Thema »Afrika« in Berichten und Rezensionen vor: www.goethe.de/afrikaliteratur

Basisdaten Kenia

Fläche: 582 646 km² (Deutschland: 357 121 km²)

Bevölkerung: 43 Mio. (Deutschland: 81,02 Mio., Stand 2014); wichtigste ethnische Gruppen: Kikuyu 20 %, Luhya 14 %, Luo 13 %, Kalenjin 12 %, Kamba 11 %, Kisii 6 %, Meru 6 %, Asiaten, Europäer und Araber 1 %, andere 15 %

Religionen / Kirchen: 70 % Christen (26,5 % Anglikaner, 26,4 % Katholiken, 2,5 % Orthodoxe); viele charismatische und synkretistische Kirchen; 20 % Muslime, 10 % Naturreligionen; ferner Hindus, Jains, Sikhs

Landessprachen: Englisch (»Official Language«), Kisuaheli (»National Language«), dazu mehr als 40 andere Sprachen

Staatsform / Regierungsform: Präsidialdemokratie

Verwaltungsstruktur des Landes: Seit Inkrafttreten der neuen Verfassung ist Kenia offiziell ein dezentral verwaltetes Land – mit der Einschränkung, dass die Dezentralisierung (»devolution«) in der Praxis noch abschließend umgesetzt werden muss. Die wichtigsten Verwaltungsebenen neben der Zentralregierung bilden nunmehr die 47 Bezirke (»counties«) mit ihren jeweiligen Vertretungen (»county assemblies«) und Verwaltungseinheiten (»county governments«).

Parlament: Am 4.3.2013 wurden erstmals die Abgeordneten und Senatoren für das mit der Verfassung vom August 2010 neu eingeführte Zweikammersystem gewählt. Das Parlament besteht aus der »National Assembly«, einem Abgeordnetenhaus mit 290 Sitzen und aus dem »Senate«, einem Oberhaus, in dem die neuen 47 Verwaltungsbezirke (»counties«) vertreten sind.

Hauptstadt: Nairobi (zwischen 3 und 4 Mio. Einwohner)

Größte Städte: Mombasa (ca. 800 000 Einwohner), Kisumu (ca. 900 000 Einwohner), Nakuru (ca. 300 000 Einwohner)

Nationalfeiertag: 12. Dezember (Unabhängigkeitstag)

Bruttoinlandsprodukt (BIP, 2013): ca. 44,23 Mrd. USD (2008: 29,06 Mrd. USD) (Deutschland: 3,59 Billionen US-Dollar, Stand 2013)

Klima: tropisch (Küste), semiarid und arid (Norden, Nordosten), subtropisch (Hochland/Zentrum)

Höchster Berg: Mount Kenya 5199 m

Längster Fluss: Tana, Längenmessungen schwanken zwischen 700 und 1000 km

Quellen: Auswärtiges Amt; The World Factbook.

SUDAN

UGANDA

Kampala

Viktoriasee

TANSANIA

O Lokichogio

Lodwar O

Turkana-
Nationalpark

Turkwel

24

29 O Kitale 28
39
27
Butasi O 40
37 Kakamega
38 26
41
42 Kisumu 35
Kericho
43
46 36
45
44 Narok O
Masai
Mara 33
Magadi

Turkanasee

10

Marsab
Nationalpa
Marsabi

23

25

KENIA

30

31 Isiolo O
Nyahururu Nanyuki
O Mount
Kenya
18 19
Nakuru Nyeri 20 Em
32 21 14
Thika
22 O
Nairobi ■ 47
16
17
34 Amboseli-
Nationalpark

Kilimandscharo ▲

0   50   100 150   200 km

206

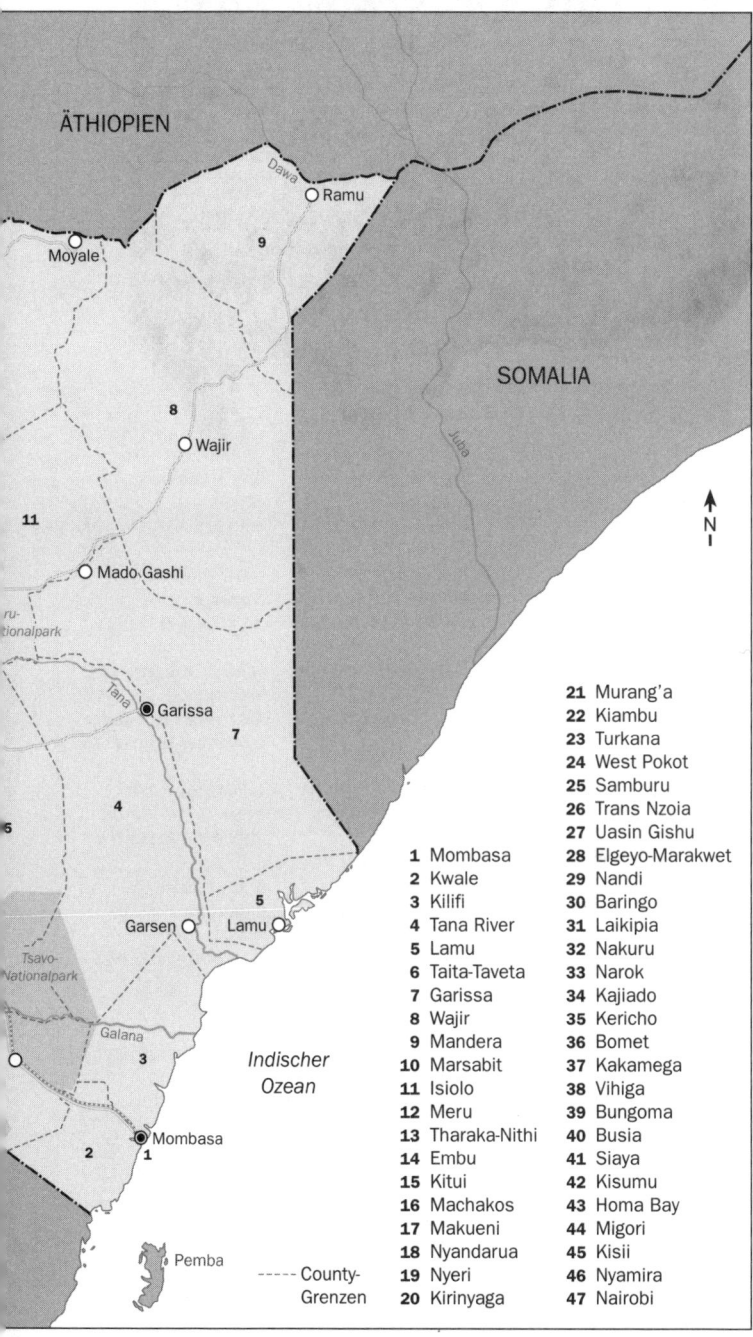

ÄTHIOPIEN

SOMALIA

Dawa

Ramu

Moyale

9

8

Wajir

11

Mado Gashi

Tana

Garissa

7

4

6

5

Garsen

Lamu

Tsavo-
Nationalpark

Galana

3

Indischer
Ozean

Mombasa

2

1

Pemba

N

1	Mombasa	21	Murang'a
2	Kwale	22	Kiambu
3	Kilifi	23	Turkana
4	Tana River	24	West Pokot
5	Lamu	25	Samburu
6	Taita-Taveta	26	Trans Nzoia
7	Garissa	27	Uasin Gishu
8	Wajir	28	Elgeyo-Marakwet
9	Mandera	29	Nandi
10	Marsabit	30	Baringo
11	Isiolo	31	Laikipia
12	Meru	32	Nakuru
13	Tharaka-Nithi	33	Narok
14	Embu	34	Kajiado
15	Kitui	35	Kericho
16	Machakos	36	Bomet
17	Makueni	37	Kakamega
18	Nyandarua	38	Vihiga
19	Nyeri	39	Bungoma
20	Kirinyaga	40	Busia
		41	Siaya
		42	Kisumu
		43	Homa Bay
		44	Migori
		45	Kisii
		46	Nyamira
		47	Nairobi

- - - - - County-
Grenzen